清华电脑学堂

Excel
财务与会计标准教程
实战微课版 金松河 王旭 ◎ 编著

清华大学出版社
北京

内 容 简 介

本书以Excel软件为操作工具，以财会知识为理论基础，对财务与会计中常用到的账单、费用、报表的制作过程进行全面讲解。

全书共10章，依次对企业日常费用管理、明细账与总账管理、员工薪酬管理、进销存管理、固定资产管理、往来账务管理、月末账务管理、财务报表管理、常用表格管理，以及财务分析管理等知识内容进行详细介绍。每章正文均安排了"动手练""案例实战"和"新手答疑"板块，另外还穿插了"知识点拨"和"注意事项"等知识。

全书以案例的形式呈现，所选案例皆贴合实际应用，内容讲解通俗易懂，将Excel应用和财会知识融会贯通。本书既可作为没有Excel基础的财务会计人员阅读，也可作为Excel财务会计实战应用的培训教材。

本书封面贴有清华大学出版社防伪标签，无标签者不得销售。
版权所有，侵权必究。举报：010-62782989 beiqinquan@tup.tsinghua.edu.cn

图书在版编目（CIP）数据

Excel财务与会计标准教程：实战微课版 / 金松河，王旭编著. —北京：清华大学出版社，2021.4
（清华电脑学堂）
ISBN 978-7-302-57618-1

Ⅰ.①E… Ⅱ.①金… ②王… Ⅲ.①表处理软件–应用–财务会计 Ⅳ.①F234.4-39

中国版本图书馆CIP数据核字（2021）第033512号

责任编辑：袁金敏
封面设计：杨玉兰
责任校对：胡伟民
责任印制：丛怀宇

出版发行：清华大学出版社
网　　址：http://www.tup.com.cn, http://www.wqbook.com
地　　址：北京清华大学学研大厦A座　　邮　编：100084
社 总 机：010-62770175　　邮　购：010-83470235
投稿与读者服务：010-62776969, c-service@tup.tsinghua.edu.cn
质 量 反 馈：010-62772015, zhiliang@tup.tsinghua.edu.cn

印 装 者：大厂回族自治县彩虹印刷有限公司
经　　销：全国新华书店
开　　本：170mm×240mm　　印　张：16　　字　数：395千字
版　　次：2021年4月第1版　　印　次：2021年4月第1次印刷
定　　价：59.80元

产品编号：089019-01

前 言

首先，感谢您选择并认可本书。

本书旨在帮助读者掌握Excel在财务和会计上的实际应用，从而有效提高会计和财务人员的工作效率。本书结构清晰，案例丰富，以图文并茂的方式详细介绍Excel与财会案例的结合应用，力求在学习的过程中既培养读者对财务数据的管理能力，又提升Excel软件的操作技能。本书不仅涵盖基础性内容，而且重视实践性应用，让读者在掌握理论知识后，可以及时上手操作。

本书特色

● **案例实用，讲解细致透彻**。本书以实际应用为出发点，通过具有实用性和可操作性的典型案例，对Excel和财会方面的重要知识和应用技巧进行细致讲解。

● **结构鲜明，内容针对性强**。本书涉及的Excel技巧以财会工作中所需使用的技巧和操作为主，并非对Excel所有功能进行全面介绍。

● **图文讲解，注重理论和实操**。本书采用图文并茂的讲解方式，直观地展示每个操作步骤，并为相关操作提供理论依据。

● **体例丰富，布局清晰合理**。本书每章安排了"知识点拨"和"注意事项"体例，对知识进行拓展和延伸，新增"动手练"板块，提升实操性。

内容概述

全书共10章，各章内容如下。

章	内 容 导 读	难点指数
第1章	介绍企业日常费用管理，主要包括费用明细表、现金日记账、应收账款明细统计表的编制	★☆☆
第2章	介绍明细账与总账管理，主要包括会计科目、会计凭证、凭证汇总表、财务总账表的编制	★★☆
第3章	介绍员工薪酬管理，主要包括员工档案信息表、员工工资基本信息表、员工考勤统计表、社保缴纳明细表、工资条等的编制	★★☆
第4章	介绍进销存管理，主要包括采购申请单、采购明细表、销售统计表、入库统计表的编制	★★☆

（续表）

章	内 容 导 读	难点指数
第5章	介绍固定资产管理，主要包括固定资产管理表、固定资产折旧统计表的编制与分析	★★☆
第6章	介绍往来账务管理，主要包括应收账款的处理、应收账款的分析、坏账准备的账务处理、应付账款的账务处理等	★★★
第7章	介绍月末账务管理，主要包括结转利润、设置财务总账表的背景、账务的核对、公式的审核、工作表/工作簿的保护等	★★☆
第8章	介绍财务报表管理，主要包括资产负债表、利润表、现金流量表的编制	★★★
第9章	介绍常用表格管理，主要包括银行存款日记账、销售业绩报表、销售预算表、生产成本表的编制	★☆☆
第10章	介绍财务分析管理，主要包括财务比率分析、财务对比分析、杜邦分析	★★★

附赠资源

● **案例素材及源文件**。附赠书中所用到的案例素材及源文件，读者可扫描图书封底的二维码下载。

● **扫码观看教学视频**。本书涉及的疑难操作均配有高清视频讲解，共26节、90分钟，读者可扫描二维码边看边学。

● **其他附赠学习资源**。附赠实用Excel办公模板1000个，Office办公学习视频100集，Excel操作技巧动画150个，可进QQ群下载（群号在本书资源下载包中）。

● **作者在线答疑**。为帮助读者快速掌握书中技能，本书配有专门的答疑QQ群（见本书资源下载资料包中），随时为读者答疑解惑。

本书由金松河、王旭编著，在此对郑州轻工业大学教务处的大力支持表示感谢。编写过程中笔者力求严谨细致，但由于时间与精力有限，疏漏之处在所难免，望广大读者批评指正。

编 者

目录

企业日常费用管理

1.1 常见的费用明细表 ·· 2
- 1.1.1 数据的快速输入 ································ 2
- 1.1.2 为表格添加边框和底纹 ···················· 4
- 1.1.3 数据格式的设置 ································ 5
- 1.1.4 使用公式进行统计 ···························· 6
- 1.1.5 分析费用明细表 ································ 6
- 动手练 创建员工医疗费用统计表 ············ 7

1.2 了解现金日记账 ·· 9
- 1.2.1 什么是现金日记账 ·························· 10
- 1.2.2 相关函数介绍 ·································· 10
- 1.2.3 创建现金日记账 ······························ 10
- 动手练 格式化现金日记账 ······················ 12

1.3 应收账款明细统计表 ································ 13
- 1.3.1 相关函数介绍 ·································· 14
- 1.3.2 创建应收账款明细统计表 ·············· 14
- 1.3.3 设置到期提示 ·································· 16
- 动手练 创建费用报销单 ·························· 17

案例实战：创建差旅费报销单 ······················ 20
新手答疑 ·· 24

明细账与总账管理

2.1 非常重要的会计科目 ································ 26
- 2.1.1 什么是会计科目 ······························ 26
- 2.1.2 设置会计科目的意义 ······················ 26
- 2.1.3 会计科目的分类和设置原则 ·········· 27
- 动手练 创建会计科目表 ·························· 28

2.2 多种多样的会计凭证 ································ 30
- 2.2.1 什么是原始凭证 ······························ 31
- 2.2.2 制作原始凭证 ·································· 31
- 2.2.3 什么是记账凭证 ······························ 33
- 2.2.4 制作付款凭证 ·································· 33
- 2.2.5 制作通用记账凭证 ·························· 24
- 动手练 填制记账凭证 ······························ 35

- 2.3 简单的凭证汇总表 ······ 37
  - 2.3.1 相关函数介绍 ······ 37
  - 2.3.2 创建凭证汇总表 ······ 38
  - 动手练 填制记账凭证汇总表 ······ 39
- 2.4 必备的财务总账表 ······ 41
  - 2.4.1 相关函数介绍 ······ 41
  - 2.4.2 财务总账表的编制 ······ 42
  - 2.4.3 试算平衡表 ······ 44
- 实战案例：编制银行短期借款明细表 ······ 45
- 新手答疑 ······ 48

员工薪酬管理

- 3.1 基本的工资信息表 ······ 50
  - 3.1.1 员工档案信息表 ······ 50
  - 3.1.2 员工工资基本信息表 ······ 52
  - 3.1.3 员工考勤统计表 ······ 54
  - 3.1.4 社保缴纳明细表 ······ 56
  - 动手练 员工个人所得税计算表 ······ 58
- 3.2 员工薪资一目了然 ······ 60
  - 3.2.1 创建员工工资统计表 ······ 60
  - 3.2.2 查询员工工资信息 ······ 62
  - 3.2.3 分析员工工资统计表 ······ 63
  - 动手练 制作工资发放表 ······ 65
- 3.3 工资条的快速构建 ······ 66
  - 3.3.1 制作工资条 ······ 67
  - 3.3.2 打印工资条 ······ 68
- 案例实战：创建零钱统计表 ······ 69
- 新手答疑 ······ 72

进销存管理

4.1 采购管理环节 ... 74
4.1.1 填制采购申请单 ... 74
4.1.2 填制采购明细表 ... 75
动手练 采购物资的账务处理 ... 77

4.2 销售管理环节 ... 80
4.2.1 填制销售统计表 ... 80
4.2.2 销售商品的账务处理 ... 82
动手练 分析销售统计表 ... 84

4.3 库存管理环节 ... 86
4.3.1 入库单的填制 ... 86
4.3.2 入库统计表的编制 ... 88
4.3.3 出库统计表的编制 ... 89
4.3.4 创建库存统计表 ... 90
动手练 分析库存情况 ... 93

案例实战：对采购明细表进行分析 ... 94
新手答疑 ... 96

固定资产管理

5.1 经常盘点固定资产 ... 98
5.1.1 创建固定资产管理表 ... 98
5.1.2 增减固定资产 ... 100
动手练 调拨部门之间的固定资产 ... 102

5.2 多种方法计提固定资产折旧 ... 103
5.2.1 相关函数介绍 ... 103
5.2.2 编制固定资产折旧统计表 ... 104
5.2.3 平均年限法计提固定资产折旧 ... 105
5.2.4 余额递减法计提固定资产折旧 ... 106
5.2.5 双倍余额递减法计提固定资产折旧 ... 107
5.2.6 年数总和法计提固定资产折旧 ... 108
动手练 制作固定资产标识卡 ... 110

5.3 快速分析固定资产折旧费用 ... 111
5.3.1 使用数据透视表进行分析 ... 111
5.3.2 使用数据透视图进行分析 ... 115

案例实战：创建固定资产查询系统 ... 117
新手答疑 ... 120

往来账务管理

- 6.1 收账款的处理 ·················· 122
  - 6.1.1 商业折扣账务处理 ········· 122
  - 6.1.2 现金折扣账务处理 ········· 123
- 6.2 应收账款的分析 ·················· 124
  - 6.2.1 分析逾期应收账款 ········· 124
  - 6.2.2 分析应收账款的账龄 ······· 126
  - 6.2.3 坏账准备的账务处理 ······· 131
  - 动手练 制作客户信息统计表 ······· 132
- 6.3 应付账款的统计 ·················· 133
  - 6.3.1 制作应付账款统计表 ······· 133
  - 6.3.2 应付账款的账务处理 ······· 136
- 案例实战：创建信用决策模型 ········· 137
- 新手答疑 ·························· 140

月末账务管理

- 7.1 结转利润很简单 ·················· 142
  - 7.1.1 结转利润的会计分录 ······· 142
  - 7.1.2 结转本期利润的账务处理 ···· 143
- 7.2 财务总账表可以这样设置 ·········· 147
  - 7.2.1 设置财务总账表的背景 ····· 147
  - 7.2.2 在财务总账表中添加批注 ···· 148
  - 动手练 隐藏和显示工作表 ········· 150
- 7.3 一些财务明细账表的编制 ·········· 151
  - 7.3.1 相关函数介绍 ············ 151
  - 7.3.2 编制会计科目明细账表 ····· 152
- 7.4 及时进行账务审核和保护 ·········· 156
  - 7.4.1 账务的核对和平衡检验 ····· 156
  - 7.4.2 公式的审核 ·············· 158
  - 7.4.3 保护工作表 ·············· 159
  - 7.4.4 保护工作簿 ·············· 160
  - 动手练 保护工作簿的结构 ········· 161
- 案例实战：保护财务报表中的计算公式 ···· 162
- 新手答疑 ·························· 164

财务报表管理

- 8.1 财务报表之资产负债表 ································· 166
  - 8.1.1 编制资产负债表 ······························ 166
  - 8.1.2 发布资产负债表 ······························ 174
  - 动手练 将资产负债表导出为PDF ············· 175
- 8.2 财务报表之利润表 ··· 176
  - 8.2.1 编制利润表 ······································· 176
  - 8.2.2 分析利润表 ······································· 180
- 8.3 财务报表之现金流量表 ································· 181
  - 8.3.1 认识现金流量表 ······························ 182
  - 8.3.2 编制现金流量表 ······························ 182
  - 动手练 分析现金流量趋势 ······················· 185
- 案例实战：为资产负债表添加超链接 ················· 188
- 新手答疑 ·· 190

常用表格管理

- 9.1 银行存款日记账 ·· 192
  - 9.1.1 创建银行存款日记账 ······················· 192
  - 9.1.2 汇总银行存款日记账 ······················· 194
- 9.2 销售业绩报表 ·· 196
  - 9.2.1 创建销售业绩报表 ··························· 196
  - 9.2.2 利用图表辅助分析 ··························· 197
  - 动手练 制作借款审批单 ··························· 200
- 9.3 销售预算表 ·· 201
  - 9.3.1 创建销售预算表 ······························ 202
  - 9.3.2 分析销售预算表 ······························ 202
- 9.4 生产成本表 ·· 205
  - 9.4.1 创建生产成本月度汇总表 ··············· 205
  - 9.4.2 创建生产成本年度汇总表 ··············· 209
- 案例实战：制作应收账款催款单 ························ 212
- 新手答疑 ·· 216

第10章 财务分析管理

- **10.1 必须掌握的财务比率** ·········· 218
  - 10.1.1 常用财务比率 ·········· 218
  - 10.1.2 构建财务比率分析表 ·········· 222
  - 动手练 计算各种财务比率 ·········· 223
- **10.2 直观地财务对比分析** ·········· 228
  - 10.2.1 使用图表对比分析 ·········· 228
  - 10.2.2 使用条件格式对比分析 ·········· 230
- **10.3 经典的杜邦分析法** ·········· 232
  - 10.3.1 什么是杜邦分析法 ·········· 232
  - 10.3.2 创建杜邦分析模型 ·········· 233
  - 10.3.3 计算各项财务指标 ·········· 234
  - 动手练 创建汇总记账凭证账务处理流程图 ·········· 237
- **案例实战：创建财务分析导航页面** ·········· 240
- **新手答疑** ·········· 244

第1章
企业日常费用管理

　　Excel不仅可以用来记录各种数据，财务人员还可以用来制作各种财务报表和单据，例如费用明细表、现金日记账、应收账款明细统计表、差旅费报销单等。利用Excel的功能分析财务数据，可以为管理者在做出决策时提供理论依据。

1.1 常见的费用明细表

费用明细表是反映企业在一定期间内发生的财务费用及其构成情况的表格,主要由日期、费用类别、部门、金额等组成,如图1-1所示。

	A	B	C	D	E	F
1	序号	日期	费用类别	部门	经办人	金额
2	1	2020年8月1日	宣传费	客服部	张宇	¥5,000.00
3	2	2020年8月2日	交通费	销售部	李思	¥3,000.00
4	3	2020年8月3日	招待费	生产部	周红	¥2,000.00
5	4	2020年8月4日	办公费	财务部	王晓	¥6,000.00
6	5	2020年8月5日	差旅费	客服部	张宇	¥2,000.00
7	6	2020年8月6日	宣传费	销售部	李思	¥300.00
8	7	2020年8月7日	交通费	生产部	周红	¥500.00
9	8	2020年8月8日	招待费	财务部	王晓	¥600.00
10	9	2020年8月9日	办公费	客服部	张宇	¥1,200.00
11	10	2020年8月10日	差旅费	销售部	李思	¥2,300.00

图 1-1

1.1.1 数据的快速输入

用户想要创建费用明细表,首先需要在表格中输入数据,由于不同的数据需要设置不同的格式,所以用户可以事先设置好单元格的格式,再输入数据。

在工作表中输入标题数据,然后选择A2单元格,输入数字"1",在A3单元格中输入"2",选择A2:A3单元格区域,将光标移至单元格右下角,按住左键不放,向下拖动光标,填充序列,如图1-2所示。

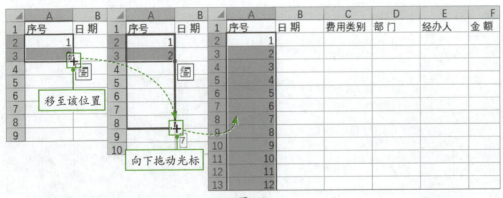

图 1-2

选择B2:B20单元格区域,按Ctrl+1组合键打开"设置单元格格式"对话框,在"数字"选项卡中选择"日期"分类,然后在右侧"类型"列表框中选择合适的日期类型,单击"确定"按钮,在B2单元格中输入日期数据"2020/8/1",按回车键确认,即可输入长日期,按此方法依次输入其他日期,如图1-3所示。

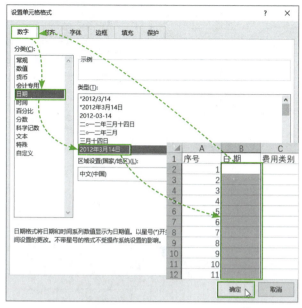

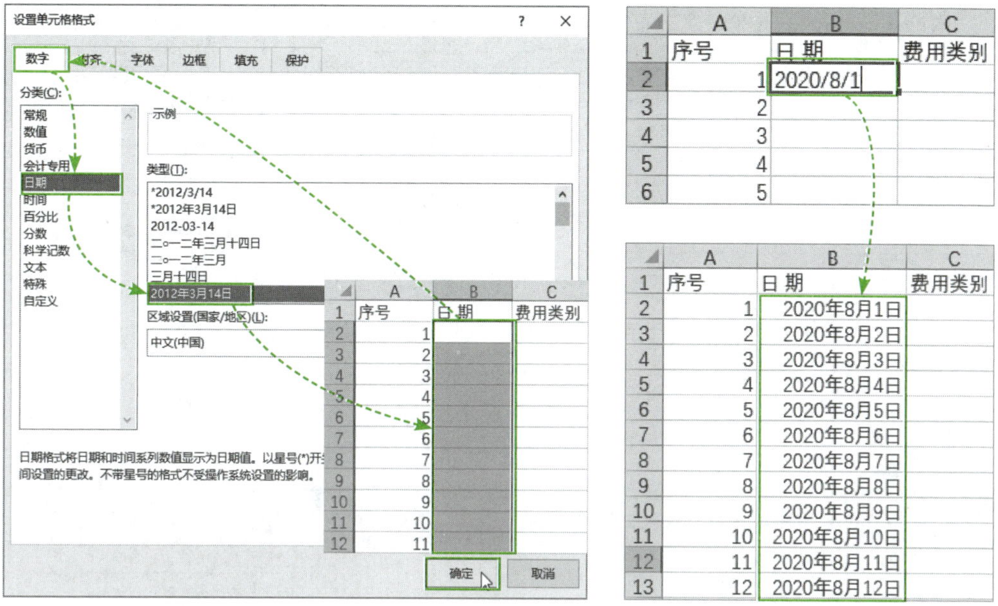

图 1-3

选择C2单元格,输入"宣传费",接着在C3、C4、C5、C6单元格中输入"交通费""招待费""办公费""差旅费",选择C7单元格,右击,从弹出的快捷菜单中选择"从下拉列表中选择"命令,在C7单元格下方弹出一个下拉列表,在下拉列表中选择对应的费用类别,这里选择"宣传费"选项,如图1-4所示。按照同样的方法完成其他费用类别的输入。

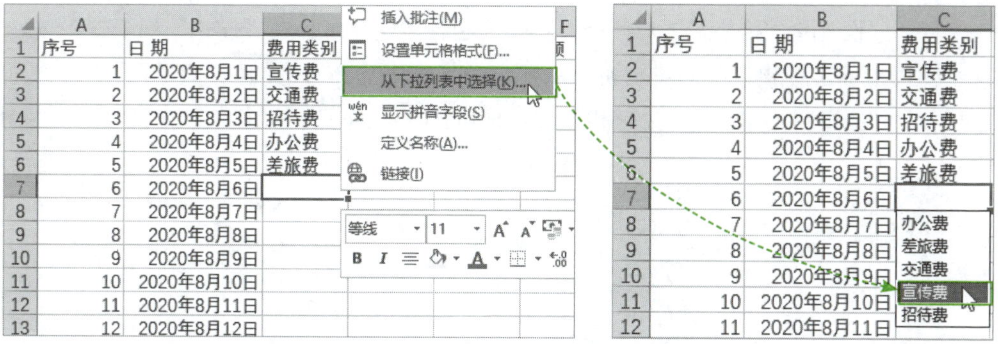

图 1-4

输入"部门"和"经办人"信息,然后选择F2:F20单元格区域,在"开始"选项卡中单击"数字"选项组的"数字格式"下拉按钮,从弹出的列表中选择"货币"选项,在F2单元格中输入数字"5000",按回车键确认,即可输入货币金额,接着依此方法完成其他金额的输入,如图1-5所示。

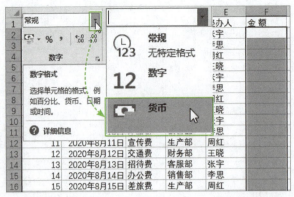

图1-5

> **知识点拨**
>
> 用户打开"设置单元格格式"对话框,在"数字"选项卡中选择"货币"分类,可以在右侧"小数位数"数值框中设置小数的位数。

1.1.2 为表格添加边框和底纹

在表格中输入相关数据后,为了便于查看数据,可以为表格添加边框和底纹,使表格看起来更加美观。

1. 添加边框

选择A1:F20单元格区域,右击,从弹出的快捷菜单中选择"设置单元格格式"命令,打开"设置单元格格式"对话框,选择"边框"选项卡,在"样式"列表框中选择直线样式,单击"颜色"下拉按钮,从弹出的列表中选择合适的颜色,然后单击"内部"和"外边框"按钮,单击"确定"按钮即可,如图1-6所示。

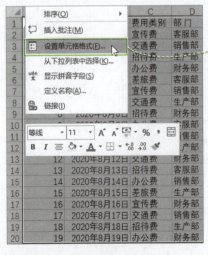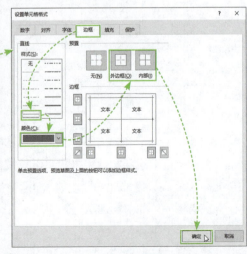

图1-6

2. 添加底纹

选择A1:F1单元格区域，在"开始"选项卡中单击"字体"选项组的"填充颜色"下拉按钮，从弹出的列表中选择合适的颜色即可，如图1-7所示。

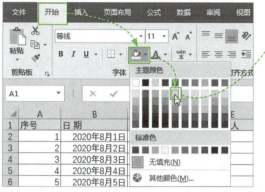

图 1-7

1.1.3 数据格式的设置

在费用明细表中，输入的文本型数据默认靠左显示，数值型数据靠右显示，为了让数据整齐，用户可以设置数据的对齐方式或字体格式。

1. 设置对齐方式

选择A1:F20单元格区域，在"开始"选项卡中单击"对齐方式"选项组的"垂直居中"和"居中"按钮，即可将数据设置为居中对齐，如图1-8所示。

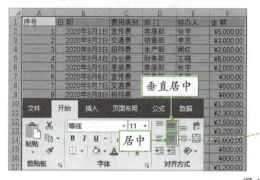

图 1-8

2. 设置字体格式

选择A1:F1单元格区域，在"开始"选项卡中单击"字体"选项组的"字号"下拉按钮，从弹出的列表中选择"12"选项，然后单击"加粗"按钮，如图1-9所示。

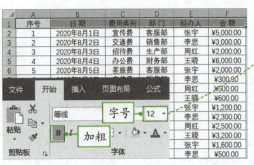

图 1-9

1.1.4 使用公式进行统计

如果用户想要知道各种费用的汇总值，那么就需要通过公式将各类费用进行汇总。首先构建表格框架，如图1-10所示。选择I2单元格，输入公式"=SUMIF($C$2:$C$20,H2,$F$2:$F$20)"，按回车键计算出结果，然后再次选择I2单元格，将光标移至该单元格的右下角，当光标变为+形时，按住左键不放并向下拖动光标，将公式复制到下面的单元格中，即可统计出各类费用的汇总值，如图1-11所示。

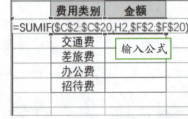

图 1-10

图 1-11

1.1.5 分析费用明细表

为了一目了然地查看各类费用，可以对这些费用进行排序，用户除了进行简单排序外，还可以通过复杂排序分析数据。

1. 简单排序

选择"金额"列的任意单元格，打开"数据"选项卡，单击"排序和筛选"选项组的"升序"按钮，即可将"金额"数据按照从小到大的顺序进行排列，如图1-12所示。

> **知识点拨**
>
> 用户也可以选择"金额"列的任意单元格，右击，从弹出的快捷菜单中选择"排序"选项，并从其级联菜单中选择"升序"或"降序"命令。

图1-12

2. 复杂排序

选择表格中的任意单元格，在"数据"选项卡中单击"排序"按钮，打开"排序"对话框，将"主要关键字"设置为"费用类别"，将"次序"设置为"升序"，单击"添加条件"按钮，添加"次要关键字"，将"次要关键字"设置为"金额"，将"次序"设置为"升序"，单击"确定"按钮，即可按照"费用类别"对"金额"进行升序排序，如图1-13所示。

图1-13

动手练 创建员工医疗费用统计表

员工医疗费用统计表用来统计员工的医疗费用情况，以便更好地对员工报销医疗费用进行管理，如图1-14所示。

	A	B	C	D	E	F	G	H	I
1	日期	员工编号	员工姓名	性别	工资情况	所属部门	医疗报销种类	医疗费用	企业报销金额
2	2020/7/1	001	王娜	女	¥3,300.00	行政部	药品费	¥600.00	¥480.00
3	2020/7/4	002	黄军	男	¥4,200.00	销售部	住院费	¥1,250.00	¥1,000.00
4	2020/7/8	003	李原	男	¥5,000.00	办公室	手术费	¥6,600.00	¥5,280.00
5	2020/7/10	004	张静	女	¥3,600.00	策划部	理疗费	¥380.00	¥304.00
6	2020/7/15	005	刘江海	男	¥4,800.00	策划部	注射费	¥100.00	¥80.00
7	2020/7/18	006	吴树民	男	¥5,800.00	研发部	针灸费	¥250.00	¥200.00
8	2020/7/20	007	张建业	男	¥1,500.00	广告部	输血费	¥1,400.00	¥1,120.00
9	2020/7/25	008	闻传华	女	¥3,000.00	办公室	接生费	¥1,000.00	¥800.00
10	2020/8/10	009	赵亮	男	¥6,600.00	策划部	药品费	¥600.00	¥480.00
11	2020/8/15	010	李惠惠	女	¥4,000.00	广告部	住院费	¥3,400.00	¥2,720.00
12	2020/8/22	011	苏夷	男	¥5,700.00	研发部	X光透射费	¥250.00	¥200.00
13	2020/8/27	012	曾冉	女	¥3,500.00	广告部	药品费	¥200.00	¥160.00

图1-14

Step 01 新建一张名为"员工医疗费用统计表"的工作表,在其中输入标题信息,为表格添加边框和底纹,构建表格框架,如图1-15所示。

图 1-15

> **知识点拨**
> 新建工作表后,工作表的名称默认显示为Sheet1、Sheet2等,如果用户想要为工作表重命名,则可以在Sheet1上双击,其显示为可编辑状态,重新输入名称即可。

Step 02 选择B2:B13单元格区域,在"开始"选项卡中单击"数字格式"下拉按钮,从弹出的列表中选择"文本"选项,如图1-16所示。

Step 03 选择E2:E13、H2:H13和I2:I13单元格区域,在"开始"选项卡中单击"数字格式"下拉按钮,从弹出的列表中选择"货币"选项,如图1-17所示。

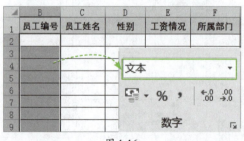

图 1-16

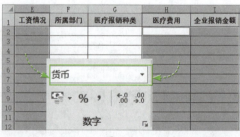

图 1-17

Step 04 在"日期"列中输入日期信息,然后在B2单元格中输入"001",将光标移至该单元格的右下角,双击,填充序列,如图1-18所示。

Step 05 输入"员工姓名"信息,然后选择D2、D5、D9、D11、D13单元格,在"编辑栏"中输入"女",按Ctrl+Enter组合键即可在所选单元格中输入相同信息,如图1-19所示。按照同样的方法,完成"性别"信息的输入。

> **知识点拨**
> 用户选择单元格后,按住Ctrl键不放,然后选择其他单元格,可以选择多个不连续的单元格。

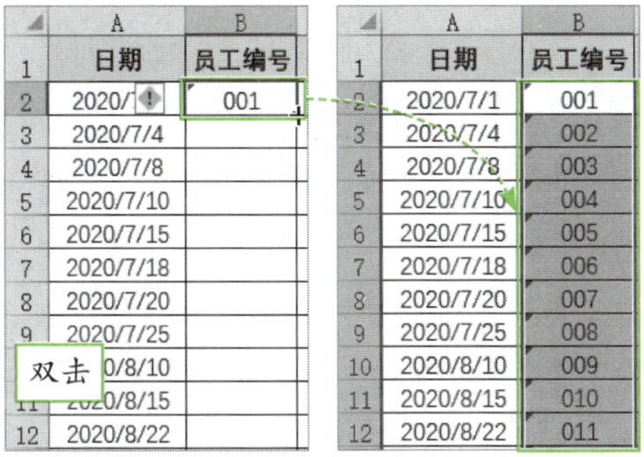

	A	B
1	日期	员工编号
2	2020/7/1	001
3	2020/7/4	
4	2020/7/8	
5	2020/7/10	
6	2020/7/15	
7	2020/7/18	
8	2020/7/20	
9	2020/7/25	
10	2020/8/10	
11	2020/8/15	
12	2020/8/22	

	A	B
1	日期	员工编号
2	2020/7/1	001
3	2020/7/4	002
4	2020/7/8	003
5	2020/7/10	004
6	2020/7/15	005
7	2020/7/18	006
8	2020/7/20	007
9	2020/7/25	008
10	2020/8/10	009
11	2020/8/15	010
12	2020/8/22	011

图 1-18

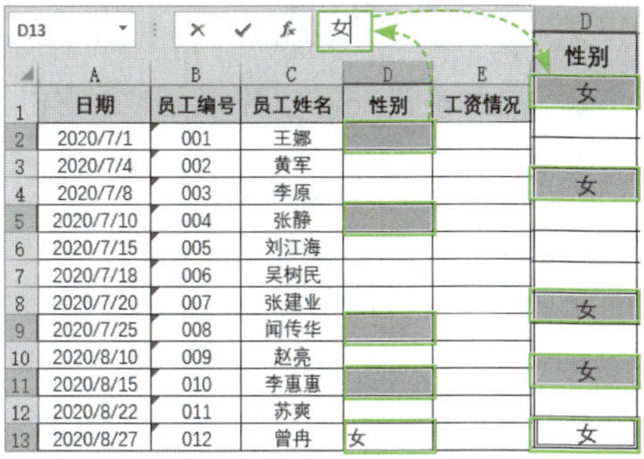

	A	B	C	D	E
1	日期	员工编号	员工姓名	性别	工资情况
2	2020/7/1	001	王娜		
3	2020/7/4	002	黄军		
4	2020/7/8	003	李原		
5	2020/7/10	004	张静		
6	2020/7/15	005	刘江海		
7	2020/7/18	006	吴树民		
8	2020/7/20	007	张建业		
9	2020/7/25	008	闻传华		
10	2020/8/10	009	赵亮		
11	2020/8/15	010	李惠惠		
12	2020/8/22	011	苏爽		
13	2020/8/27	012	曾冉	女	

图 1-19

Step 06 输入“工资情况”“所属部门”“医疗报销种类”和“医疗费用”信息，然后选择I2单元格，输入公式“=IF(H2<=E2*12,H2*0.8,E2*12)”，按回车键计算出结果，将公式向下填充，完成“企业报销金额”信息的输入，如图1-20所示。

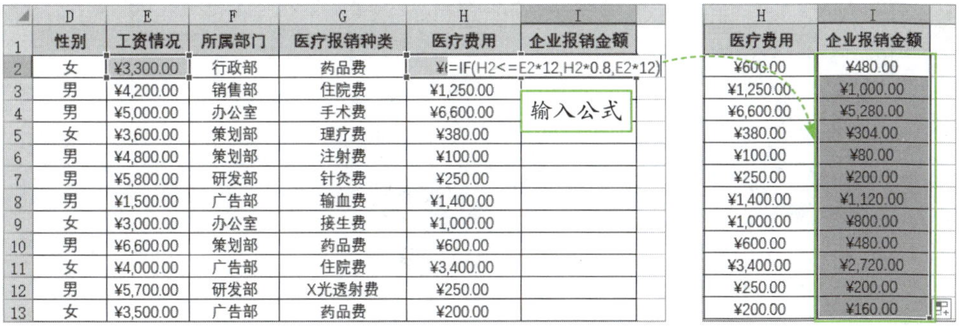

	D	E	F	G	H	I
1	性别	工资情况	所属部门	医疗报销种类	医疗费用	企业报销金额
2	女	¥3,300.00	行政部	药品费	¥I=IF(H2<=E2*12,H2*0.8,E2*12)	
3	男	¥4,200.00	销售部	住院费	¥1,250.00	
4	男	¥5,000.00	办公室	手术费	¥6,600.00	
5	女	¥3,600.00	策划部	理疗费	¥380.00	
6	男	¥4,800.00	策划部	注射费	¥100.00	
7	男	¥5,800.00	研发部	针灸费	¥250.00	
8	男	¥1,500.00	广告部	输血费	¥1,400.00	
9	女	¥3,000.00	办公室	接生费	¥1,000.00	
10	男	¥6,600.00	策划部	药品费	¥600.00	
11	女	¥4,000.00	广告部	住院费	¥3,400.00	
12	男	¥5,700.00	研发部	X光透射费	¥250.00	
13	女	¥3,500.00	广告部	药品费	¥200.00	

H	I
医疗费用	企业报销金额
¥600.00	¥480.00
¥1,250.00	¥1,000.00
¥6,600.00	¥5,280.00
¥380.00	¥304.00
¥100.00	¥80.00
¥250.00	¥200.00
¥1,400.00	¥1,120.00
¥1,000.00	¥800.00
¥600.00	¥480.00
¥3,400.00	¥2,720.00
¥250.00	¥200.00
¥200.00	¥160.00

图 1-20

1.2 了解现金日记账

现金日记账通常由出纳人员根据审核后的现金收入、付款凭证逐日逐笔顺序登记，是各单位重要的经济档案之一，如图1-21所示。

	A	B	C	D	E	F	G	H	I
1	2020年		凭证		对方科目	摘要	借方	贷方	余额
2	月	日	字	号					
3						期初余额			¥100,000.00
4	3	1	现收	1	银行存款	准备金	¥30,000.00		¥130,000.00
5	3	1	现收	1	银行存款	收回货款	¥120,000.00		¥250,000.00
6	3	2	现付	2	职工薪酬	发工资		¥50,000.00	¥200,000.00
7	3	3	现付	2	管理费用	业务拓展		¥8,000.00	¥192,000.00
8	3	3	现付	2	办公费用	买办公用品		¥5,000.00	¥187,000.00
9	3	4	现收	1	银行存款	客户采购订金	¥20,000.00		¥207,000.00
10	3	4	现付	3	银行转账	厂家采购订金		¥20,000.00	¥187,000.00
11	3	5	现付	3	管理费用	客户招待费		¥4,000.00	¥183,000.00
12	3	5	现付	2	职工待遇	三八节待遇		¥6,000.00	¥177,000.00
13	3	6	现付	2	管理费用	春游活动		¥7,000.00	¥170,000.00
14	本周合计						¥170,000.00	¥100,000.00	¥170,000.00

图 1-21

1.2.1 什么是现金日记账

现金日记账一般是指现金收付日记账,进一步细分,可以分为"现金收入日记账"和"现金付出日记账"。现金日记账用来按日反映库存现金的收入、付出及结余情况的特种日记账。

企业应按币种设置现金日记账来进行明细分类核算。现金日记账的格式一般有"三栏式""多栏式"和"收付分页式"三种。在实际工作中大多采用"三栏式"账页格式。

登记现金日记账的要求是,分工明确,专人负责,凭证齐全,内容完整,登记及时,账款相符,数字真实,表达准确,书写工整,摘要清楚,便于查阅,不重记,不漏记,不错记,按期结账,不拖延积压,按规定方法更正错账等。

1.2.2 相关函数介绍

用户在创建现金日记账时,需要运用公式和函数,其中会涉及SUM、SUMIF函数,下面介绍这两个函数的语法和功能。

1. SUM 函数

SUM函数用来计算单元格区域中所有数值的和。该函数的语法格式为:

SUM(number1,[number2],…)

其中number1参数是必需的,为相加的第1个数值参数,number2是可选的,表示相加的第2个数值参数,最多为255个参数。

2. SUMIF 函数

SUMIF函数根据某一条件,匹配到相应的行数,并对某一列符合条件的行数求和。该函数的语法格式为:

SUMIF(range,criteria,[sum_range])

其中参数range表示用于条件计算的单元格区域;参数criteria表示用于确定对哪些单元格求和的条件;参数sum_range表示要求和的实际单元格。

1.2.3 创建现金日记账

制作现金日记账,记录一周的现金收支情况,计算余额,汇总日记账。

1. 计算余额

首先新建一张工作表并在工作表中输入基本数据,为表格设置边框,如图1-22所示。

	A	B	C	D	E	F	G	H	I
1	2020年		凭证		对方科目	摘要	借方	贷方	余额
2	月	日	字	号					
3						期初余额			¥100,000.00
4	3	1	现收	1	银行存款	准备金	¥30,000.00		
5	3	1	现收	1	银行存款	收回货款	¥120,000.00		
6	3	2	现付	2	职工薪酬	发工资		¥50,000.00	
7	3	3	现付	2	管理费用	业务拓展		¥8,000.00	
8	3	3	现付	2	办公费用	买办公用品		¥5,000.00	
9	3	4	现收	1	银行存款	客户采购订金	¥20,000.00		
10	3	4	现付	3	银行转账	厂家采购订金		¥20,000.00	
11	3	5	现付	3	管理费用	客户招待费		¥4,000.00	
12	3	5	现付	2	职工待遇	三八节待遇		¥6,000.00	
13	3	6	现付	2	管理费用	春游活动		¥7,000.00	
14	本周合计								

输入基本数据

图 1-22

选择I4单元格，输入公式“=I3+G4-H4”，按回车键计算出余额，将光标移动到I4单元格的右下角，当光标变成**+**形时，按住左键不放并向下拖动光标，填充公式，如图1-23所示。

	F	G	H	I
1	摘要	借方	贷方	余额
2				
3	期初余额			¥100,000.00
4	准备金	¥30,000.00		=I3+G4-H4
5	收回货款	¥120,000.00		
6	发工资		¥50,000.00	
7	业务拓展		¥8,000.00	
8	买办公用品		¥5,000.00	
9	客户采购订金	¥20,000.00		
10	厂家采购订金		¥20,000.00	
11	客户招待费		¥4,000.00	
12	三八节待遇		¥6,000.00	
13	春游活动		¥7,000.00	
14				

输入公式

	F	G	H	I
1	摘要	借方	贷方	余额
2				
3	期初余额			¥100,000.00
4	准备金	¥30,000.00		¥130,000.00
5	收回货款	¥120,000.00		¥250,000.00
6	发工资		¥50,000.00	¥200,000.00
7	业务拓展		¥8,000.00	¥192,000.00
8	买办公用品		¥5,000.00	¥187,000.00
9	客户采购订金	¥20,000.00		¥207,000.00
10	厂家采购订金		¥20,000.00	¥187,000.00
11	客户招待费			¥183,000.00
12	三八节待遇			¥177,000.00
13	春游活动		¥7,000.00	¥170,000.00
14				
15				

填充公式

图 1-23

选择G14单元格，输入公式“=SUM(G3:G13)”，按回车键计算出结果，将公式向右填充至H14单元格，如图1-24所示。

	B	C	D	E	F	G
1	0年	凭证		对方科目	摘要	借方
2	日	字	号			
3					期初余额	
4	1	现收	1	银行存款	准备金	¥30,000.00
5	1	现收	1	银行存款	收回货款	¥120,000.00
6	2	现付	2	职工薪酬	发工资	
7	3	现付	2	管理费用	业务拓展	
8	3	现付	2	办公费用	买办公用品	
9	4	现收	1	银行存款	客户采购订金	¥20,000.00
10	4	现付	3	银行转账	厂家采购订金	
11	5	现付	3	管理费用	客户招待费	
12	5	现付	2	职工待遇	三八节待遇	
13	6	现付	2	管理费用	春游活动	
14	本周合计					=SUM(G3:G13)
15						

输入公式

	F	G	H	I
1	摘要	借方	贷方	余额
2				
3	期初余额			¥100,000.00
4	准备金	¥30,000.00		¥130,000.00
5	收回货款	¥120,000.00		¥250,000.00
6	发工资		¥50,000.00	¥200,000.00
7	业务拓展		¥8,000.00	¥192,000.00
8	买办公用品		¥5,000.00	¥187,000.00
9	客户采购订金	¥20,000.00		¥207,000.00
10	厂家采购订金		¥20,000.00	¥187,000.00
11	客户招待费		¥4,000.00	¥183,000.00
12	三八节待遇		¥6,000.00	¥177,000.00
13	春游活动		¥7,000.00	¥170,000.00
14		¥170,000.00	¥100,000.00	
15				

填充公式

图 1-24

选择I14单元格，输入公式“=I13+G14-H14”，按回车键计算出结果，如图1-25所示。

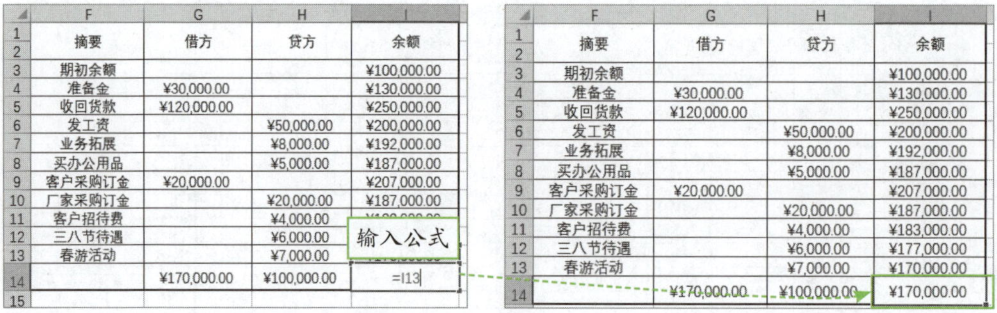

图 1-25

2. 汇总数据

制作一张数据汇总表，此表格用来汇总现金日记账中的数据。选择L2单元格，输入公式"=SUMIF($E$4:$E$13,K2,$G$4:$G$13)"，按回车键计算出"银行存款"汇总值，如图1-26所示。

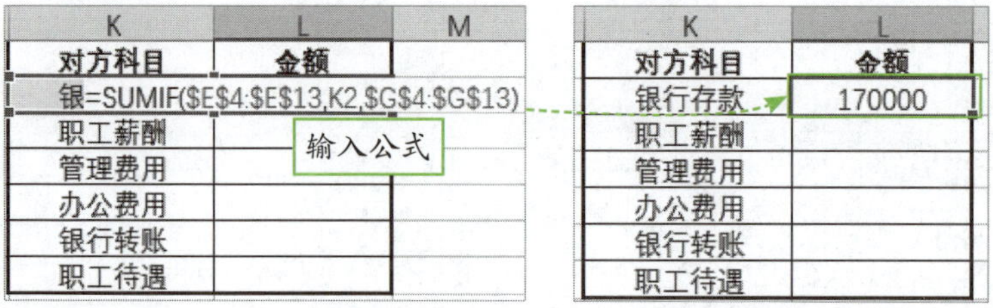

图 1-26

选择L3单元格，输入公式"=SUMIF($E$4:$E$13,K3,$H$4:$H$13)"，按回车键计算出"职工薪酬"汇总值，然后选择L3单元格，将公式向下填充，计算出"管理费用""办公费用""银行转账"和"职工待遇"的汇总值，如图1-27所示。

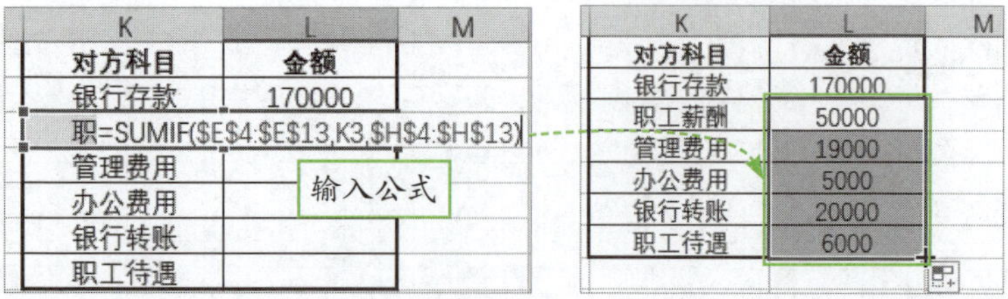

图 1-27

动手练 格式化现金日记账

制作好现金日记账后，用户还可以对现金日记账进行简单美化，使其看起来更加美观。

Step 01 打开现金日记账，选择整个表格区域，在"开始"选项卡中单击"套用表格格式"下拉按钮，从弹出的列表中选择合适的表格样式，这里选择"蓝色，表样式中等深浅2"选项，如图1-28所示。

图 1-28

Step 02 弹出"套用表格式"对话框,从中勾选"表包含标题"复选框,单击"确定"按钮,即可快速为表格套用所选样式,如图1-29所示。

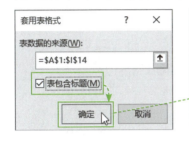

图 1-29

> **知识点拨**
> 如果用户想要自定义表格样式,则可以在"套用表格格式"列表中选择"新建表格样式"选项,在打开的"新建表样式"对话框中进行相关设置即可。

1.3 应收账款明细统计表

应收账款是指企业因销售商品、提供劳务等经营活动,应向购货单位或接受劳务单位收取的款项。应收账款明细统计表主要由客户名称、订单日期、应收金额、已收金额、未收金额等组成,如图1-30所示。

	A	B	C	D	E	F	G	H	I	J
1	客户名称	订单编号	订单日期	产品名称	应收金额	已收金额	未收金额	收款比例	截止日期	是否到期
2	德胜科技	D1001	2020/9/1	电脑	¥6,148.00	¥3,459.00	¥2,689.00	56.3%	2020/10/13	是
3	神龙科技	D1002	2020/9/7	打印机	¥9,742.00	¥2,607.00	¥7,135.00	26.8%	2020/10/19	是
4	华夏股份	D1003	2020/10/4	扫描仪	¥5,908.00	¥1,784.00	¥4,124.00	30.2%	2020/11/13	否
5	隆盛科技	D1004	2020/9/5	空调	¥4,699.00	¥3,349.00	¥1,350.00	71.3%	2020/10/16	是
6	神龙科技	D1005	2020/10/6	扫描仪	¥6,091.00	¥1,000.00	¥5,091.00	16.4%	2020/11/17	否
7	隆盛科技	D1006	2020/10/7	电脑	¥3,699.00	¥1,509.00	¥2,190.00	40.8%	2020/11/18	否
8	德胜科技	D1007	2020/9/10	打印机	¥7,650.00	¥4,640.00	¥3,010.00	60.7%	2020/10/22	否
9	神龙科技	D1008	2020/10/19	空调	¥8,573.00	¥5,805.00	¥2,768.00	67.7%	2020/11/30	否
10	华夏股份	D1009	2020/10/10	电脑	¥3,458.00	¥1,009.00	¥2,449.00	29.2%	2020/11/20	否
11	德胜科技	D1010	2020/9/11	打印机	¥4,902.00	¥2,749.00	¥2,153.00	56.1%	2020/10/23	否
12	华夏股份	D1011	2020/9/12	空调	¥9,022.00	¥3,549.00	¥5,473.00	39.3%	2020/10/24	否
13	德胜科技	D1012	2020/10/13	电脑	¥6,809.00	¥2,375.00	¥4,434.00	34.9%	2020/11/24	否
14	神龙科技	D1013	2020/10/14	打印机	¥3,557.00	¥2,348.00	¥1,209.00	66.0%	2020/11/25	否
15	隆盛科技	D1014	2020/10/15	扫描仪	¥7,407.00	¥3,684.00	¥3,723.00	49.7%	2020/11/26	否

图 1-30

1.3.1 相关函数介绍

创建应收账款明细统计表需要用到IF、TODAY、WORKDAY函数，下面介绍这三个函数的语法和功能。

1. IF 函数

IF函数判断单元格的数据是否符合逻辑，然后根据判断的结果返回设定值。该函数的语法格式为：

IF(logical_test,[value_if_true],[value_if_false])

其中logical_test为任意值或表达式；value_if_true条件为真时返回的值；value_if_false条件为假时返回的值。

2. TODAY 函数

TODAY函数的功能是返回当前日期的序列号。该函数的语法格式为：

TODAY()

该函数没有参数。

3. WORKDAY 函数

WORKDAY函数用来返回某日期之前或之后相隔指定工作日的某一日期，工作日不包括周末和专门指定的节假日。该函数的语法格式为：

WORKDAY(start_date,days,[holidays])

参数start_date代表开始的日期；参数days表示start_date之前或之后不含周末及节假日的天数；参数holidays表示从工作日历中排除的一个或多个日期。

1.3.2 创建应收账款明细统计表

为了统计企业的赊销信息，用户可以创建应收账款明细统计表。首先新建一张工作表，在工作表中输入相关信息，构建表格框架，如图1-31所示。

	A	B	C	D	E	F	G	H	I	J
1	客户名称	订单编号	订单日期	产品名称	应收金额	已收金额	未收金额	收款比例	截止日期	是否到期
2	德胜科技	D1001	2020/9/1	电脑	¥6,148.00	¥3,459.00				
3	神龙科技	D1002	2020/9/7	打印机	¥9,742.00	¥2,607.00				
4	华夏股份	D1003	2020/10/4	扫描仪	¥5,908.00	¥1,784.00				
5	隆盛科技	D1004	2020/9/5	空调	¥4,699.00	¥3,349.00				
6	神龙科技	D1005	2020/10/6	扫描仪	¥6,091.00	¥1,000.00				
7	隆盛科技	D1006	2020/10/7	电脑	¥3,699.00	¥1,509.00				
8	德胜科技	D1007	2020/9/10	打印机	¥7,650.00	¥4,640.00				
9	神龙科技	D1008	2020/10/19	空调	¥8,573.00	¥5,805.00				
10	华夏股份	D1009	2020/10/10	电脑	¥3,458.00	¥1,009.00				
11	德胜科技	D1010	2020/9/11	打印机	¥4,902.00	¥2,749.00				
12	华夏股份	D1011	2020/10/12	空调	¥9,022.00	¥3,549.00				
13	德胜科技	D1012	2020/10/13	电脑	¥6,809.00	¥2,375.00				
14	神龙科技	D1013	2020/10/14	打印机	¥3,557.00	¥2,348.00				
15	隆盛科技	D1014	2020/10/15	扫描仪	¥7,407.00	¥3,684.00				

图 1-31

选择G2单元格，输入公式“=E2-F2”，按回车键计算出结果，将公式向下填充，计算出所有的“未收金额”，如图1-32所示。

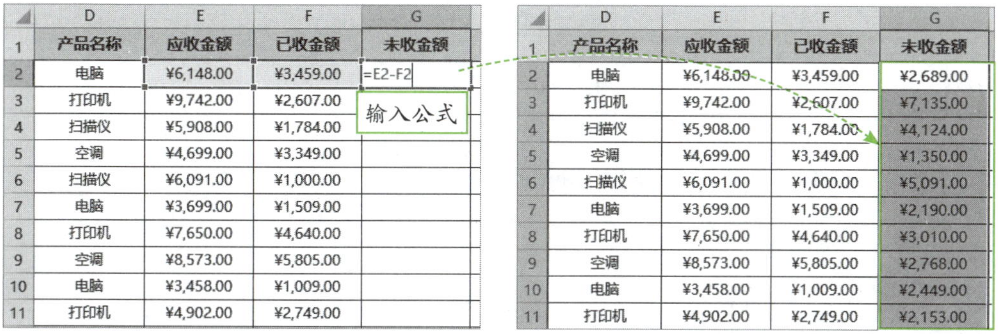

	D	E	F	G
1	产品名称	应收金额	已收金额	未收金额
2	电脑	¥6,148.00	¥3,459.00	=E2-F2
3	打印机	¥9,742.00	¥2,607.00	
4	扫描仪	¥5,908.00	¥1,784.00	
5	空调	¥4,699.00	¥3,349.00	
6	扫描仪	¥6,091.00	¥1,000.00	
7	电脑	¥3,699.00	¥1,509.00	
8	打印机	¥7,650.00	¥4,640.00	
9	空调	¥8,573.00	¥5,805.00	
10	电脑	¥3,458.00	¥1,009.00	
11	打印机	¥4,902.00	¥2,749.00	

	D	E	F	G
1	产品名称	应收金额	已收金额	未收金额
2	电脑	¥6,148.00	¥3,459.00	¥2,689.00
3	打印机	¥9,742.00	¥2,607.00	¥7,135.00
4	扫描仪	¥5,908.00	¥1,784.00	¥4,124.00
5	空调	¥4,699.00	¥3,349.00	¥1,350.00
6	扫描仪	¥6,091.00	¥1,000.00	¥5,091.00
7	电脑	¥3,699.00	¥1,509.00	¥2,190.00
8	打印机	¥7,650.00	¥4,640.00	¥3,010.00
9	空调	¥8,573.00	¥5,805.00	¥2,768.00
10	电脑	¥3,458.00	¥1,009.00	¥2,449.00
11	打印机	¥4,902.00	¥2,749.00	¥2,153.00

图 1-32

选择H2单元格，输入公式“=F2/E2”，按回车键计算出结果，将公式向下填充，计算出全部的“收款比例”，如图1-33所示。

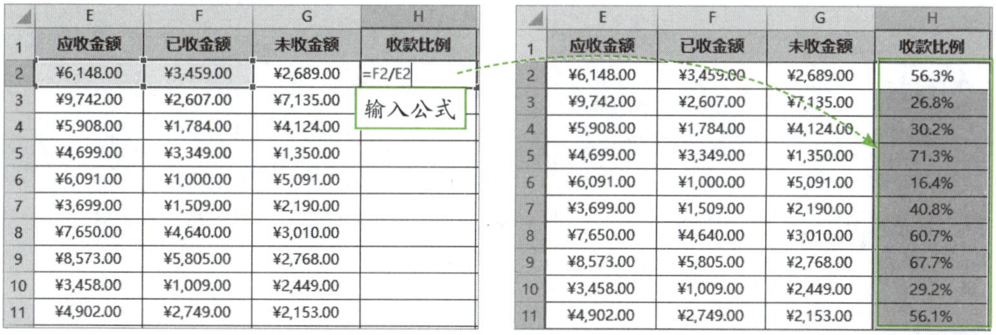

	E	F	G	H
1	应收金额	已收金额	未收金额	收款比例
2	¥6,148.00	¥3,459.00	¥2,689.00	=F2/E2
3	¥9,742.00	¥2,607.00	¥7,135.00	
4	¥5,908.00	¥1,784.00	¥4,124.00	
5	¥4,699.00	¥3,349.00	¥1,350.00	
6	¥6,091.00	¥1,000.00	¥5,091.00	
7	¥3,699.00	¥1,509.00	¥2,190.00	
8	¥7,650.00	¥4,640.00	¥3,010.00	
9	¥8,573.00	¥5,805.00	¥2,768.00	
10	¥3,458.00	¥1,009.00	¥2,449.00	
11	¥4,902.00	¥2,749.00	¥2,153.00	

	E	F	G	H
1	应收金额	已收金额	未收金额	收款比例
2	¥6,148.00	¥3,459.00	¥2,689.00	56.3%
3	¥9,742.00	¥2,607.00	¥7,135.00	26.8%
4	¥5,908.00	¥1,784.00	¥4,124.00	30.2%
5	¥4,699.00	¥3,349.00	¥1,350.00	71.3%
6	¥6,091.00	¥1,000.00	¥5,091.00	16.4%
7	¥3,699.00	¥1,509.00	¥2,190.00	40.8%
8	¥7,650.00	¥4,640.00	¥3,010.00	60.7%
9	¥8,573.00	¥5,805.00	¥2,768.00	67.7%
10	¥3,458.00	¥1,009.00	¥2,449.00	29.2%
11	¥4,902.00	¥2,749.00	¥2,153.00	56.1%

图 1-33

选择I2单元格，输入公式“=WORKDAY(C2,30)”，按回车键计算出“截止日期”，将公式向下填充，如图1-34所示。

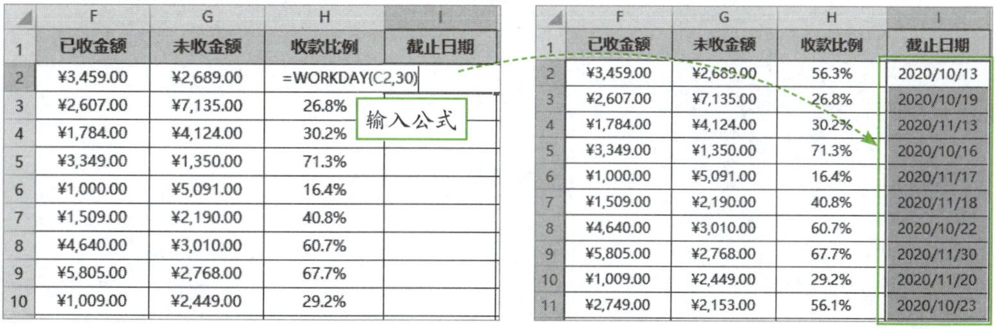

	F	G	H	I
1	已收金额	未收金额	收款比例	截止日期
2	¥3,459.00	¥2,689.00	=WORKDAY(C2,30)	
3	¥2,607.00	¥7,135.00	26.8%	
4	¥1,784.00	¥4,124.00	30.2%	
5	¥3,349.00	¥1,350.00	71.3%	
6	¥1,000.00	¥5,091.00	16.4%	
7	¥1,509.00	¥2,190.00	40.8%	
8	¥4,640.00	¥3,010.00	60.7%	
9	¥5,805.00	¥2,768.00	67.7%	
10	¥1,009.00	¥2,449.00	29.2%	

	F	G	H	I
1	已收金额	未收金额	收款比例	截止日期
2	¥3,459.00	¥2,689.00	56.3%	2020/10/13
3	¥2,607.00	¥7,135.00	26.8%	2020/10/19
4	¥1,784.00	¥4,124.00	30.2%	2020/11/13
5	¥3,349.00	¥1,350.00	71.3%	2020/10/16
6	¥1,000.00	¥5,091.00	16.4%	2020/11/17
7	¥1,509.00	¥2,190.00	40.8%	2020/11/18
8	¥4,640.00	¥3,010.00	60.7%	2020/10/22
9	¥5,805.00	¥2,768.00	67.7%	2020/11/30
10	¥1,009.00	¥2,449.00	29.2%	2020/11/20
11	¥2,749.00	¥2,153.00	56.1%	2020/10/23

图 1-34

选择J2单元格，输入公式"=IF(TODAY()-I2<0,"否","是")"，按回车键计算出结果，将公式向下填充，判断是否到期，如图1-35所示。

图 1-35

1.3.3 设置到期提示

在日常的应收账款管理工作中，财务人员会根据应收账款的截止日期，推算催款日期，这样可以减少财务坏账情况的发生。为了方便催款，财务人员可以设置到期提示，突出显示快到期的截止日期。这里将距截止日期小于7天的日期标记为"红色"。

选择I2:I15单元格区域，在"开始"选项卡中单击"条件格式"下拉按钮，从弹出的列表中选择"新建规则"选项，打开"新建格式规则"对话框，在"选择规则类型"列表框中选择"使用公式确定要设置格式的单元格"选项，然后在"为符合此公式的值设置格式"文本框中输入公式"=I2-TODAY()<7"，单击"格式"按钮，如图1-36所示。

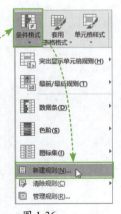
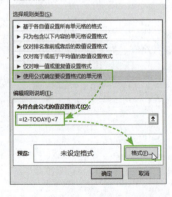

图 1-36

> **知识点拨**
>
> "I2-TODAY()<7"公式的含义是，截止日期减去当前日期的值小于7，这里假设当前日期为2020/10/19。

打开"设置单元格格式"对话框,选择"填充"选项卡,然后选择合适的背景色,这里选择红色,单击"确定"按钮,返回"新建格式规则"对话框,直接单击"确定"按钮即可,如图1-37所示。

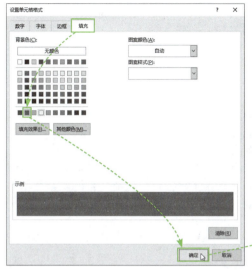

图 1-37

动手练 创建费用报销单

费用报销单一般是在费用发票是小额多张的情况下使用,由报销人填写,可以在企业规定的日期报销,如图1-38所示。出纳将这些报销的单据进行日记账登记后,交接给会计做账。

图 1-38

Step 01 新建一张名为"费用报销单"的工作表，然后在其中输入基本信息，如图1-39所示。

	A	B	C	D
1	费用报销单			
2	报销部门：	年 月 日		单据及附件共 页
3	用途	金额（元）	主管审批	
4				
5				
6			负责人审批	
7				
8	合 计			
9	金额（大写）		原借款： 元	应退余额： 元
10	主管：	财务：		报销人：

图 1-39

Step 02 选择A1:D1单元格区域，在"开始"选项卡中单击"对齐方式"选项组的"合并后居中"下拉按钮，从弹出的列表中选择"合并单元格"选项，将所选单元格合并为一个单元格，按照同样的方法合并其他单元格，如图1-40所示。

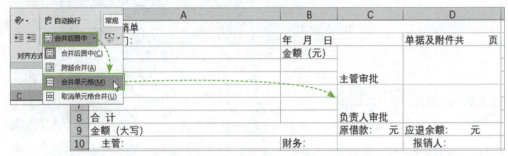

图 1-40

Step 03 选择A3:D9单元格区域，按Ctrl+1组合键，打开"设置单元格格式"对话框，打开"边框"选项卡，设置边框的样式和颜色并将其应用至表格的内部和外边框上，单击"确定"按钮，如图1-41所示。

Step 04 选择A1单元格，在"开始"选项卡中将"字体"设置为"宋体"，将"字号"设置为"16"，加粗显示，单击"下画线"下拉按钮，从弹出的列表中选择"下画线"选项，接着在"对齐方式"选项组中单击"垂直居中"和"居中"按钮，设置居中对齐，如图1-42所示。

> **知识点拨**
>
> 如果用户需要取消单元格合并，则选择合并后的单元格，单击"合并后居中"下拉按钮，从弹出的列表中选择"取消单元格合并"选项即可。

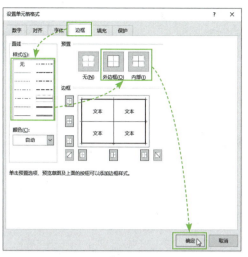
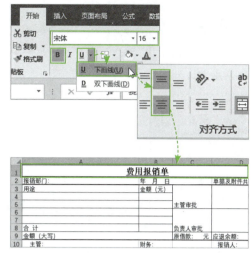

图 1-41　　　　　　　　　　　图 1-42

Step 05 按照同样的方法，为其他单元格设置"居中"或"垂直居中"对齐并添加下画线，如图1-43所示。

图 1-43

Step 06 调整表格的行高和列宽，然后选择A列，右击，从弹出的快捷菜单中选择"插入"命令，如图1-44所示，在A列前插入一个空白列。

Step 07 最后打开"视图"选项卡，在"显示"选项组中取消勾选"网格线"复选框即可，如图1-45所示。

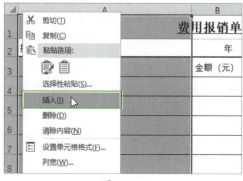

图 1-44　　　　　　　　　　　图 1-45

案例实战：创建差旅费报销单

差旅费报销单是给销售部门的业务员出差回来时报销用的。一般包括出差人、出差事由、报销总额、预借旅费、补领金额、退还金额等内容，如图1-46所示。

图 1-46

Step 01 新建一张"差旅费报销单"工作表，在工作表中输入基本信息，如图1-47所示。

图 1-47

Step 02 选择A1:P1单元格区域，在"开始"选项卡中单击"合并后居中"下拉按钮，从弹出的列表中选择"合并单元格"选项，按照同样的方法，将其他需要合并的单元格进行合并，如图1-48所示。

Step 03 将光标移至A列和B列的分隔线上，当光标变为╋形时，按住左键不放并拖动光标调整列宽，如图1-49所示。按照同样的方法，调整其他列宽。

注意事项 调整列宽时，需要将光标移至该列的右侧分隔线上，然后向左或向右拖动光标进行调整。

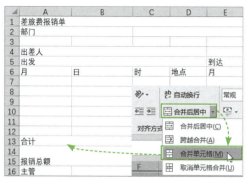
图 1-48

图 1-49

> **知识点拨**
>
> 选择行或列，右击，从弹出的快捷菜单中选择"行高"或"列宽"命令，可以在对话框中设置行高和列宽。

Step 04 将光标移至第一行和第二行的分隔线上，当光标变为↕形时，按住左键不放并拖动光标，调整行高，如图1-50所示。按照同样的方法，调整其他行高。

Step 05 选择A4:P15单元格区域，打开"设置单元格格式"对话框，在"边框"选项卡中为表格添加边框，如图1-51所示。

图 1-50

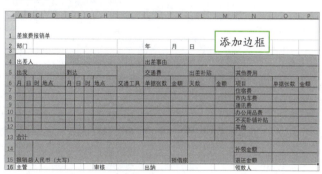
图 1-51

Step 06 选择A1单元格，打开"设置单元格格式"对话框，在"字体"选项卡中将"字体"设置为"微软雅黑"，将"字形"设置为"加粗"，将"字号"设置为"18"，将"下画线"设置为"会计用双下画线"，如图1-52所示。打开"对齐"选项卡，将"水平对齐"和"垂直对齐"设置为"居中"，单击"确定"按钮，如图1-53所示。

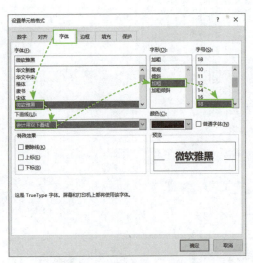
图 1-52

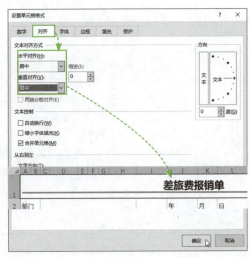
图 1-53

Step 07 选择A2:L2单元格区域,在"开始"选项卡中将"字体"设置为"宋体",将"对齐方式"设置为"底端对齐"和"右对齐",如图1-54所示。

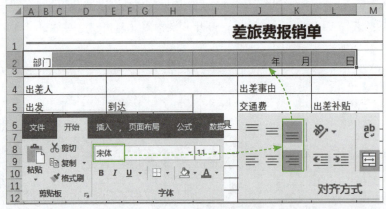
图 1-54

Step 08 选择C2单元格,在"开始"选项卡中单击"边框"下拉按钮,从弹出的列表中选择"下框线"选项,如图1-55所示。

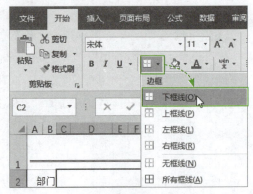
图 1-55

Step 09 选择A4:P15单元格区域，打开"设置单元格格式"对话框，在"对齐"选项卡中将"水平对齐"和"垂直对齐"设置为"居中"，勾选"自动换行"复选框，打开"字体"选项卡，将"字体"设置为"宋体"，单击"确定"按钮，如图1-56所示，然后选择C14单元格，将对齐方式更改为"左对齐"，如图1-57所示。

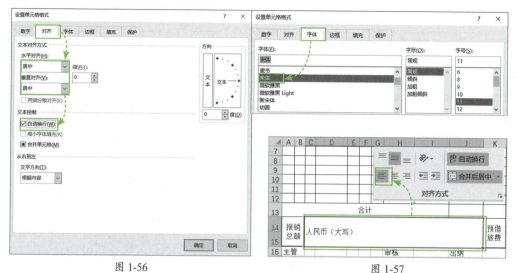

图1-56　　　　　　　　　　　图1-57

Step 10 在Q4单元格中输入"附件 张"，选择Q4:Q15单元格区域，打开"设置单元格格式"对话框，在"对齐"选项卡中将"水平对齐"和"垂直对齐"设置为"居中"，勾选"合并单元格"复选框，将文字方向设置为竖排显示，单击"确定"按钮，如图1-58所示。

Step 11 在A列前插入一列空白列，然后选择B1:R16单元格区域，在"开始"选项卡中单击"填充颜色"下拉按钮，从弹出的列表中选择合适的颜色即可，如图1-59所示。

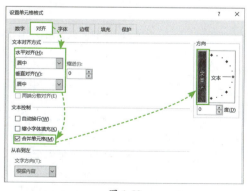 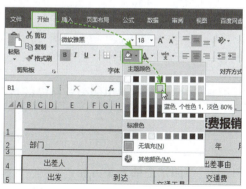

图1-58　　　　　　　　　　　图1-59

新手答疑

1. Q: 如何快速将小写金额转换为大写金额？

A: 选择需要输入大写金额的单元格区域，按Ctrl+1组合键，打开"设置单元格格式"对话框，选择"数字"选项卡，在"分类"列表框中选择"特殊"选项，在"类型"列表框中选择"中文大写数字"选项，单击"确定"按钮，如图1-60所示。

2. Q: 如何自动调整行高和列宽？

A: 选择需要调整行高和列宽的单元格区域，在"开始"选项卡中单击"单元格"选项组的"格式"下拉按钮，从弹出的列表中选择"自动调整行高"和"自动调整列宽"选项即可，如图1-61所示。

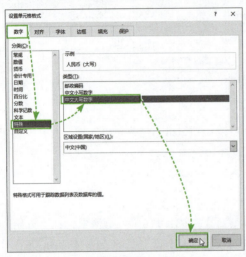

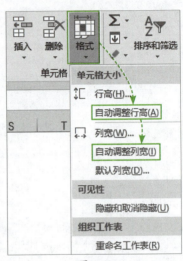

图 1-60　　　　　　　　　　　图 1-61

3. Q: 如何同时删除多张工作表？

A: 按住Ctrl键不放，选择需要删除的多张工作表，右击，从弹出的快捷菜单中选择"删除"命令即可。

4. Q: 如何将工作表中的公式转换成数值？

A: 选择公式所在的单元格区域，按Ctrl+C组合键进行复制，在"开始"选项卡中单击"粘贴"下拉按钮，从弹出的列表中选择"值"选项即可。

5. Q: 如何快速插入单元格？

A: 选择某个单元格，按住Shift键，向下或向右拖动填充柄，即可在单元格后插入空白单元格。

第2章
明细账与总账管理

会计记账的流程是根据出纳转过来的各种原始凭证进行审核，审核无误后，编制记账凭证。根据记账凭证登记明细分类账，对所有记账凭证进行汇总，编制记账凭证汇总表，最后根据记账凭证汇总表登记总账。

2.1 非常重要的会计科目

为了全面地、系统地核算和监督各会计要素的增减变化，满足经济管理及各方面对会计信息的质量要求，需要对会计要素进行细化，设置会计科目，如图2-1所示。

序号	科目性质	科目代码	会计科目名称
1	资产类	1001	库存现金
2		1002	银行存款
3		1003	存放中央银行款项
4		1011	存放同业
5		1012	其他货币资金
6		1021	结算备付金
7		1031	存出保证金
8		1101	交易性金融资产
9		1111	买入返售金融资产
10		1121	应收票据
11		1122	应收账款
12		1123	预付账款
13		1131	应收股利
14		1132	应收利息
15		1201	应收代位追偿款
16		1211	应收分保账款
17		1212	应收分保合同准备金
18		1221	其他应收款
19		1231	坏账准备
20		1301	贴现资产
21		1302	拆出资金
22		1303	贷款
23		1304	贷款损失准备
24		1311	代理兑付证券
25		1321	代理业务资产
26		1401	材料采购
27		1402	在途物资
28		1403	原材料
29		1404	材料成本差异
30		1405	库存商品
31		1406	发出商品
32		1407	商品进销差价
33		1408	委托加工物资
34		1411	周转材料
35		1421	消耗性生物资产
36		1431	贵金属
37		1441	抵债资产
38		1451	损余物资
39		1461	融资租赁资产
70	负债类	2001	短期借款
71		2002	存入保证金
72		2003	拆入资金
73		2004	向中央银行借款
74		2011	吸收存款
75		2012	同业存放
76		2021	贴现负债
77		2101	交易性金融负债
78		2111	卖出回购金融资产款
79		2201	应付票据
80		2202	应付账款
81		2203	预收账款
82		2211	应付职工薪酬
83		2221	应交税费
84		2231	应付利息
85		2232	应付股利
86		2241	其他应付款
87		2251	应付保单红利
88		2261	应付分保账款
89		2311	代理买卖证券款
90		2312	代理承销证券款
91		2313	代理兑付证券款
92		2314	代理业务负债
93		2401	递延收益
94		2501	长期借款
95		2502	应付债券
96		2601	未到期责任准备金
97		2602	保险责任准备金
98		2611	保户储金
99		2621	独立账户负债
100		2701	长期应付款
101		2702	未确认融资费用
102		2711	专项应付款
103		2801	预计负债
104		2901	递延所得税负债
105	共同类	3001	清算资金往来
106		3002	货币兑换
107		3101	衍生工具
108		3201	套期工具
109		3202	被套期项目
110	所有者权益类	4001	实收资本
111		4002	资本公积
112		4101	盈余公积
113		4102	一般风险准备
114		4103	本年利润
115		4104	利润分配
116		4201	库存股
117	成本类	5001	生产成本
118		5101	制造费用
119		5201	劳务成本
120		5301	研发支出
121		5401	工程施工
122		5402	工程结算
123		5403	机械作业
124	损益类	6001	主营业务收入
125		6011	利息收入
126		6021	手续费及佣金收入
127		6031	保费收入
128		6041	租赁收入
129		6051	其他业务收入
130		6061	汇兑损益
131		6101	公允价值变动损益
132		6111	投资收益
133		6201	摊回保险责任准备金
134		6202	摊回赔付支出
135		6203	摊回分保费用
136		6301	营业外收入
137		6401	主营业务成本
138		6402	其他业务成本
139		6403	营业税金及附加
140		6411	利息支出
141		6421	手续费及佣金支出
142		6501	提取未到期责任准备金
143		6502	提取保险责任准备金
144		6511	赔付支出
145		6521	保单红利支出
146		6531	退保金
147		6541	分出保费
148		6542	分保费用
149		6601	销售费用

图 2-1

2.1.1 什么是会计科目

会计科目是按照经济内容对各会计要素的具体内容做进一步分类核算的项目，是以客观存在的会计要素的具体内容为基础、根据核算和管理的需要而设置。合理设置会计科目是正确组织会计核算的前提。

会计科目按反映的经济内容不同，可以分为资产类、负债类、共同类、所有者权益类、成本类、损益类六大类。

2.1.2 设置会计科目的意义

会计科目是进行各项会计记录和提供各项会计信息的基础，在会计核算中具有重要意义，具体表现为以下几点。

- 会计科目是复式记账的基础。
- 会计科目是编制记账凭证的基础。
- 会计科目为成本计算与财产清查提供了前提条件。
- 会计科目为编制会计报表提供了方便。

2.1.3 会计科目的分类和设置原则

为明确会计科目之间的相互关系,进而更加科学规范地设置会计科目,以便更好地进行会计核算和会计监督,需要对会计科目按一定的标准进行分类。

1. 会计科目的分类

(1) **按其归属的会计要素分类**。

- **资产类科目**:按资产的流动性分为反映流动资产的科目和反映非流动资产的科目。
- **负债类科目**:按负债的偿还期限分为反映流动负债的科目和反映长期负债的科目。
- **共同类科目**:共同类科目的特点是需要从其期末余额所在的方向界定其性质。
- **所有者权益类科目**:按权益的形成和性质可分为反映资本的科目和反映留存收益的科目。
- **成本类科目**:包括"生产成本""劳务成本""制造费用"等科目。
- **损益类科目**:分为收入性科目和费用支出性科目。收入性科目包括"主营业务收入""其他业务收入""投资收益""营业外收入"等科目。费用支出性科目包括"主营业务成本""其他业务成本""营业税金及附加""其他业务支出""销售费用""管理费用""财务费用""所得税费用"等科目。

(2) **按其核算信息详略程度分类**。

为了更好地满足各会计信息使用者的不同要求,可以对会计科目按照其核算信息的详略程度进行级次划分。一般情况下,可以将会计科目分为总分类科目和明细科目分类。

(3) **按其经济用途分类**。

经济用途是指会计科目能够提供什么经济指标。会计科目按照经济用途可以分为盘存类科目、结算类科目、跨期摊配类科目、资本类科目、调整类科目、集合分配类科目、成本计算类科目、损益计算类科目和财务成果类科目等。

2. 会计科目的设置原则

会计科目作为向投资者、债权人、企业经营管理者等提供会计信息的重要手段,在其设置过程中应遵循以下原则。

- **全面性原则**:会计科目作为对会计要素的具体内容进行分类核算的项目,科目的设置应保证对各会计要素作全面地反映,形成一个完整的体系。
- **合法性原则**:合法性原则,是指所设置的会计科目应当符合国家统一的会计制度的规定。

- **相关性原则**：相关性原则，是指所设置的会计科目应当为各方所需要的会计信息服务，满足对外报告与对内管理的要求。
- **清晰性原则**：会计科目作为对会计要素分类核算的项目，要求简单明确，字义相符，通俗易懂。
- **简要实用原则**：在合法性的基础上，企业应当根据组织形式、所处行业、经营内容、业务种类等自身特点，设置符合企业需要的会计科目。

动手练 创建会计科目表

在制作会计科目表时，使每个会计科目名称对应唯一的科目代码。

Step 01 新建一张工作表，在其标签上右击，从弹出的快捷菜单中选择"重命名"命令，将工作表命名为"会计科目表"，然后在工作表中输入基本信息，如图2-2所示。

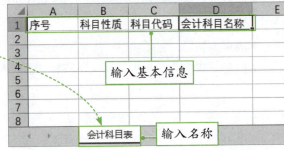

图 2-2

Step 02 在A2单元格中输入"1"，然后选择A2:A157单元格区域，在"开始"选项卡中单击"编辑"选项组中的"填充"下拉按钮，从弹出的列表中选择"序列"选项，如图2-3所示。

Step 03 弹出"序列"对话框，在"序列产生在"栏中选中"列"单选按钮，在"类型"栏中选中"等差序列"单选按钮，将"步长值"设置为"1"，"终止值"设置为"156"，单击"确定"按钮，如图2-4所示。

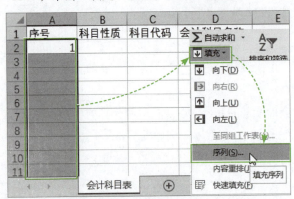
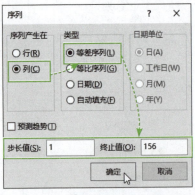

图 2-3　　　　　　　　　　图 2-4

Step 04 输入"科目性质""科目代码"和"会计科目名称"等信息内容,然后选择B2:B70单元格区域,在"开始"选项卡中单击"合并后居中"下拉按钮,从弹出的列表中选择"合并后居中"选项,如图2-5所示。

Step 05 按照同样的方法,合并"科目性质"列中的其他单元格。选择B2:B157单元格区域,在"开始"选项卡中单击"方向"下拉按钮,从弹出的列表中选择"竖排文字"选项,让文字竖排显示,如图2-6所示。

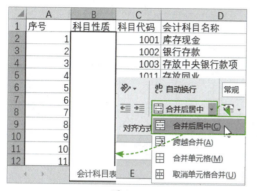

图 2-5　　　　　　　　　　　图 2-6

Step 06 选择A1:D157单元格区域,打开"设置单元格格式"对话框,在"边框"选项卡中为表格设置内部和外边框,最后设置数据的字体格式和对齐方式即可,如图2-7所示。

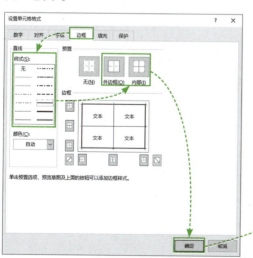

图 2-7

知识点拨

如果用户需要将竖排文字显示为横排,则在"方向"列表中再次选择"竖排文字"选项,取消其选中状态即可。

2.2 多种多样的会计凭证

会计凭证是指记录经济业务发生或完成情况的书面证明，包括原始凭证和记账凭证，如图2-8、图2-9所示，是登记账簿的依据。

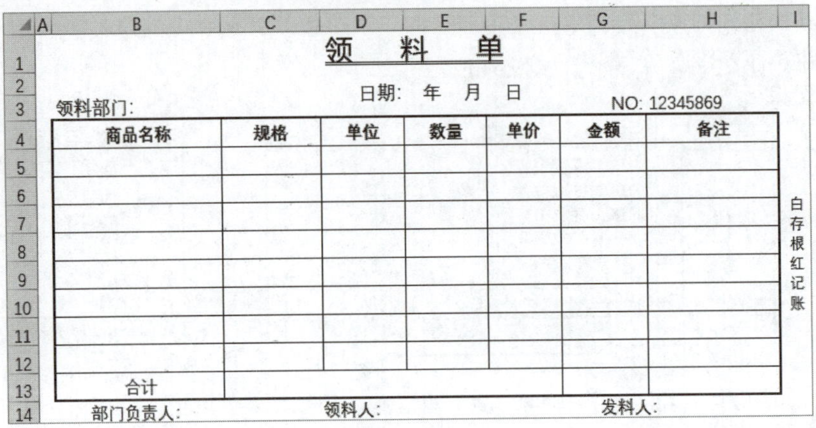

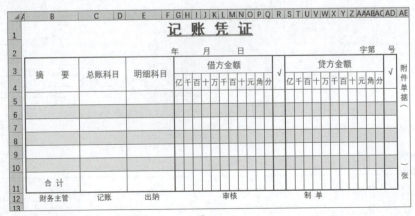

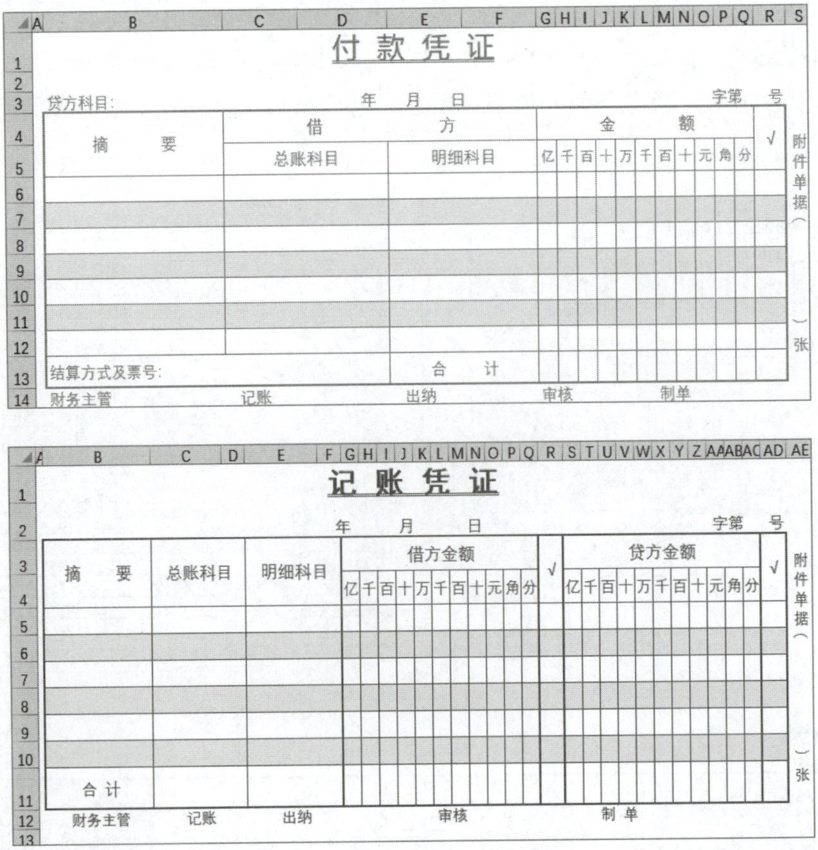

图 2-8

图 2-9

2.2.1 什么是原始凭证

原始凭证又称单据，是指在经济业务发生或完成时取得或填制的，用以记录或证明经济业务的发生或完成情况的原始凭据。原始凭证的作用主要是记载经济业务的发生过程和具体内容。

原始凭证按其取得的来源不同，可以分为自制原始凭证和外来原始凭证两类。

（1）自制原始凭证。

自制原始凭证指由本单位有关部门和人员，在执行或完成某项经济业务时填制仅供本单位内部使用的原始凭证。例如收料单、领料单、限额领料单、产品入库单、产品出库单、借款单、职工薪酬表、折旧计算表等。

（2）外来原始凭证。

外来原始凭证指在经济业务发生或完成时，从其他单位或个人直接取得的原始凭证。例如购买原材料取得的增值税专用发票、银行转来的各种结算凭证、对外支付款项时取得的收据、职工出差报销的飞机票、车船票等。

2.2.2 制作原始凭证

常用的原始凭证有现金收据、发货票、增值税专用（或普通）发票、产品入库单、领料单等，这里以制作领料单为例进行介绍。

首先新建一张“领料单”工作表，在工作表中输入基本数据，如图2-10所示。

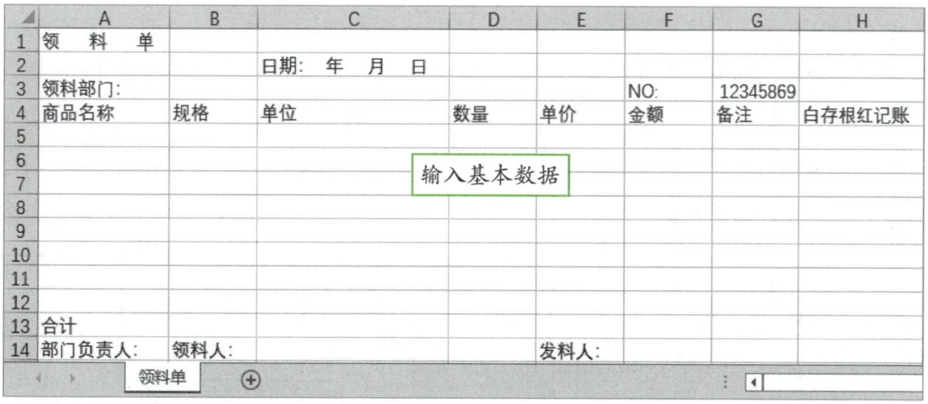

	A	B	C	D	E	F	G	H
1	领　料　单							
2			日期:　年　月　日					
3	领料部门:					NO:	12345869	
4	商品名称	规格	单位	数量	单价	金额	备注	白存根红记账
5								
6								
7								
8								
9								
10								
11								
12								
13	合计							
14	部门负责人:	领料人:			发料人:			

图 2-10

选择A1:G1单元格区域，在“开始”选项卡中单击“合并后居中”下拉按钮，从弹出的列表中选择“合并单元格”选项，合并所选单元格，然后将其他需要合并的单元格进行合并，如图2-11所示。

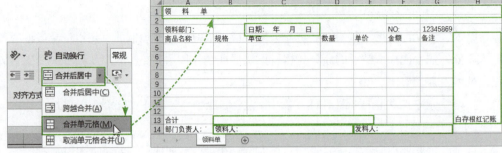

图 2-11

选择A4:G13单元格区域，为表格添加边框，然后设置数据的字体格式和对齐方式，如图2-12所示。

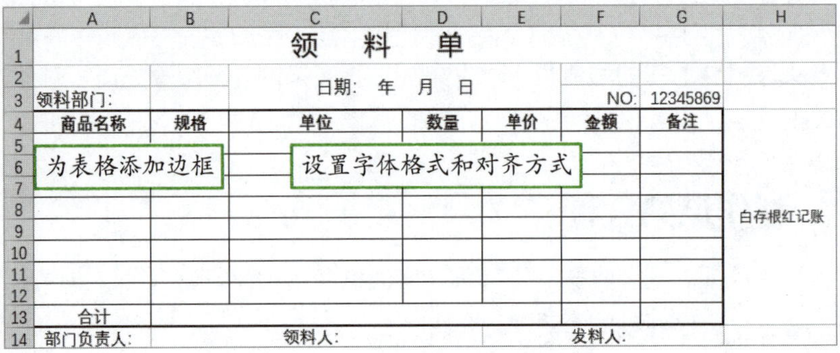

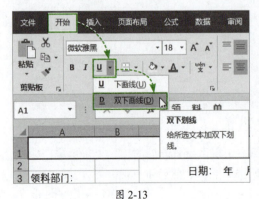

图 2-12

选择A1单元格，在"开始"选项卡中单击"下画线"下拉按钮，从弹出的列表中选择"双下画线"选项，如图2-13所示。接着选择H4单元格，在"开始"选项卡中单击"方向"下拉按钮，从弹出的列表中选择"竖排文字"选项即可，如图2-14所示。最后，在A列前插入一列空白列，并打开"视图"选项卡，取消勾选"网格线"复选框。

图 2-13 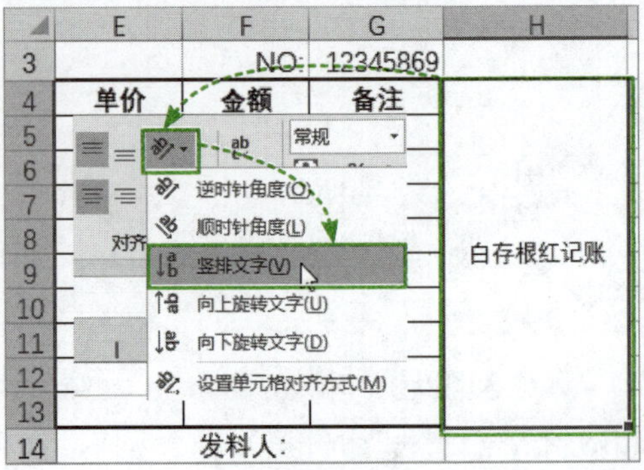　　　　　　　　图 2-14

2.2.3　什么是记账凭证

记账凭证又称记账凭单，是以审核无误的原始凭证为依据，按照经济业务事项的内容加以归类，据已确定会计分录后所填制的会计凭证，是登入账簿的直接依据。

记账凭证按其适用的经济业务，分为专用记账凭证和通用记账凭证两类。

- 专用记账凭证是用来专门记录某一类经济业务的记账凭证。专用凭证按其所记录的经济业务是否与现金和银行存款的收付有无关系，又分为收款凭证、付款凭证和转账凭证三种。
- 通用记账凭证的格式，不再分为收款凭证、付款凭证和转账凭证，而是以一种格式记录全部经济业务。

2.2.4　制作付款凭证

付款凭证是指用于记录库存现金和银行存款付款业务的记账凭证。

首先新建一张"付款凭证"工作表，在工作表中输入基本信息，如图2-15所示。

图 2-15

将工作表中需要合并的单元格进行合并，然后选择A4:Q13单元格区域，为表格添加边框并适当调整行高和列宽，如图2-16所示。

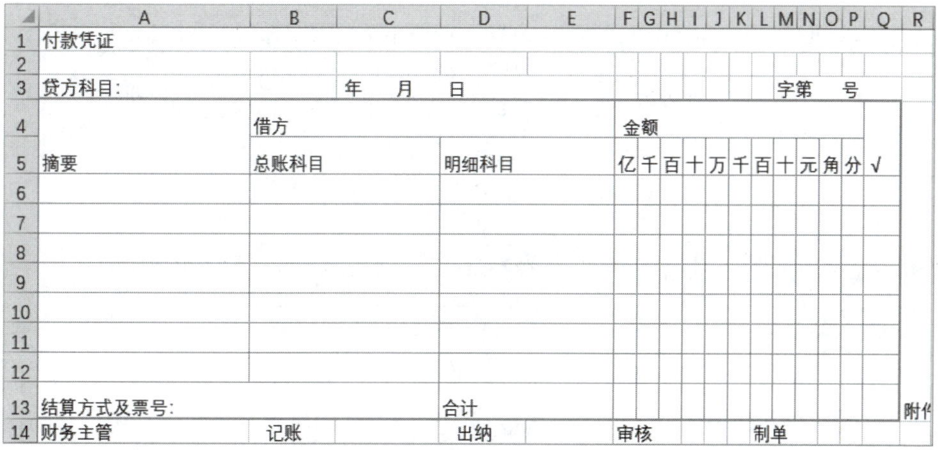

图 2-16

为表格中的数据设置字体格式和对齐方式，然后为"付款凭证"文字添加"双下画线"，接着选择A7:Q7单元格区域，在"开始"选项卡中单击"填充颜色"下拉按钮，从弹出的列表中选择合适的填充颜色，如图2-17所示。按照同样的方法，为其他单元格区域设置填充颜色，最后在A列前插入一列空白列，在"视图"选项卡中取消勾选"网格线"复选框，如图2-18所示。

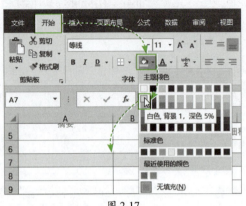

图 2-17

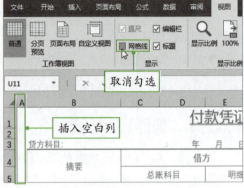

图 2-18

> **知识点拨**
>
> 收款凭证、付款凭证属于专用记账凭证。收款凭证的制作方法和付款凭证类似，只是借贷方向不同。

2.2.5 制作通用记账凭证

在经济业务比较简单的经济单位，为了简化凭证可以使用通用记账凭证记录所发生的各种经济业务。

首先新建一张"通用记账凭证"工作表，在工作表中输入基本数据并适当调整列宽，如图2-19所示。

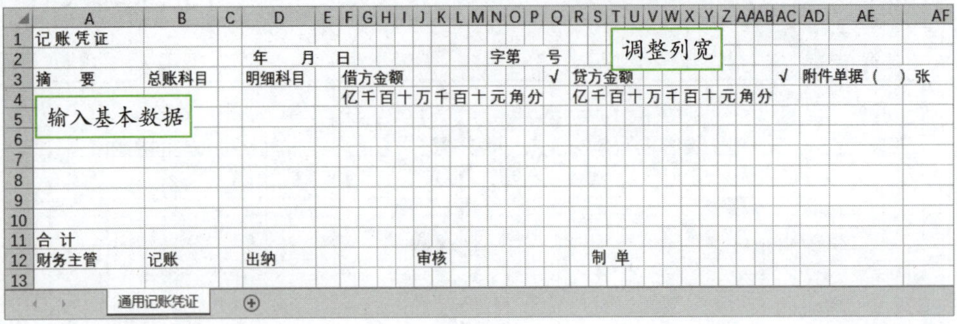

图 2-19

合并需要合并的单元格，然后设置数据的字体格式和对齐方式并适当调整行高，如图2-20所示。

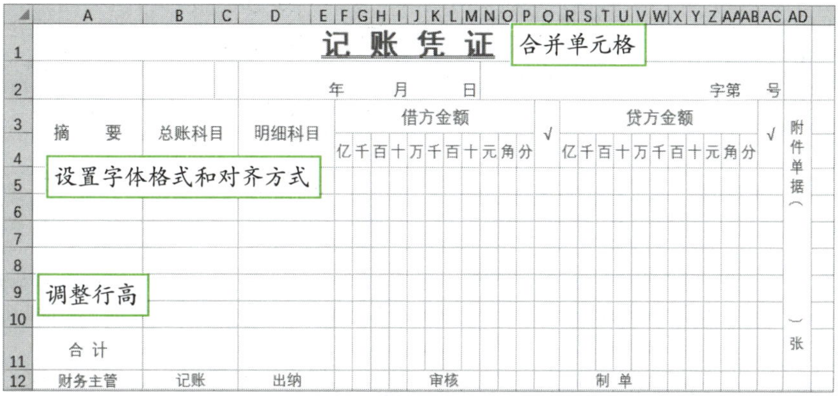

图 2-20

为表格添加边框并设置填充颜色，如图2-21所示。在A列前插入一列空白列，取消勾选"网格线"复选框，如图2-22所示。

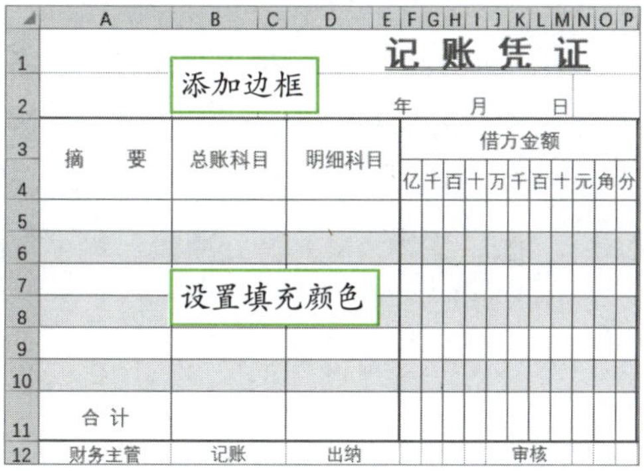

图 2-21 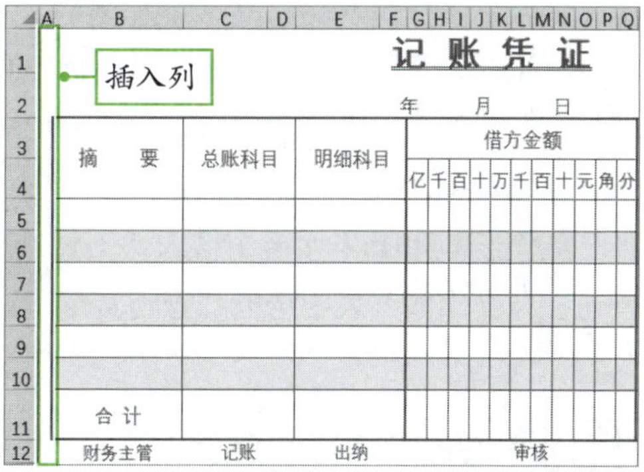　　　　　图 2-22

动手练　填制记账凭证

填制记账凭证，就是以审核无误的原始凭证作为依据，由会计人员将各项记账凭证要素按照规定的方法填制齐全，以备相关账簿的登记，如图2-23所示。

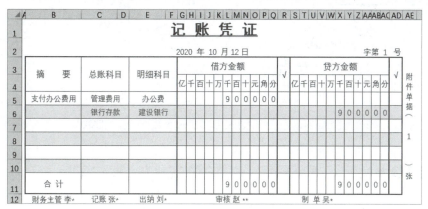

图 2-23

Step 01 打开"通用记账凭证"表,在"记账凭证"下方输入日期,附件单据张数等,如图2-24所示。

Step 02 选择C5:C10单元格区域,打开"数据"选项卡,单击"数据工具"选项组的"数据验证"按钮,如图2-25所示。

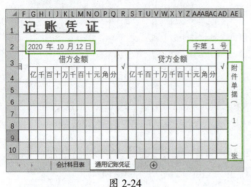
图 2-24

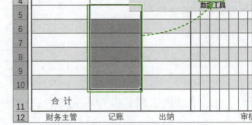
图 2-25

Step 03 打开"数据验证"对话框,在"设置"选项卡中,将"允许"设置为"序列",在"来源"文本框中输入公式"=会计科目表!$D$2:$D$157",单击"确定"按钮,如图2-26所示。

Step 04 在B5单元格中输入"支付办公费用",然后选择C5单元格,单击右侧下拉按钮,从弹出的列表中选择"管理费用"选项,如图2-27所示。

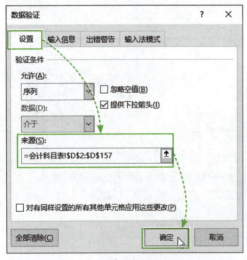
图 2-26

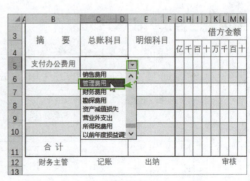
图 2-27

注意事项 填写金额时中间不得留空位,元以后要写到角分,无角分的以0补位。

Step 05 最后完成"明细科目""借方金额""贷方金额""合计"等项目的输入即可。

2.3 简单的凭证汇总表

记账凭证汇总表亦称"科目汇总表"。定期对全部记账凭证进行汇总，按各个会计科目列示其借方发生额和贷方发生额的一种汇总凭证，如图2-28所示。

日期	凭证号	摘要	科目代码	总账科目	明细科目	借方金额	贷方金额
2020/7/1	0001	提取现金	1001	库存现金		¥4,000.00	
2020/7/1	0001	提取现金	1002	银行存款	建设银行		¥4,000.00
2020/7/2	0002	采购电脑	1401	材料采购		¥9,000.00	
2020/7/2	0002	采购电脑	2221	应交税费		¥1,000.00	
2020/7/2	0002	采购电脑	1002	银行存款	建设银行		¥10,000.00
2020/7/3	0003	商品入库	1405	库存商品		¥8,000.00	
2020/7/3	0003	商品入库	1401	材料采购			¥8,000.00
2020/7/4	0004	采购打印机	1401	材料采购		¥3,200.00	
2020/7/4	0004	采购打印机	2202	应付账款			¥3,200.00

图 2-28

2.3.1 相关函数介绍

编制记账凭证汇总表需要用到VLOOKUP函数，下面介绍这个函数的语法和功能。

VLOOKUP函数主要用于搜索用户查找范围中的首列（或首行）中满足条件的数据，且根据指定的列号（行号）返回对应的值。该函数的语法格式为：

VLOOKUP(lookup_value,table_array,col_index_num,range_lookup)

- **lookup_value**：需要在数据表第一列中进行查找的数值。lookup_value 可以为数值、引用或文本字符串，当VLOOKUP函数第一参数省略查找值时，表示用0查找。

- **table_array**：需要在其中查找数据的数据表，使用对区域或区域名称的引用。

- **col_index_num**：表示在table_array中查找数据的数据列序号。col_index_num为1时，返回table_array第一列的数值，col_index_num为2时，返回table_array第二列的数值，以此类推。如果col_index_num小于1，函数VLOOKUP返回错误值#VALUE!；如果col_index_num大于table_array的列数，函数VLOOKUP返回错误值#REF!。

- **range_lookup**：逻辑值，指明函数VLOOKUP查找时是精确匹配，还是近似匹配。如果为FALSE或0，则返回精确匹配，如果找不到，则返回错误值#N/A。如果range_lookup为TRUE或1，函数VLOOKUP将查找近似匹配值，也就是说，如果找不到精确匹配值，则返回小于lookup_value的最大数值，如果range_lookup省略，则默认为近似匹配。

2.3.2 创建凭证汇总表

凭证汇总表中包含凭证号、摘要、科目代码、总账科目、明细科目、借方金额和贷方金额等。

首先新建一张"记账凭证汇总表"工作表,然后输入列标题,设置其字体格式和对齐方式,如图2-29所示。

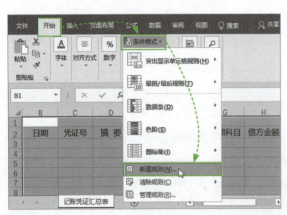

图 2-29

选中B~I列,在"开始"选项卡中单击"条件格式"下拉按钮,从弹出的列表中选择"新建规则"选项,打开"新建格式规则"对话框,在"选择规则类型"列表框中选择"使用公式确定要设置格式的单元格"选项,然后在"为符合此公式的值设置格式"文本框中输入公式"=$B1<>""",单击"格式"按钮,如图2-30所示。

图 2-30

打开"设置单元格格式"对话框,在"边框"选项卡中设置线条的样式和颜色,然后选择"外边框"选项,单击"确定"按钮,如图2-31所示。返回"新建格式规则"对话框,直接单击"确定"按钮,表格即可自动添加设置的边框。

选中C列,打开"设置单元格格式"对话框,在"数字"选项卡中选择"自定义"选项,然后在右侧"类型"文本框中输入"000#",单击"确定"按钮,如图2-32所示。

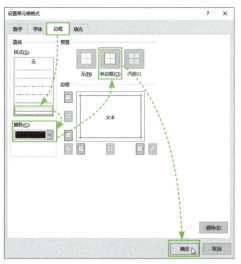

图 2-31

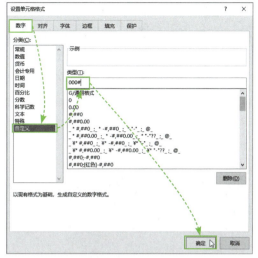

图 2-32

选择H列和I列,打开"设置单元格格式"对话框,在"数字"选项卡中选择"货币"选项,单击"确定"按钮,最后适当调整表格的列宽即可,如图2-33所示。

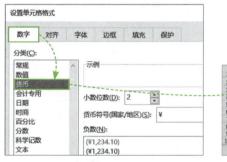

图 2-33

动手练 填制记账凭证汇总表

将所有审核无误的记账凭证汇总登记到记账凭证汇总表中,方便用户登记相关的各种账簿。

Step 01 在"记账凭证汇总表"的相应位置输入已记账的记账凭证信息,如图2-34所示。

图 2-34

Step 02 选择E3:E4单元格区域，在"数据"选项卡中单击"数据工具"选项组中的"数据验证"按钮，打开"数据验证"对话框，在"设置"选项卡中设置"允许"为"序列"，然后在"来源"文本框中输入"=会计科目表!$C$2:$C$157"，单击"确定"按钮，如图2-35所示。

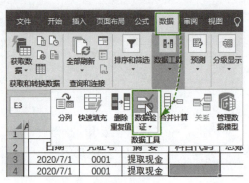

图 2-35

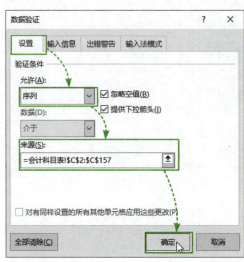

图 2-36

Step 03 选择E3单元格，单击其右侧的下拉按钮，从弹出的列表中选择"1001"选项。按照同样的方法输入E4单元格中的内容，如图2-37所示。

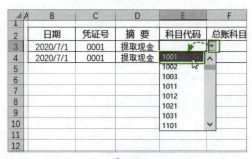

图 2-37

Step 04 选择F3单元格，输入公式"=VLOOKUP(E3,会计科目表!$C$2:$D$157,2,FALSE)"，按回车键确认，引用"会计科目表"中的"会计科目名称"，将公式向下填充，如图2-38所示，最后输入"明细科目"即可。

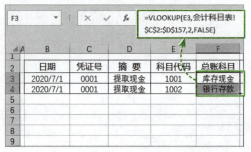

图 2-38

2.4 必备的财务总账表

总账指总分类账簿,是根据总分类科目开设账户,用来登记全部经济业务,进行总分类核算,提供总括核算资料的分类账簿,如图2-39所示。

	A	B	C	D	E	F	G
2		科目代码	总账科目	期初余额	本期发生额		期末余额
3					借方	贷方	
4		1001	库存现金	¥ 200,000.00	¥ 4,000.00	¥ -	¥ 204,000.00
5		1002	银行存款	¥ 231,226.00	¥ 114,660.00	¥ 59,000.00	¥ 286,886.00
6		1401	材料采购		¥ 12,200.00	¥ 8,000.00	¥ 4,200.00
7		2221	应交税费		¥ 1,000.00	¥ 17,137.33	¥ -16,137.33
8		1405	库存商品		¥ 8,000.00	¥ 19,500.00	¥ -11,500.00
9		2202	应付账款		¥ 45,000.00	¥ 3,200.00	¥ 41,800.00
10		1122	应收账款	¥ 13,000.00	¥ 83,520.00	¥ 117,000.00	¥ -20,480.00
11		6601	销售费用		¥ -	¥ 36,000.00	¥ -36,000.00
12		6401	主营业务成本		¥ 19,500.00	¥ 9,500.00	¥ 10,000.00
13		6001	主营业务收入		¥ 54,000.00	¥ 54,000.00	¥ -
14		6603	财务费用	¥ 235,500.00	¥ 2,340.00	¥ 2,340.00	¥ 235,500.00
15		6602	管理费用		¥ 1,690.70	¥ 1,690.70	¥ -
16		1231	坏账准备		¥ -	¥ 1,690.70	¥ -1,690.70
17		4103	本年利润	¥ 200,000.00	¥ 37,148.03	¥ 54,000.00	¥ 183,148.03
18		6801	所得税费用		¥ 5,617.33	¥ 5,617.33	¥ -

图 2-39

2.4.1 相关函数介绍

编制财务总账表需要用到COUNTIF、INDEX、MATCH函数,下面介绍这三个函数的语法和功能。

1. COUNTIF 函数

COUNTIF函数主要用于有目的地统计工作表中满足指定条件的数据个数。该函数的语法格式为:

COUNTIF(range,criteria)

其中参数range表示对其进行计数的单元格区域,例如数字、名称、数组或包含数字的引用。参数criteria表示对某些单元格进行计数的条件,其形式为数字、表达式、单元格的引用或文本字符串。

2. INDEX 函数

INDEX函数的作用是返回表或区域中的值或对值的引用。该函数有两种形式,数组形式和引用形式。数组形式通常返回数组中指定的单元格或单元格数组的数值,引用形式通常返回引用中指定单元格或单元格区域的引用。

该函数常用于返回特定行和列交叉处单元格的引用。如果该引用是由非连续选定区域组成的,则可以选择要用作查找范围的选定区域。

INDEX函数数组形式的语法格式为：

INDEX(array,row_num,column_num)

其中参数array为单元格区域或数组常数。参数row_num为数组中某行的行序号，函数从该行返回数值。如果省略row_num，则必须有column_num。参数column_num为数组中某列的列序号，函数从该列返回数值。如果省略column_num，则必须有row_num。

INDEX函数引用形式的语法格式为：

INDEX(reference,row_num,column_num,area_num)

其中参数reference是对一个或多个单元格区域的引用，如果引用输入一个不连续的选定区域，必须用括号括起来。参数area_num是选择引用中的一个区域并返回该区域中row_num和column_num的交叉区域。选中或输入的第一个区域序号为1，第二个为2，以此类推。如果省略area_num，则INDEX函数使用区域1。其余参数的用法与数组形式类似。

3. MATCH 函数

MATCH函数最重要的作用就是查找给定数值的位置信息，以便快速找到该数据所在的行或列，从而获取到其他有用的信息。该函数的语法格式为：

MATCH(lookup_value, lookup_array, match_type)

其中lookup_value为必要参数，指需要在数据表中查找的值，可以为数值（数字、文本或逻辑值）或对数字、文本或逻辑值的单元格引用，可以包含通配符、星号（*）和问号（?）。星号可以匹配任何字符序列；问号可以匹配单个字符。

lookup_array为必要参数，可能包含所有要查找数值的连续的单元格区域，区域必须是某一行或某一列，即必须为一维数据，引用的查找区域是一维数组。

match_type表示查询的指定方式，用数字-1、0或者1表示，match_type省略相当于match_type为1的情况。

2.4.2 财务总账表的编制

财务总账表主要包括科目代码、总账科目、期初余额、本期发生额、期末余额等。

首先新建一张"财务总账表"工作表，然后在其中输入列标题，设置相应的格式并为其添加边框，如图2-40所示。

科目代码	总账科目	期初余额	本期发生额		期末余额
			借方	贷方	
		构建表格框架			

图 2-40

选择C4单元格，输入公式"=IF(COUNTIF(记账凭证汇总表!$F$3:F3,记账凭证汇总表!F3)<=1,记账凭证汇总表!F3,"")"，按回车键确认，即可将记账凭证汇总表中的总账科目不重复地引用，然后将公式向下填充并删除该列中的空单元格所在的行，如图2-41所示。

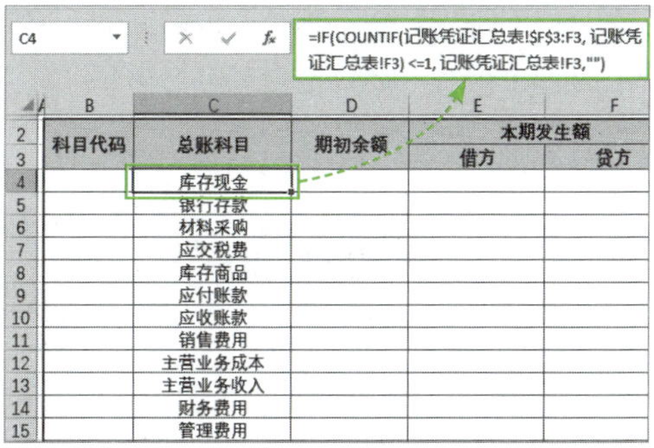

图 2-41

选择B4单元格，输入公式"=INDEX(记账凭证汇总表!E:E,MATCH(财务总账表!C4,记账凭证汇总表!F:F,0))"，按回车键确认，引用记账凭证汇总表中的科目代码并将公式向下填充，如图2-42所示。

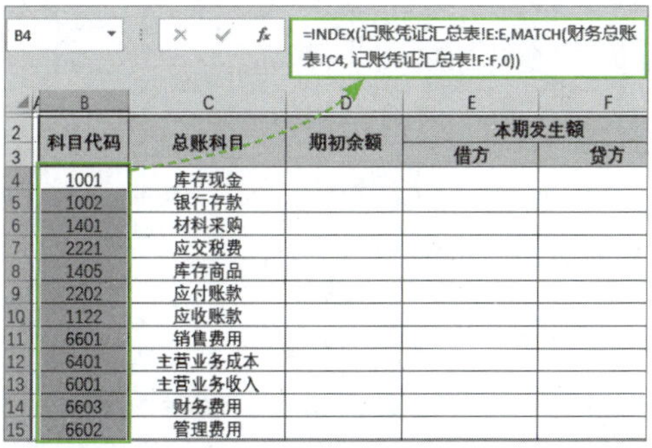

图 2-42

选择E4单元格，输入公式"=SUMIF(记账凭证汇总表!F:F,C4,记账凭证汇总表!H:H)"，按回车键确认，然后将该单元格中的公式向下填充，即可计算出本期发生额的借方金额，如图2-43所示。

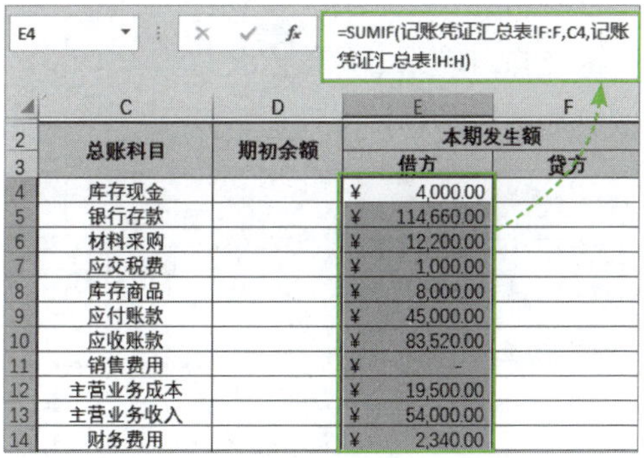

图 2-43

选择F4单元格，输入公式"=SUMIF(记账凭证汇总表!F:F,C4,记账凭证汇总表!I:I)"，按回车键确认，然后将该单元格中的公式向下填充，即可计算出本期发生额的贷方金额，如图2-44所示。

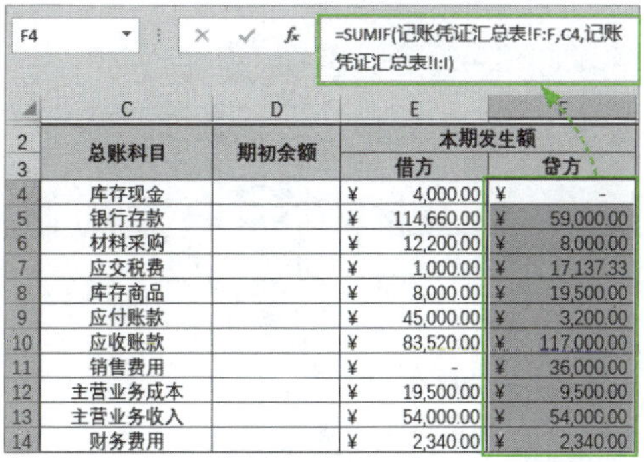

图 2-44

在"期初余额"列输入各总账科目的"期初余额",然后选中G4单元格,输入公式"=D4+E4-F4",按回车键确认,然后将公式向下填充,计算出"期末余额",如图2-45所示。

总账科目	期初余额	本期发生额		期末余额
		借方	贷方	
库存现金	¥ 200,000.00	¥ 4,000.00	¥ -	=D4+E4-F4
银行存款	¥ 231,226.00	¥ 114,660.00	¥ 59,000.00	
材料采购		¥ 12,200.00	¥ 8,000.00	
应交税费		¥ 1,000.00	¥ 17,137.33	
库存商品		¥ 8,000.00	¥ 19,500.00	
应付账款			¥ 45,000.00	¥ 3,200.00
应收账款	¥ 13,000.00	¥ 83,520.00	¥ 117,000.00	
销售费用		¥ -	¥ 36,000.00	
主营业务成本		¥ 19,500.00	¥ 9,500.00	
主营业务收入		¥ 54,000.00	¥ 54,000.00	
财务费用	¥ 235,500.00	¥ 2,340.00	¥ 2,340.00	
管理费用		¥ 1,690.70	¥ 1,690.70	
坏账准备			¥ 1,690.70	
本年利润	¥ 200,000.00	¥ 37,148.03	¥ 54,000.00	
所得税费用		¥ 5,617.33	¥ 5,617.33	

本期发生额		期末余额
借方	贷方	
¥ 4,000.00	¥ -	¥ 204,000.00
¥ 114,660.00	¥ 59,000.00	¥ 286,886.00
¥ 12,200.00	¥ 8,000.00	¥ 4,200.00
¥ 1,000.00	¥ 17,137.33	¥ -16,137.33
¥ 8,000.00	¥ 19,500.00	¥ -11,500.00
¥ 45,000.00	¥ 3,200.00	¥ 41,800.00
¥ 83,520.00	¥ 117,000.00	¥ -20,480.00
¥ -	¥ 36,000.00	¥ -36,000.00
¥ 19,500.00	¥ 9,500.00	¥ 10,000.00
¥ 54,000.00	¥ 54,000.00	¥ -
¥ 2,340.00	¥ 2,340.00	¥ 235,500.00
¥ 1,690.70	¥ 1,690.70	¥ -
	¥ 1,690.70	¥ -1,690.70
¥ 37,148.03	¥ 54,000.00	¥ 183,148.03
¥ 5,617.33	¥ 5,617.33	¥ -

图 2-45

2.4.3 试算平衡表

试算平衡表用以检查借贷方是否平衡,即账户记录是否有错的一种表示。制作试算平衡表,验证财务总账表的借贷双方发生额是否平衡。

首先构建表格框架,选择J3单元格,输入公式"=SUM(E4:E18)",按回车键确认,汇总本期借方发生额,如图2-46所示。

选择J4单元格,输入公式"=SUM(F4:F18)",按回车键确认,汇总本期贷方发生额,如图2-47所示。

试算平衡表	
借方金额	=SUM(E4:E18)
贷方金额	
差额	
借贷平衡	

试算平衡表	
借方金额	¥ 388,676.06
贷方金额	
差额	
借贷平衡	

图 2-46

试算平衡表	
借方金额	¥ 388,676.06
贷方金额	=SUM(F4:F18)
差额	
借贷平衡	

试算平衡表	
借方金额	¥ 388,676.06
贷方金额	¥ 388,676.06
差额	
借贷平衡	

图 2-47

选择J5单元格,输入公式"=J3-J4",按回车键计算本期差额,如图2-48所示。

选择J6单元格,输入公式"=IF(J5=0,"平衡","不平衡")",按回车键计算借贷是否平衡,如图2-49所示。

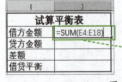

试算平衡表	
借方金额	¥ 388,676.06
贷方金额	¥ 388,676.06
差额	=J3-J4
借贷平衡	

试算平衡表	
借方金额	¥ 388,676.06
贷方金额	¥ 388,676.06
差额	¥ -
借贷平衡	

图 2-48

试算平衡表	
借方金额	¥ 388,676.06
贷方金额	¥ 388,676.06
差额	¥ -
借贷平衡	=IF(J5=0,"平衡","不平衡")

试算平衡表	
借方金额	¥ 388,676.06
贷方金额	¥ 388,676.06
差额	¥ -
借贷平衡	平衡

图 2-49

案例实战：编制银行短期借款明细表

银行短期借款明细表属于财务表格，其主要由借款银行、借款种类、借款额度、借款年利率、应付利息等项目组成，如图2-50所示。

序号	借款银行	借款种类	借入日期	借款额度	借款期限	还款日期	借款年利率	抵押资产及编号	应付利息	备注
1	农业银行	卖方信贷	2020/5/1	¥98,000.00	180	2020/10/28	5.85%	XMH-00888	¥2,827.23	
2	工商银行	流动资金借款	2020/2/3	¥66,000.00	90	2020/5/3	5.85%	XMH-00889	¥952.03	
3	建设银行	生产周转借款	2020/1/20	¥100,000.00	180	2020/7/18	5.85%	XMH-00890	¥2,884.93	
4	中国银行	项目借款	2020/7/20	¥115,000.00	360	2021/7/15	6.31%	XMH-00891	¥7,157.10	
5	中国银行	卖方信贷	2020/2/1	¥75,000.00	180	2020/7/30	5.85%	XMH-00892	¥2,163.70	
6	建设银行	流动资金借款	2020/3/5	¥15,000.00	180	2020/9/1	5.85%	XMH-00893	¥432.74	
7	招商银行	生产周转借款	2020/2/14	¥45,000.00	360	2021/2/9	6.31%	XMH-00894	¥2,800.60	
8	建设银行	项目借款	2020/6/12	¥150,000.00	90	2020/9/10	5.85%	XMH-00895	¥2,163.70	
9	农业银行	流动资金借款	2020/4/15	¥29,000.00	180	2020/10/12	5.85%	XMH-00896	¥836.63	
10	招商银行	项目借款	2020/4/7	¥260,000.00	90	2020/7/6	5.85%	XMH-00897	¥3,750.41	
11	工商银行	项目借款	2020/4/8	¥65,000.00	360	2021/4/3	6.31%	XMH-00898	¥4,045.32	

图 2-50

Step 01 新建一张"银行短期借款明细表"工作表，在工作表中输入列标题，如图2-51所示。

图 2-51

Step 02 在A2单元格中输入"1"，然后选择A2单元格，将光标移至该单元格右下角，按住左键不放并向下拖动光标，单击弹出的"自动填充选项"按钮，从列表中选中"填充序列"单选按钮，如图2-52所示。

Step 03 选择B2:B12单元格区域，在"数据"选项卡中单击"数据验证"按钮，打开"数据验证"对话框，在"设置"选项卡中将"允许"设置为"序列"，在"来源"文本框中输入"工商银行,中国银行,建设银行,农业银行,招商银行"，单击"确定"按钮，如图2-53所示。

> **注意事项** "工商银行,中国银行,建设银行,农业银行,招商银行"之间要用英文状态下的逗号隔开。

> **知识点拨** 用户可以在A2单元格中输入"1"，在A3单元格中输入"2"，然后选择A2:A3单元格区域，将光标移至单元格区域右下角，按住左键不放并向下拖动光标，填充序号。

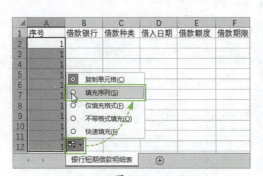

图 2-52

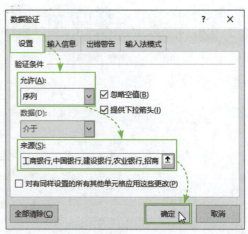

图 2-53

Step 04 选择B2单元格，单击其右侧的下拉按钮，从弹出的列表中选择"农业银行"选项，如图2-54所示。按照同样的方法，完成"借款银行"的输入。

图 2-54

Step 05 输入"借款种类""借入日期""借款额度"和"借款期限"，然后选择G2单元格，输入公式"=D2+F2"，按回车键计算出"还款日期"并将公式向下填充，如图2-55所示。

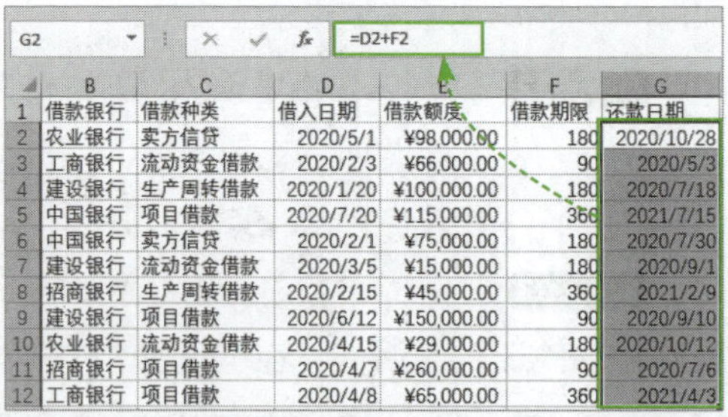

图 2-55

Step 06 选择H2单元格，输入公式"=IF(F2<=180,0.0585,0.0631)"，按回车键计算出"借款年利率"并将公式向下填充，如图2-56所示。

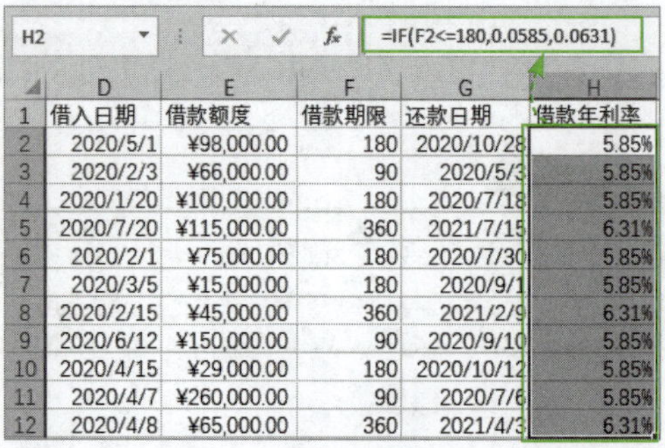

图 2-56

Step 07 输入"抵押资产及编号",然后选择J2单元格,输入公式"=E2*H2*F2/365",按回车键计算出"应付利息"并将公式向下填充,如图2-57所示。

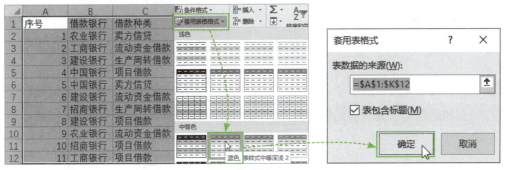

图 2-57

Step 08 选择A1:K12单元格区域,在"开始"选项卡中单击"套用表格格式"下拉按钮,从弹出的列表中选择"蓝色,表样式中等深浅2"选项,打开"套用表格式"对话框,直接单击"确定"按钮,如图2-58所示。

图 2-58

Step 09 在"开始"选项卡中单击"对齐方式"选项组的"垂直居中"和"居中"按钮,然后打开"表格工具-设计"选项卡,单击"转换为区域"按钮,弹出一个提示框,直接单击"是"按钮即可,如图2-59所示。

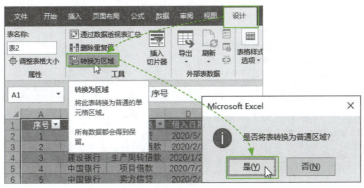

图 2-59

新手答疑

1. Q：如何手动输入人民币符号？

A： 在搜狗工具栏上右击，从弹出的快捷菜单中选择"表情&符号"选项，从其级联菜单中选择"符号大全"选项，如图2-60所示。打开"符号大全"对话框，选择"数学/单位"选项，在右侧的"人民币"符号上单击即可，如图2-61所示。

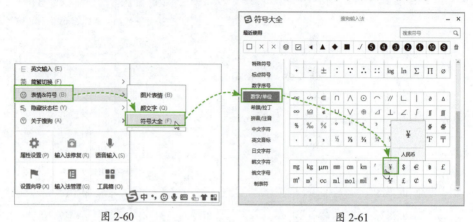

图 2-60　　　　　　　　　　　图 2-61

2. Q：如何隐藏公式计算后得到的"0"值？

A： 单击"文件"按钮，选择"选项"选项，打开"Excel选项"对话框，选择"高级"选项，然后取消勾选"在具有零值的单元格中显示零"复选框即可，如图2-62所示。

3. Q：如何隐藏工作表？

A： 选择需要隐藏的工作表，右击，从弹出的快捷菜单中选择"隐藏"命令即可，如图2-63所示。

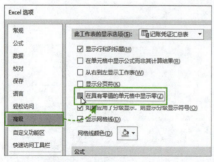
图 2-62

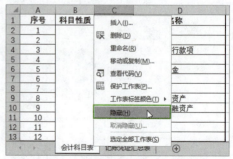
图 2-63

第3章
员工薪酬管理

所谓薪酬管理,是指一个组织针对所有员工所提供的服务来确定他们应当得到的报酬总额,以及报酬结构和报酬形式的一个过程。薪酬管理中涉及大量的数据和复杂计算,因此企业需要一个独立的工资管理体系来规范管理员工工资。

3.1 基本的工资信息表

工资信息表是一系列与薪酬核算相关的表格，例如员工档案信息表、员工工资基本信息表、员工考勤统计表、社保缴纳明细表、员工个人所得税计算表等。

3.1.1 员工档案信息表

员工档案信息表中记录了员工的一些基本信息，例如工号、姓名、部门、职务、身份证号码、出生日期等，如图3-1所示。

	A	B	C	D	E	F	G	H	I	J
1	工号	姓名	部门	职务	身份证号码	性别	出生日期	学历	毕业院校	联系电话
2	DS001	苏超	销售部	经理	130632198205211678	男	1982-05-21	研究生	中山大学	14153312029
3	DS002	李梅	生产部	员工	220100199111095325	女	1991-11-09	本科	中山大学	10754223089
4	DS003	刘红	财务部	经理	351313197511083121	女	1975-11-08	研究生	清华大学	13912016871
5	DS004	孙杨	人事部	员工	441512199110111232	男	1991-10-11	本科	南开大学	18551568074
6	DS005	张星	采购部	经理	300131197612097679	男	1976-12-09	研究生	浙江大学	15251532011
7	DS006	赵亮	销售部	员工	312414199106120435	男	1991-06-12	本科	南京大学	13851542169
8	DS007	王晓	生产部	经理	520513197008044343	女	1970-08-04	研究生	南京大学	11851547025
9	DS008	李明	销售部	员工	210114199206120415	男	1992-06-12	本科	南京大学	13251585048
10	DS009	吴晶	人事部	经理	132951197708041147	女	1977-08-04	研究生	复旦大学	19651541012
11	DS010	张雨	销售部	员工	321313199308044327	女	1993-08-04	本科	南开大学	15357927047
12	DS011	齐征	采购部	员工	330132199409104611	男	1994-09-10	本科	中山大学	16352323023
13	DS012	张吉	生产部	员工	670600199112055314	男	1991-12-05	本科	南京大学	12951523038
14	DS013	张函	财务部	员工	331113199204304327	女	1992-04-30	本科	浙江大学	14151111001
15	DS014	王珂	采购部	员工	533126199306139871	男	1993-06-13	本科	南开大学	17459833035
16	DS015	刘雯	销售部	员工	321313198808044327	女	1988-08-04	本科	浙江大学	18754862584

图 3-1

1. 相关函数

（1）MOD函数。

MOD函数的作用是求两数相除的余数。该函数的语法格式为：

MOD(number,divisor)

其中参数number为被除数，参数divisor为除数。

（2）MID函数。

MID函数用来从指定的字符串中，截取出指定数量的字符。该函数的语法格式为：

MID(string, start_num, num_chars)

其中参数string为必需的，是需要进行截取的字符串；start_num为必需的，表示从左开始的第几位开始截取；num_chars为必需的，表示截取的长度。

（3）TEXT函数。

TEXT函数的作用是通过格式代码对文本应用格式，从而改变显示方式。该函数的语法格式为：

TEXT(value,format_text)

其中参数value为数值，或是计算结果为数字的公式，也或是对包含数字值的单元格引用，format_text为文本形式的数字格式。

TEXT返回的一律都是文本形式的数据。如果需要计算，可以先将文本转换为数值，然后再计算。文本型数值遇到四则运算会自动转化为数值，但文本不参与sum之类的运算。

2. 编制员工档案信息表

首先新建一张"员工档案信息表"工作表，在工作表中输入列标题并设置其格式，为表格添加边框和底纹，如图3-2所示。

图 3-2

输入"工号""姓名""部门"和"职务"信息，然后选择E2:E16单元格区域，在"开始"选项卡中单击"数字格式"下拉按钮，从弹出的列表中选择"文本"选项，如图3-3所示。打开"数据"选项卡，单击"数据验证"按钮，弹出"数据验证"对话框，在"设置"选项卡中将"允许"设置为"文本长度"，将"数据"设置为"等于"，在"长度"文本框中输入"18"，单击"确定"按钮，如图3-4所示。

图 3-3

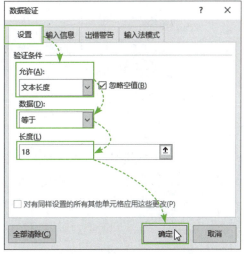

图 3-4

输入"身份证号码"信息，然后选择F2单元格，输入公式"=IF(MOD(MID(E2,17,1),2)=1,"男","女")"，按回车键计算出"性别"并将公式向下填充，如图3-5所示。

选择G2单元格，输入公式“=TEXT(MID(E2,7,8),"0000-00-00")”，按回车键计算出“出生日期”并将公式向下填充，如图3-6所示。

F2 =IF(MOD(MID(E2,17,1),2)=1,"男","女")

	C	D	E	F	G
1	部门	职务	身份证号码	性别	出生日期
2	销售部	经理	130632198205211678	男	
3	生产部	员工	220100199111095325	女	
4	财务部	经理	351313197511083121	女	
5	人事部	员工	441512199110111232	男	
6	采购部	经理	300131197612097679	男	
7	财务部	员工	312414199106120435	男	
8	生产部	经理	520513197008044343	女	
9	销售部	员工	210114199206120415	男	
10	人事部	经理	132951197708041147	女	
11	销售部	员工	321313199308044327	女	
12	采购部	员工	330132199409104611	男	
13	生产部	员工	670600199112055314	男	
14	财务部	员工	331113199204304327	女	

图 3-5

G2 =TEXT(MID(E2,7,8),"0000-00-00")

	D	E	F	G	H
1	职务	身份证号码	性别	出生日期	学历
2	经理	130632198205211678	男	1982-05-21	
3	员工	220100199111095325	女	1991-11-09	
4	经理	351313197511083121	女	1975-11-08	
5	员工	441512199110111232	男	1991-10-11	
6	经理	300131197612097679	男	1976-12-09	
7	员工	312414199106120435	男	1991-06-12	
8	经理	520513197008044343	女	1970-08-04	
9	员工	210114199206120415	男	1992-06-12	
10	经理	132951197708041147	女	1977-08-04	
11	员工	321313199308044327	女	1993-08-04	
12	员工	330132199409104611	男	1994-09-10	
13	员工	670600199112055314	男	1991-12-05	
14	员工	331113199204304327	女	1992-04-30	

图 3-6

最后输入“学历”“毕业院校”和“联系电话”信息，适当调整表格的行高和列宽即可。

3.1.2 员工工资基本信息表

员工工资基本信息表中记录了员工的相关工资信息，例如，基本工资、岗位工资、工龄工资等，如图3-7所示。

	A	B	C	D	E	F	G
1	工号	姓名	部门	职务	基本工资	岗位工资	工龄工资
2	DS001	苏超	销售部	经理	¥5,000.00	¥2,000.00	¥3,000.00
3	DS002	李梅	生产部	员工	¥3,000.00	¥0.00	¥1,000.00
4	DS003	刘红	财务部	经理	¥6,000.00	¥2,000.00	¥3,000.00
5	DS004	孙杨	人事部	员工	¥3,500.00	¥0.00	¥1,500.00
6	DS005	张星	采购部	经理	¥5,000.00	¥2,000.00	¥4,000.00
7	DS006	赵亮	财务部	员工	¥4,000.00	¥0.00	¥900.00
8	DS007	王晓	生产部	经理	¥5,000.00	¥2,000.00	¥4,500.00
9	DS008	李明	销售部	员工	¥3,000.00	¥0.00	¥600.00
10	DS009	吴晶	人事部	经理	¥5,500.00	¥2,000.00	¥3,500.00

图 3-7

编制员工工资基本信息表需要打开“员工档案信息表”工作表，在其上方右击，从弹出的快捷菜单中选择“移动或复制”命令，如图3-8所示。打开“移动或复制工作表”对话框，在“下列选定工作表之前”列表框中选择“移至最后”选项并勾选“建立副本”复选框，单击“确定”按钮，如图3-9所示。

知识点拨

在“移动或复制工作表”对话框中，如果用户不勾选“建立副本”复选框，则会移动“员工档案信息表”。

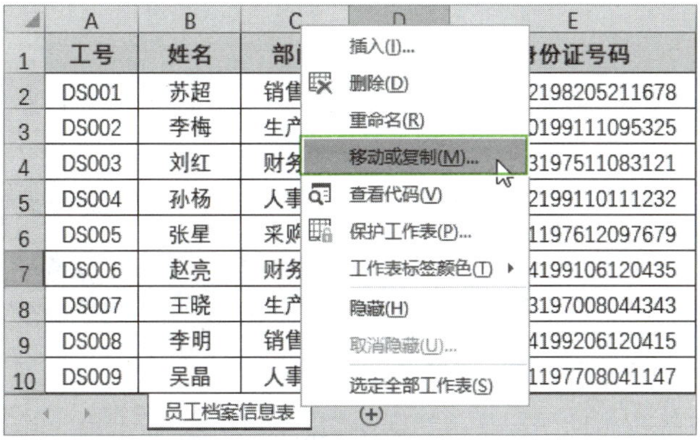

图 3-8 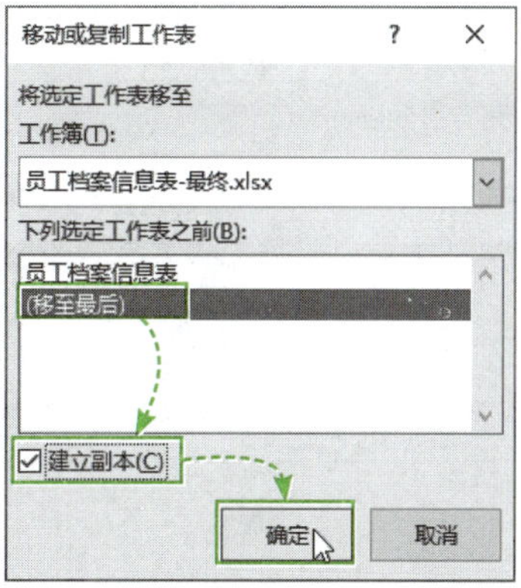　　　　　　　　　　　　　　　图 3-9

复制一张"员工档案信息表"工作表，将其重命名为"员工工资基本信息表"，然后选择E~J列，右击，从弹出的快捷菜单中选择"删除"命令，如图3-10所示。在E~G列中输入列标题"基本工资""岗位工资"和"工龄工资"，重新为表格添加边框，如图3-11所示。

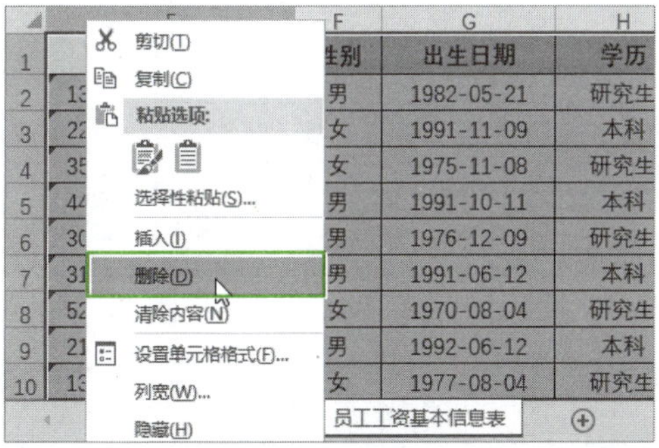

图 3-10 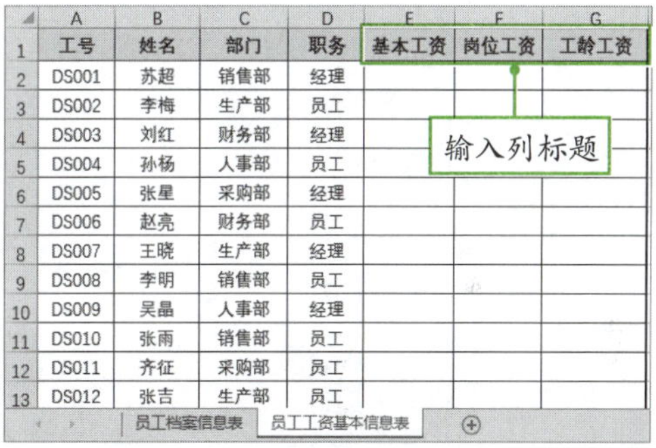　　　　　　　　　　　　　　图 3-11

选择E2:G16单元格区域，在"开始"选项卡中单击"数字格式"下拉按钮，从弹出的列表中选择"货币"选项，如图3-12所示。输入"基本工资"信息，然后选择F2单元格，输入公式"=IF(D2="经理",2000,0)"，按回车键计算出"岗位工资"，将公式向下填充，如图3-13所示，最后输入"工龄工资"信息即可。

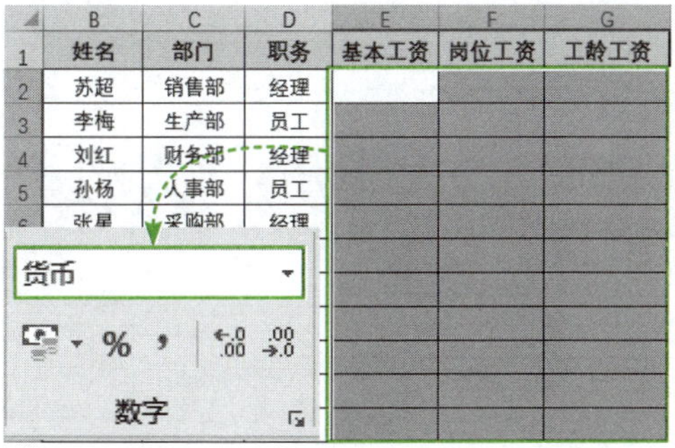

图 3-12 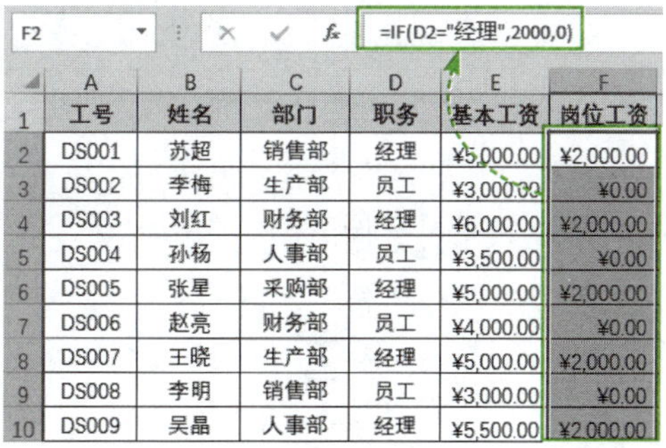　　　　　　　　　　　　　　图 3-13

3.1.3　员工考勤统计表

员工考勤统计表用来统计员工的出勤情况，主要用于记录员工一个月内出勤、休假、事假、病假、旷工、迟到、早退、中途脱岗等情况，如图3-14所示。

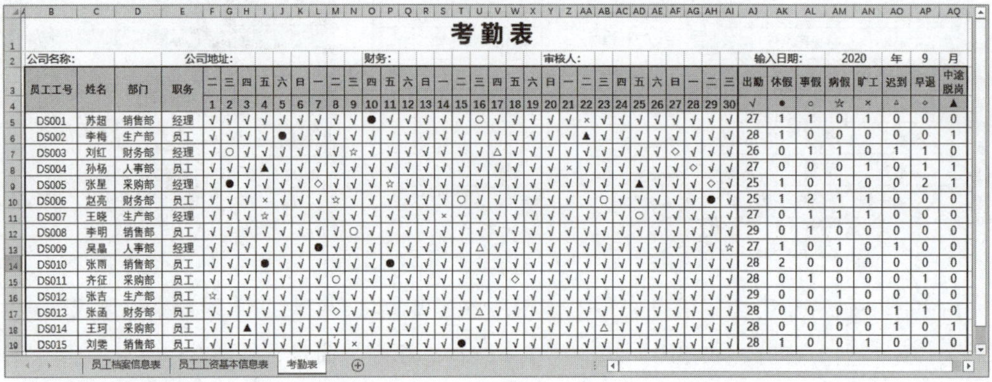

图 3-14

编制考勤统计表首先需要新建一张"考勤表"工作表，然后在工作表中输入基本信息，构建表格框架，如图3-15所示。

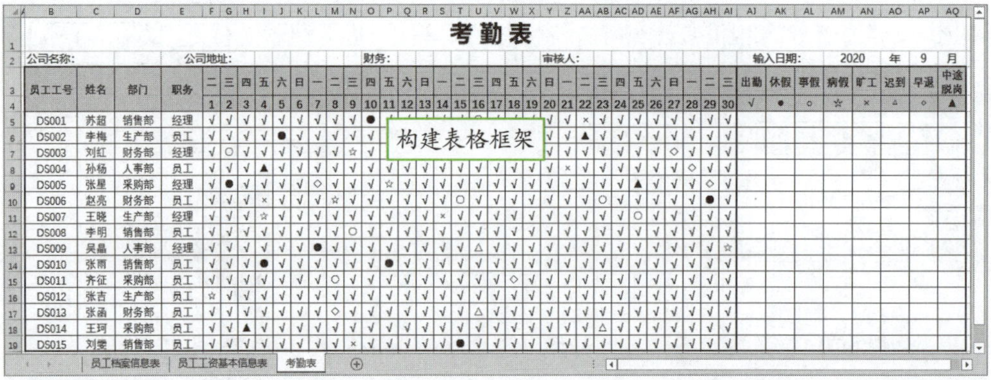

图 3-15

> **知识点拨**
>
> 这里"√"代表出勤，"●"代表休假，"○"代表事假，"☆"代表病假，"×"代表旷工，"△"代表迟到，"◇"代表早退，"▲"代表中途脱岗。

选择AJ5单元格，输入公式"=(COUNTIF($F5:$AI5,AJ$4))"，按回车键统计出"出勤"次数，将公式向下填充，统计其他员工出勤次数，如图3-16所示。

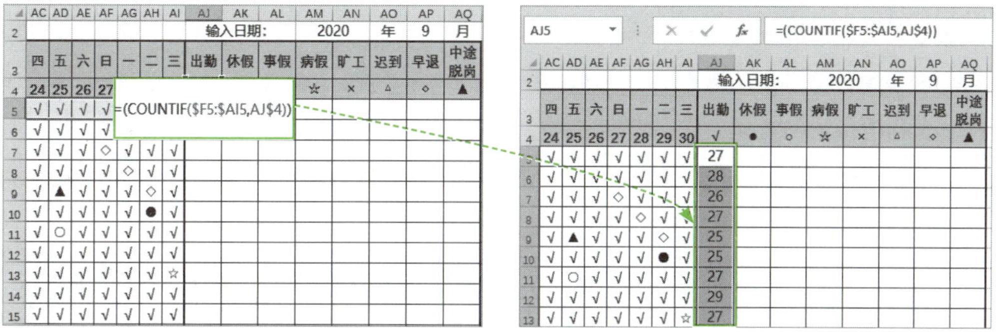

图 3-16

选择AK5单元格,输入公式"=(COUNTIF($F5:$AI5,AK$4))",按回车键统计出"休假"次数,将公式向下填充,统计其他员工的休假次数,如图3-17所示。

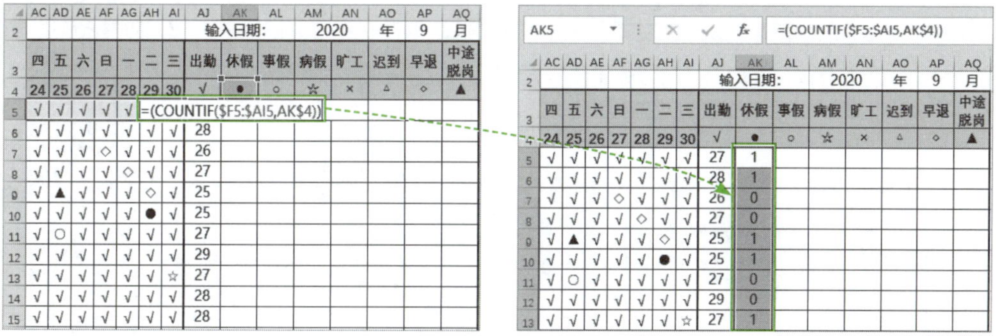

图 3-17

选择AL5单元格,输入公式"=(COUNTIF($F5:$AI5,AL$4))",按回车键统计出"事假"次数,再次选择AL5单元格,将公式向右填充至AQ5单元格,统计出"病假""旷工""迟到""早退"和"中途脱岗"次数,如图3-18所示。选择AL5:AQ5单元格区域,将公式向下填充即可,如图3-19所示。

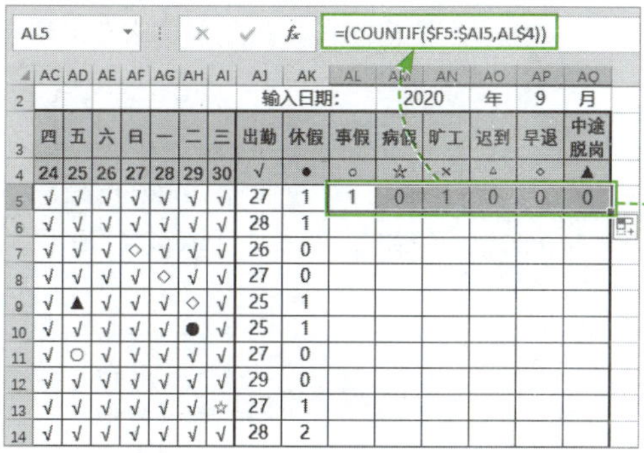

图 3-18 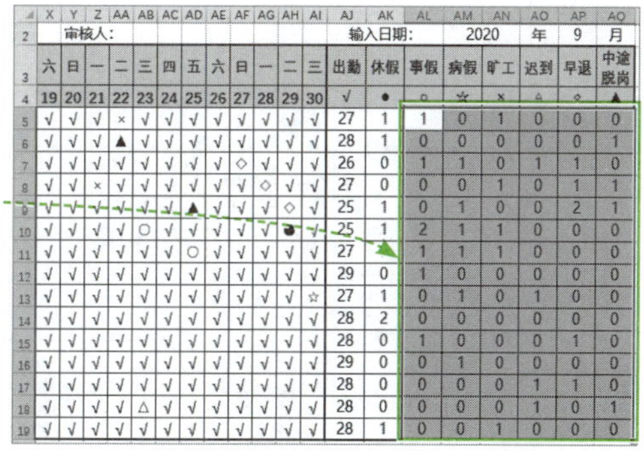   图 3-19

3.1.4 社保缴纳明细表

社保缴纳明细表是用来统计员工工资中应扣除的五险一金的缴纳金额。由于各个地方个人和单位缴纳五险一金的比例不同，所以这里假设养老保险个人缴纳8%，失业保险个人缴纳1%，工伤保险和生育保险个人不缴纳，医疗保险个人缴纳2%，住房公积金个人缴纳12%，如图3-20所示。

工号	姓名	部门	职务	工资合计	养老保险	失业保险	医疗保险	生育保险	工伤保险	住房公积金	总计
DS001	苏超	销售部	经理	¥10,000	¥800	¥100	¥200	¥0	¥0	¥1,200	¥2,300
DS002	李梅	生产部	员工	¥4,000	¥320	¥40	¥80	¥0	¥0	¥480	¥920
DS003	刘红	财务部	经理	¥11,000	¥880	¥110	¥220	¥0	¥0	¥1,320	¥2,530
DS004	孙杨	人事部	员工	¥5,000	¥400	¥50	¥100	¥0	¥0	¥600	¥1,150
DS005	张星	采购部	经理	¥11,000	¥880	¥110	¥220	¥0	¥0	¥1,320	¥2,530
DS006	赵亮	财务部	员工	¥4,900	¥392	¥49	¥98	¥0	¥0	¥588	¥1,127
DS007	王晓	生产部	经理	¥11,500	¥920	¥115	¥230	¥0	¥0	¥1,380	¥2,645
DS008	李明	销售部	员工	¥3,600	¥288	¥36	¥72	¥0	¥0	¥432	¥828
DS009	吴晶	人事部	员工	¥11,000	¥880	¥110	¥220	¥0	¥0	¥1,320	¥2,530
DS010	张雨	销售部	员工	¥3,700	¥296	¥37	¥74	¥0	¥0	¥444	¥851
DS011	齐征	采购部	员工	¥3,600	¥288	¥36	¥72	¥0	¥0	¥432	¥828
DS012	张吉	生产部	员工	¥3,900	¥312	¥39	¥78	¥0	¥0	¥468	¥897
DS013	张函	财务部	员工	¥5,000	¥400	¥50	¥100	¥0	¥0	¥600	¥1,150
DS014	王珂	采购部	员工	¥3,800	¥304	¥38	¥76	¥0	¥0	¥456	¥874
DS015	刘雯	销售部	员工	¥3,800	¥304	¥38	¥76	¥0	¥0	¥456	¥874

图 3-20

编制社保缴纳明细表首先需要新建一张"社保缴纳明细表"工作表，然后在工作表中输入基本信息，构建表格框架，如图3-21所示。

工号	姓名	部门	职务	工资合计	养老保险	失业保险	医疗保险	生育保险	工伤保险	住房公积金	总计
DS001	苏超	销售部	经理								
DS002	李梅	生产部	员工								
DS003	刘红	财务部	经理								
DS004	孙杨	人事部	员工								
DS005	张星	采购部	经理								
DS006	赵亮	财务部	员工								
DS007	王晓	生产部	经理								
DS008	李明	销售部	员工								
DS009	吴晶	人事部	员工								
DS010	张雨	销售部	员工								
DS011	齐征	采购部	员工								
DS012	张吉	生产部	员工								
DS013	张函	财务部	员工								
DS014	王珂	采购部	员工								
DS015	刘雯	销售部	员工								

图 3-21

> **知识点拨**
>
> 五险包括养老保险、医疗保险、失业保险、工伤保险和生育保险；"一金"指的是住房公积金。其中养老保险、医疗保险和失业保险这三种险的保费由企业和个人共同缴纳；工伤保险和生育保险的保费完全由企业承担，个人不需要缴纳。

选择F2单元格，输入公式"=VLOOKUP(B2,员工工资基本信息表!$A:$G,5)+VLOOKUP(B2,员工工资基本信息表!$A:$G,6) +VLOOKUP(B2,员工工资基本信息表!$A:$G,7)"，按回车键计算出"工资合计"，将公式向下填充，如图3-22所示。

选择G2单元格，输入公式"=F2*8%"，按回车键计算出"养老保险"，将公式向下填充，如图3-23所示。

F2			fx	=VLOOKUP(B2,员工工资基本信息表!$A:$G,5)+ VLOOKUP(B2,员工工资基本信息表!$A:$G,6) + VLOOKUP(B2,员工工资基本信息表!$A:$G,7)		
	A	B	C	D	E	F	G	H
1		工号	姓名	部门	职务	工资合计	养老保险	失业保险
2		DS001	苏超	销售部	经理	¥10,000		
3		DS002	李梅	生产部	员工	¥4,000		
4		DS003	刘红	财务部	经理	¥11,000		
5		DS004	孙杨	人事部	员工	¥5,000		
6		DS005	张星	采购部	经理	¥11,000		
7		DS006	赵亮	财务部	员工	¥4,900		
8		DS007	王晓	生产部	经理	¥11,500		
9		DS008	李明	销售部	员工	¥3,600		
10		DS009	吴晶	人事部	经理	¥11,000		
11		DS010	张雨	销售部	员工	¥3,700		
12		DS011	齐征	采购部	员工	¥3,600		
13		DS012	张吉	生产部	员工	¥3,900		
14		DS013	张函	财务部	员工	¥5,000		

图 3-22

G2			fx	=F2*8%	
	C	D	E	F	G	H
1	姓名	部门	职务	工资合计	养老保险	失业保险
2	苏超	销售部	经理	¥10,000	¥800	
3	李梅	生产部	员工	¥4,000	¥320	
4	刘红	财务部	经理	¥11,000	¥880	
5	孙杨	人事部	员工	¥5,000	¥400	
6	张星	采购部	经理	¥11,000	¥880	
7	赵亮	财务部	员工	¥4,900	¥392	
8	王晓	生产部	经理	¥11,500	¥920	
9	李明	销售部	员工	¥3,600	¥288	
10	吴晶	人事部	经理	¥11,000	¥880	
11	张雨	销售部	员工	¥3,700	¥296	
12	齐征	采购部	员工	¥3,600	¥288	
13	张吉	生产部	员工	¥3,900	¥312	

图 3-23

选择H2单元格，输入公式"=F2*1%"，按回车键计算出"失业保险"，将公式向下填充，如图3-24所示。

选择I2单元格，输入公式"=F2*2%"，按回车键计算出"医疗保险"，将公式向下填充，如图3-25所示。

H2			fx	=F2*1%	
	C	D	E	F	G	H
1	姓名	部门	职务	工资合计	养老保险	失业保险
2	苏超	销售部	经理	¥10,000	¥800	¥100
3	李梅	生产部	员工	¥4,000	¥320	¥40
4	刘红	财务部	经理	¥11,000	¥880	¥110
5	孙杨	人事部	员工	¥5,000	¥400	¥50
6	张星	采购部	经理	¥11,000	¥880	¥110
7	赵亮	财务部	员工	¥4,900	¥392	¥49
8	王晓	生产部	经理	¥11,500	¥920	¥115
9	李明	销售部	员工	¥3,600	¥288	¥36
10	吴晶	人事部	经理	¥11,000	¥880	¥110
11	张雨	销售部	员工	¥3,700	¥296	¥37
12	齐征	采购部	员工	¥3,600	¥288	¥36
13	张吉	生产部	员工	¥3,900	¥312	¥39
14	张函	财务部	员工	¥5,000	¥400	¥50

图 3-24

I2			fx	=F2*2%	
	D	E	F	G	H	I
1	部门	职务	工资合计	养老保险	失业保险	医疗保险
2	销售部	经理	¥10,000	¥800	¥100	¥200
3	生产部	员工	¥4,000	¥320	¥40	¥80
4	财务部	经理	¥11,000	¥880	¥110	¥220
5	人事部	员工	¥5,000	¥400	¥50	¥100
6	采购部	经理	¥11,000	¥880	¥110	¥220
7	财务部	员工	¥4,900	¥392	¥49	¥98
8	生产部	经理	¥11,500	¥920	¥115	¥230
9	销售部	员工	¥3,600	¥288	¥36	¥72
10	人事部	经理	¥11,000	¥880	¥110	¥220
11	销售部	员工	¥3,700	¥296	¥37	¥74
12	采购部	员工	¥3,600	¥288	¥36	¥72
13	生产部	员工	¥3,900	¥312	¥39	¥78
14	财务部	员工	¥5,000	¥400	¥50	¥100

图 3-25

在"生育保险"和"工伤保险"列中输入"0"，然后选择L2单元格，输入公式"=F2*12%"，按回车键计算出"住房公积金"，如图3-26所示。选择M2单元格，输入公式"=SUM(G2:L2)"，按回车键计算出"总计"，如图3-27所示。

注意事项 这里要注意的是"五险"是法定的，而"一金"不是法定的。

L2			fx	=F2*12%	
	H	I	J	K	L
1	失业保险	医疗保险	生育保险	工伤保险	住房公积金
2	¥100	¥200	¥0	¥0	¥1,200
3	¥40	¥80	¥0	¥0	¥480
4	¥110	¥220	¥0	¥0	¥1,320
5	¥50	¥100	¥0	¥0	¥600
6	¥110	¥220	¥0	¥0	¥1,320
7	¥49	¥98	¥0	¥0	¥588
8	¥115	¥230	¥0	¥0	¥1,380
9	¥36	¥72	¥0	¥0	¥432
10	¥110	¥220	¥0	¥0	¥1,320
11	¥37	¥74	¥0	¥0	¥444
12	¥36	¥72	¥0	¥0	¥432

图 3-26

M2			fx	=SUM(G2:L2)	
	I	J	K	L	M
1	医疗保险	生育保险	工伤保险	住房公积金	总计
2	¥200	¥0	¥0	¥1,200	¥2,300
3	¥80	¥0	¥0	¥480	¥920
4	¥220	¥0	¥0	¥1,320	¥2,530
5	¥100	¥0	¥0	¥600	¥1,150
6	¥220	¥0	¥0	¥1,320	¥2,530
7	¥98	¥0	¥0	¥588	¥1,127
8	¥230	¥0	¥0	¥1,380	¥2,645
9	¥72	¥0	¥0	¥432	¥828
10	¥220	¥0	¥0	¥1,320	¥2,530
11	¥74	¥0	¥0	¥444	¥851
12	¥72	¥0	¥0	¥432	¥828

图 3-27

第3章 员工薪酬管理

动手练 员工个人所得税计算表

根据国家的有关规定，员工工资超过起征点的部分需要缴纳个人所得税，企业一般会从员工工资中扣除应交的个人所得税并代缴，如图3-28所示。

工号	姓名	部门	职务	工资合计	应纳税所得额	税率	速算扣除数	代扣个人所得税
DS001	苏超	销售部	经理	¥10,000	¥5,000	10%	210	¥290
DS002	李梅	生产部	员工	¥4,000	¥0	0%	0	¥0
DS003	刘红	财务部	经理	¥11,000	¥6,000	10%	210	¥390
DS004	孙杨	人事部	员工	¥5,000	¥0	0%	0	¥0
DS005	张星	采购部	经理	¥11,000	¥6,000	10%	210	¥390
DS006	赵亮	财务部	员工	¥4,900	¥0	0%	0	¥0
DS007	王晓	生产部	经理	¥11,500	¥6,500	10%	210	¥440
DS008	李明	销售部	员工	¥3,600	¥0	0%	0	¥0
DS009	吴晶	人事部	经理	¥11,000	¥6,000	10%	210	¥390
DS010	张雨	销售部	员工	¥3,700	¥0	0%	0	¥0
DS011	齐征	采购部	员工	¥3,600	¥0	0%	0	¥0
DS012	张吉	生产部	员工	¥3,900	¥0	0%	0	¥0

图 3-28

Step 01 编制员工个人所得税计算表需要新建一张"员工个人所得税计算表"工作表，在工作表中输入基本信息，构建表格框架，如图3-29所示。

工号	姓名	部门	职务	工资合计	应纳税所得额	税率	速算扣除数	代扣个人所得税
DS001	苏超	销售部	经理	¥10,000				
DS002	李梅	生产部	员工	¥4,000				
DS003	刘红	财务部	经理	¥11,000				
DS004	孙杨	人事部	员工	¥5,000				
DS005	张星	采购部	经理	¥11,000				
DS006	赵亮	财务部	员工	¥4,900				
DS007	王晓	生产部	经理	¥11,500				
DS008	李明	销售部	员工	¥3,600				
DS009	吴晶	人事部	经理	¥11,000				
DS010	张雨	销售部	员工	¥3,700				
DS011	齐征	采购部	员工	¥3,600				
DS012	张吉	生产部	员工	¥3,900				
DS013	张涵	财务部	员工	¥5,000				
DS014	王珂	采购部	员工	¥3,800				
DS015	刘雯	销售部	员工	¥3,800				

图 3-29

Step 02 在工作表的适当位置设置辅助表格"个人所得税税率表"，如图3-30所示。

Step 03 选择G2单元格，输入公式"=IF(F2>5000,F2-5000,0)"，按回车键计算出"应纳税所得额"，将公式向下填充，如图3-31所示。

全月应纳税所得额	上限范围	税率	速算扣除数
不超过3000元的	0	3%	0
超过3000元至12000元部分	3000	10%	210
超过12000元至25000元部分	12000	20%	1410
超过25000元至35000元部分	25000	25%	2660
超过35000元至55000元部分	35000	30%	4410
超过55000元至80000元部分	55000	35%	7160
超过80000元部分	80000	45%	15160
注：工资薪金所得适用			

图 3-30

姓名	部门	职务	工资合计	应纳税所得额
苏超	销售部	经理	¥10,000	¥5,000
李梅	生产部	员工	¥4,000	¥0
刘红	财务部	经理	¥11,000	¥6,000
孙杨	人事部	员工	¥5,000	¥0
张星	采购部	经理	¥11,000	¥6,000
赵亮	财务部	员工	¥4,900	¥0
王晓	生产部	经理	¥11,500	¥6,500
李明	销售部	员工	¥3,600	¥0
吴晶	人事部	经理	¥11,000	¥6,000

图 3-31

Step 04 选择H2单元格，输入公式"=IF(G2=0,0,LOOKUP(G2,$M$2:$M$8,$N$2:$N$8))"，按回车键计算出"税率"，将公式向下填充，如图3-32所示。

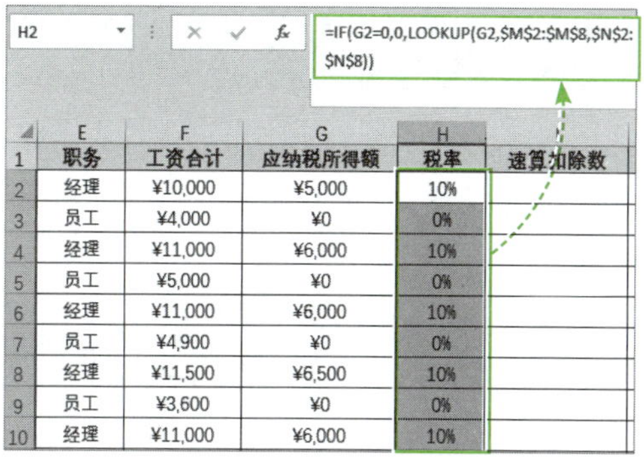

图 3-32

Step 05 选择I2单元格，输入公式"=IF(G2=0,0,LOOKUP(G2,$M$2:$M$8,$O$2:$O$8))"，按回车键计算出"速算扣除数"，将公式向下填充，如图3-33所示。

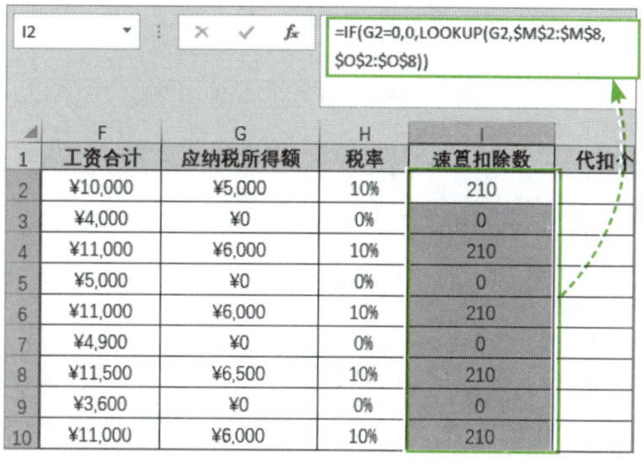

图 3-33

Step 06 选择J2单元格，输入公式"=G2*H2-I2"，按回车键计算出"代扣个人所得税"，最后将公式向下填充即可，如图3-34所示。

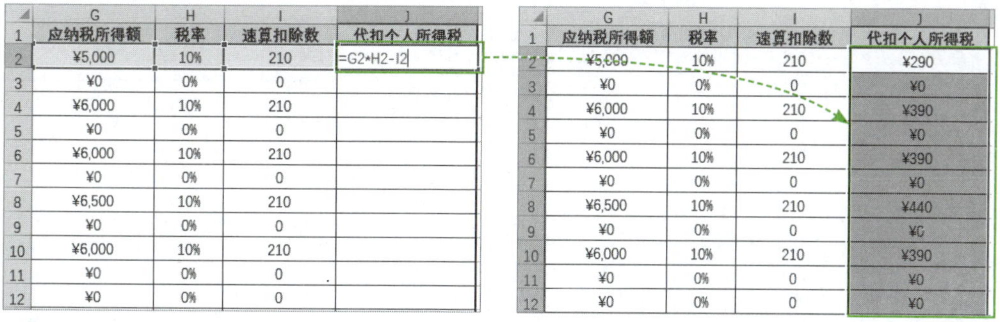

图 3-34

注意事项 本例介绍的个人所得税按个税起征点为5000元计算。

知识点拨

根据法律依据，工资、薪金所得，劳务报酬所得，稿酬所得，特许权使用费所得，经营所得，利息、股息、红利所得，财产租赁所得，财产转让所得，偶然所得，应当缴纳个人所得税。

3.2 员工薪资一目了然

月末会计人员会制作工资统计表来统计员工实际应该发放的工资，员工的实际发放工资，是在应发工资的基础上扣除各种保险费用和个人所得税后发放的工资，如图3-35所示。

	A	B	C	D	E	F	G	H	I	J	K	L	M	N	O	P
1		工号	姓名	部门	职务	基本工资	岗位工资	工龄工资	应发工资	养老保险	失业保险	医疗保险	住房公积金	代扣个税	缺勤扣款	实发工资
2		DS001	苏超	销售部	经理	¥5,000	¥2,000	¥3,000	¥10,000	¥800	¥100	¥200	¥1,200	¥290	¥100	¥7,310
3		DS002	李梅	生产部	员工	¥3,000	¥0	¥1,000	¥4,000	¥320	¥40	¥80	¥480	¥0	¥0	¥3,080
4		DS003	刘红	财务部	经理	¥6,000	¥2,000	¥3,000	¥11,000	¥880	¥110	¥220	¥1,320	¥390	¥0	¥8,080
5		DS004	孙杨	人事部	员工	¥3,500	¥0	¥1,500	¥5,000	¥400	¥50	¥100	¥600	¥0	¥0	¥3,850
6		DS005	张星	采购部	经理	¥5,000	¥2,000	¥4,000	¥11,000	¥880	¥110	¥220	¥1,320	¥390	¥200	¥7,880
7		DS006	赵亮	财务部	员工	¥4,000	¥0	¥900	¥4,900	¥392	¥49	¥98	¥588	¥0	¥0	¥3,773
8		DS007	王晓	生产部	经理	¥5,000	¥2,000	¥4,500	¥11,500	¥920	¥115	¥230	¥1,380	¥440	¥0	¥8,415
9		DS008	李明	销售部	员工	¥3,000	¥0	¥600	¥3,600	¥288	¥36	¥72	¥432	¥0	¥0	¥2,772
10		DS009	吴晶	人事部	经理	¥5,500	¥2,000	¥3,500	¥11,000	¥880	¥110	¥220	¥1,320	¥390	¥200	¥7,880
11		DS010	张雨	销售部	员工	¥3,000	¥0	¥700	¥3,700	¥296	¥37	¥74	¥444	¥0	¥0	¥2,849
12		DS011	齐征	采购部	员工	¥3,000	¥0	¥600	¥3,600	¥288	¥36	¥72	¥432	¥0	¥0	¥2,772
13		DS012	张吉	生产部	员工	¥3,000	¥0	¥900	¥3,900	¥312	¥39	¥78	¥468	¥0	¥0	¥3,003
14		DS013	张涵	财务部	员工	¥4,000	¥0	¥1,000	¥5,000	¥400	¥50	¥100	¥600	¥0	¥0	¥3,850
15		DS014	王珂	采购部	员工	¥3,000	¥0	¥800	¥3,800	¥304	¥38	¥76	¥456	¥0	¥0	¥2,926
16		DS015	刘雯	销售部	员工	¥3,000	¥0	¥800	¥3,800	¥304	¥38	¥76	¥456	¥0	¥100	¥2,826

图 3-35

3.2.1 创建员工工资统计表

员工工资统计表一般由基本工资、岗位工资、养老保险、失业保险、医疗保险、住房公积金、代扣个税、实发工资等组成。

编制员工工资统计表需要新建一张"员工工资统计表"工作表，在其中输入基本信息，构建表格框架，如图3-36所示。

	A	B	C	D	E	F	G	H	I	J	K	L	M	N	O	P
1		工号	姓名	部门	职务	基本工资	岗位工资	工龄工资	应发工资	养老保险	失业保险	医疗保险	住房公积金	代扣个税	缺勤扣款	实发工资
2		DS001	苏超	销售部	经理											
3		DS002	李梅	生产部	员工											
4		DS003	刘红	财务部	经理											
5		DS004	孙杨	人事部	员工											
6		DS005	张星	采购部	经理											
7		DS006	赵亮	财务部	员工											
8		DS007	王晓	生产部	经理											
9		DS008	李明	销售部	员工											
10		DS009	吴晶	人事部	经理											
11		DS010	张雨	销售部	员工											
12		DS011	齐征	采购部	员工											
13		DS012	张吉	生产部	员工											
14		DS013	张涵	财务部	员工											
15		DS014	王珂	采购部	员工											
16		DS015	刘雯	销售部	员工											

图 3-36

选择F2单元格，输入公式"=VLOOKUP(B2,员工工资基本信息表!A:G,5, FALSE)"，按回车键确认，即可引用员工工资基本信息表中的"基本工资"，然后在G2和H2单元格中分别输入公式"=VLOOKUP(B2,员工工资基本信息表!A:G,6, FALSE)"和"=VLOOKUP(B2,员工工资基本信息表!A:G,7, FALSE)"，引用"岗位工资"和"工龄工资"，如图3-37所示。

选择I2单元格，输入公式"=F2+G2+H2"，按回车键计算出"应发工资"，然后选择F2:I2单元格区域，将公式向下填充，如图3-38所示。

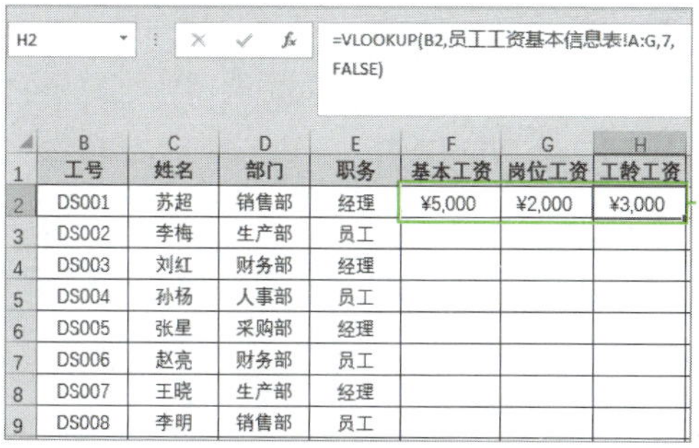

图 3-37

图 3-38

选择J2单元格，输入公式"=VLOOKUP(B2,社保缴纳明细表!B:M,6, FALSE)"，按回车键确认，即可引用社保缴纳明细表中的"养老保险"，然后在K2、L2和M2单元格中分别输入公式"=VLOOKUP(B2,社保缴纳明细表!B:M,7, FALSE)""=VLOOKUP(B2,社保缴纳明细表!B:M,8, FALSE)"和"=VLOOKUP(B2,社保缴纳明细表!B:M,11, FALSE)"，引用"失业保险""医疗保险"和"住房公积金"，如图3-39所示。选择J2:M2单元格区域，将公式向下填充即可，如图3-40所示。

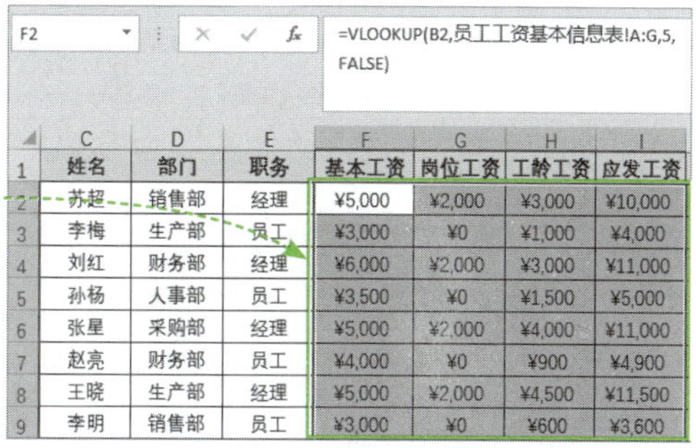

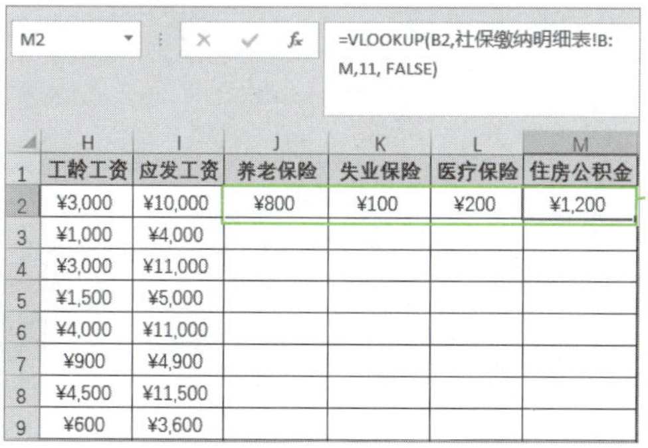

图 3-39

图 3-40

选择N2单元格，输入公式"=VLOOKUP(B2,员工个人所得税计算表!B:J,9, FALSE)"，按回车键确认，即可引用员工个人所得税计算表中的"代扣个人所得税"，将公式向下填充，如图3-41所示。

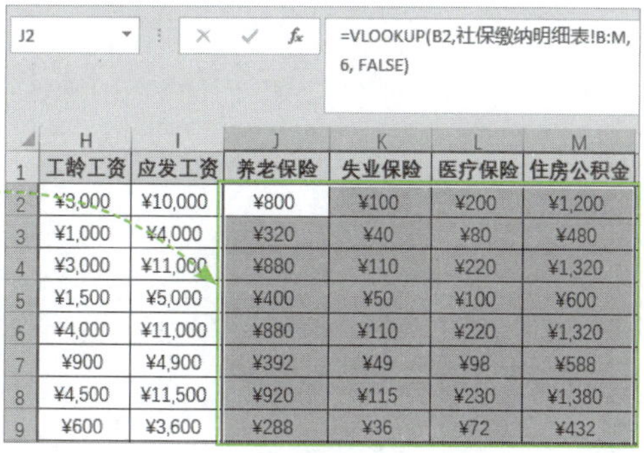

输入"缺勤扣款"并选择P2单元格，输入公式"=I2-J2-K2-L2-M2-N2-O2"，按回车键计算出"实发工资"，将公式向下填充即可，如图3-42所示。

> **知识点拨**
>
> 实发工资=应发工资-养老保险-失业保险-医疗保险-住房公积金-代扣个税-缺勤扣款。

图 3-41

图 3-42

3.2.2 查询员工工资信息

员工工资统计表制作好后,如果想要查看某位员工的工资明细,可以制作一个工资查询表,快速查看相关数据。

首先新建一张"工资查询表"工作表,在工作表中输入需要查询的内容,然后为表格添加边框和底纹,构建表格框架,如图3-43所示。

选择B2单元格,在"数据"选项卡中单击"数据验证"按钮,打开"数据验证"对话框,在"设置"选项卡中将"允许"设置为"序列",在"来源"文本框中输入"=员工工资统计表!$B$2:$B$16",单击"确定"按钮,如图3-44所示。

选择B2单元格,单击其右侧的下拉按钮,从弹出的列表中选择"DS005"选项,如图3-45所示。

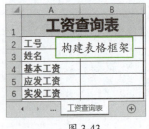

图 3-43

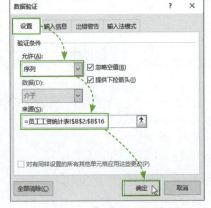

图 3-44

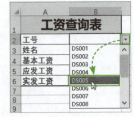

图 3-45

选择B3单元格,输入公式"=VLOOKUP($B$2,员工工资统计表!$B$2:$P$16,2,FALSE)",按回车键确认,引用员工工资统计表中的"姓名",如图3-46所示。在B4、B5和B6单元格中分别输入公式"=VLOOKUP($B$2,员工工资统计表!$B$2:$P$16,5,FALSE)""=VLOOKUP($B$2,员工工资统计表!$B$2:$P$16, 8,FALSE)"和"=VLOOKUP($B$2,员工工资统计表!$B$2:$P$16,15,FALSE)",引用"基本工资""应发工资"和"实发工资",如图3-47所示。

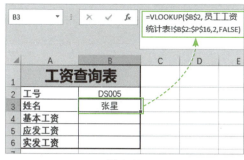
图 3-46

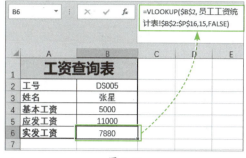
图 3-47

当需要查询工号为"DS015"的员工工资信息时，只需要在列表中选择DS015，即可显示对应的信息，如图3-48所示。

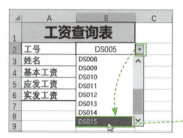
图 3-48

3.2.3 分析员工工资统计表

用户还可以对员工工资统计表进行分析，以便清楚地了解员工的工资情况。

1. 使用筛选功能分析

打开"员工工资统计表"工作表，选中表中数据区域的任意单元格，在"数据"选项卡中单击"排序和筛选"选项组中的"筛选"按钮，如图3-49所示。进入筛选状态，单击"部门"右侧的下拉按钮，从弹出的列表中取消勾选"全选"复选框并勾选"销售部"复选框，单击"确定"按钮，如图3-50所示。

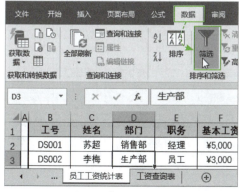
图 3-49

图 3-50

63

即可将"销售部"的工资信息筛选出来，此时工作表只显示"销售部"的工资记录，如图3-51所示。

工号	姓名	部门	职务	基本工资	岗位工资	工龄工资	应发工资	养老保险	失业保险	医疗保险	住房公积金	代扣个税	缺勤扣款	实发工资
DS001	苏超	销售部	经理	¥5,000	¥2,000	¥3,000	¥10,000	¥800	¥100	¥200	¥1,200	¥290	¥100	¥7,310
DS008	李明	销售部	员工	¥3,000	¥0	¥600	¥3,600	¥288	¥36	¥72	¥432	¥0	¥0	¥2,772
DS010	张雨	销售部	员工	¥3,000	¥0	¥700	¥3,700	¥296	¥37	¥74	¥444	¥0	¥0	¥2,849
DS015	刘雯	销售部	员工	¥3,000	¥0	¥800	¥3,800	¥304	¥38	¥76	¥456	¥0	¥100	¥2,826

图 3-51

> **知识点拨**
>
> 如果用户想要清除筛选记录，在"数据"选项卡中单击"排序和筛选"选项组中的"清除"按钮即可。

2. 使用智能表格分析

打开"员工工资统计表"工作表，选中数据区域的任意单元格，在"插入"选项卡中单击"表格"选项组中的"表格"按钮，如图3-52所示。弹出"创建表"对话框，保持"表数据的来源"选项区域不变，然后单击"确定"按钮，如图3-53所示。

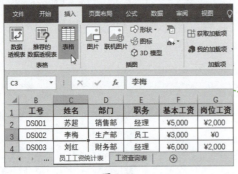

图 3-52

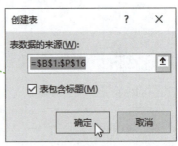

图 3-53

将选中的单元格区域创建为一个智能表格，选择表格中的任意单元格，在"表格工具-设计"选项卡中勾选"表格样式选项"选项组中的"汇总行"复选框。系统随即在表格的最后一行添加一个汇总行并自动对表格的最后一列进行汇总，如图3-54所示。

图 3-54

选中汇总行的任意一个单元格，单击其右侧的下拉按钮，从弹出的列表中选择“求和”选项，如图3-55所示，系统随即对“基本工资”列进行了求和汇总。按照同样的方法可以对“岗位工资”“工龄工资”“应发工资”“养老保险”等列进行求和汇总，如图3-56所示。

	B	C	D	E	F	G
1	工号	姓名	部门	职务	基本工资	岗位工资
2	DS001	苏超	销售部	经理	¥5,000	¥2,000
3	DS002	李梅	生产部	员工	¥3,000	¥0
4	DS003	刘红	财务部	经理	¥6,000	¥2,000
5	DS004	孙杨	人事部	员工		¥0
6	DS005	张星	采购部	经理		¥2,000
7	DS006	赵亮	财务部	员工		¥0
13	DS012	张吉	生产部	员工		¥0
14	DS013	张函	财务部	员工		¥0
15	DS014	王珂	采购部	员工		¥0
16	DS015	刘雯	销售部	员工		¥0
17	汇总					

无
平均值
计数
数值计数
最大值
最小值
求和
标准偏差
方差
其他函数...

图 3-55

	工号	姓名	部门	职务	基本工资	岗位工资	工龄工资
6	DS005	张星	采购部	经理	¥5,000	¥2,000	¥4,000
7	DS006	赵亮	财务部	员工	¥4,000	¥0	¥900
8	DS007	王晓	生产部	经理	¥5,000	¥2,000	¥4,500
9	DS008	李明	销售部	员工	¥3,000	¥0	¥600
10	DS009	吴晶	人事部	经理	¥5,500	¥2,000	¥3,500
11	DS010	张雨	销售部	员工	¥3,000	¥0	¥700
12	DS011	齐征	采购部	员工	¥3,000	¥0	¥600
13	DS012	张吉	生产部	员工	¥3,000	¥0	¥900
14	DS013	张函	财务部	员工	¥4,000	¥0	¥1,000
15	DS014	王珂	采购部	员工	¥3,000	¥0	¥800
16	DS015	刘雯	销售部	员工	¥3,000	¥0	¥800
17	汇总				¥59,000	¥976	¥26,800

图 3-56

动手练 制作工资发放表

扫码看视频

工资发放表中包含员工的工号、姓名、卡号、实发工资金额等，如图3-57所示。银行的工作人员会根据这张发放表将员工的工资打到员工的工资卡上。

	A	B	C	D
1	德胜科技2020年9月工资发放表			
2	工号	姓名	卡号	实发工资金额
3	DS001	苏超	4563517602700343231	¥ 7,310.00
4	DS002	李梅	4563517601600343729	¥ 3,080.00
5	DS003	刘红	4563517603900343423	¥ 8,080.00
6	DS004	孙杨	4563517604500343123	¥ 3,850.00
7	DS005	张星	4563517607800345520	¥ 7,880.00
8	DS006	赵亮	4563516789542016461	¥ 3,773.00
9	DS007	王晓	4563517606498643512	¥ 8,415.00
10	DS008	李明	4563513158792013167	¥ 2,772.00
11	DS009	吴晶	4563517601800001232	¥ 7,880.00
12	DS010	张雨	4563517602148751210	¥ 2,849.00
13	DS011	齐征	4563517664879120545	¥ 2,772.00
14	DS012	张吉	4563517601264751825	¥ 3,003.00
15	DS013	张函	4563517603458703167	¥ 3,850.00
16	DS014	王珂	4563517656900343167	¥ 2,926.00
17	DS015	刘雯	4563517368791543167	¥ 2,826.00

图 3-57

Step 01 新建一张“工资发放表”工作表，在工作表中输入基本信息并设置格式，为表格添加边框和底纹，如图3-58所示。

	A	B	C	D
1	德胜科技2020年9月工资发放表			
2	工号	姓名	卡号	实发工资金额
3	DS001	苏超	构建表格框架	
4	DS002	李梅		
5	DS003	刘红		
6	DS004	孙杨		
7	DS005	张星		
8	DS006	赵亮		
9	DS007	王晓		
10	DS008	李明		
11	DS009	吴晶		
12	DS010	张雨		
13	DS011	齐征		
14	DS012	张吉		

... 员工工资统计表 | 工资查询表 | 工资条 | 工资发放表

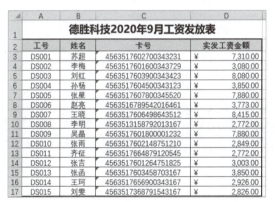

图 3-58

Step 02 选择C3:C17单元格区域，按Ctrl+1组合键，打开“设置单元格格式”对话框，在“数字”选项卡中选择“文本”选项，如图3-59所示，单击“确定”按钮。

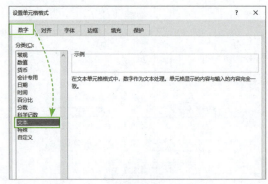

图 3-59

Step 03 选择D3:D17单元格区域，在“开始”选项卡中单击“数字格式”下拉按钮，从弹出的列表中选择“会计专用”选项，如图3-60所示。

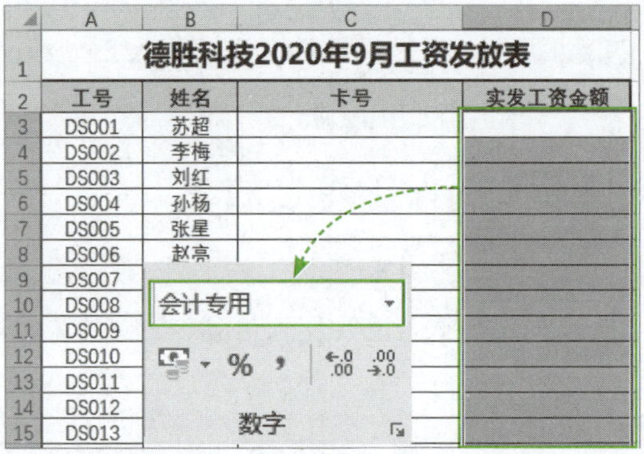

图 3-60

Step 04 输入“卡号”，然后选择D3单元格，输入公式“=VLOOKUP(A3, 员工工资统计表!$B:$P,15)”，按回车键确认，引用员工工资统计表中的“实发工资”，将公式向下填充即可，如图3-61所示。

	A	B	C	D
1	德胜科技2020年9月工资发放表			
2	工号	姓名	卡号	实发工资金额
3	DS001	苏超	4563517602700343231	¥ 7,310.00
4	DS002	李梅	4563517601600343729	¥ 3,080.00
5	DS003	刘红	4563517603900343423	¥ 8,080.00
6	DS004	孙杨	4563517604500343123	¥ 3,850.00
7	DS005	张星	4563517607800345520	¥ 7,880.00
8	DS006	赵亮	4563516789542016461	¥ 3,773.00
9	DS007	王晓	4563517606498643512	¥ 8,415.00
10	DS008	李明	4563513158792013167	¥ 2,772.00
11	DS009	吴晶	4563517601800001232	¥ 7,880.00
12	DS010	张雨	4563517602148751210	¥ 2,849.00
13	DS011	齐征	4563517664879120545	¥ 2,772.00
14	DS012	张吉	4563517601264751825	¥ 3,003.00

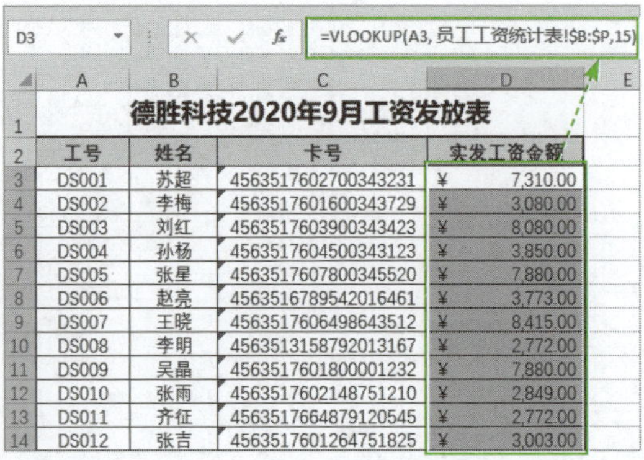

图 3-61

3.3 工资条的快速构建

工资条是一张清单，记录着每个员工的工资明细。工资条是财务人员发放工资的依据，也是员工查看工资详细信息的凭据，如图3-62所示。

	A	B	C	D	E	F	G	H	I	J	K	L	M	N	O	P
1	单位名称:	德胜科技					工资条									
2	工号	姓名	部门	职务	基本工资	岗位工资	工龄工资	应发工资	养老保险	失业保险	医疗保险	住房公积金	代扣个税	缺勤扣款	实发工资	
3	DS001	苏超	销售部	经理	5000	2000	3000	10000	800	100	200	1200	290	100	7310	
4	单位名称:	德胜科技					工资条									
5	工号	姓名	部门	职务	基本工资	岗位工资	工龄工资	应发工资	养老保险	失业保险	医疗保险	住房公积金	代扣个税	缺勤扣款	实发工资	
6	DS002	李梅	生产部	员工	3000	0	1000	4000	320	40	80	480			3080	
7	单位名称:	德胜科技					工资条									
8	工号	姓名	部门	职务	基本工资	岗位工资	工龄工资	应发工资	养老保险	失业保险	医疗保险	住房公积金	代扣个税	缺勤扣款	实发工资	
9	DS003	刘红	财务部	经理	6000	2000	3000	11000	880	110	220	1320	390		8080	
10	单位名称:	德胜科技					工资条									
11	工号	姓名	部门	职务	基本工资	岗位工资	工龄工资	应发工资	养老保险	失业保险	医疗保险	住房公积金	代扣个税	缺勤扣款	实发工资	
12	DS004	孙杨	人事部	员工	3500	0	1500	5000	400	50	100	600			3850	

图 3-62

3.3.1 制作工资条

工资条应该包括员工工资统计表中的各个组成部分，例如基本工资、岗位工资、工龄工资、代扣个税等项目，用户需要根据员工工资统计表制作工资条。

新建一张"工资条"工作表，然后复制"员工工资统计表"工作表中的列标题，将其粘贴至"工资条"工作表中，接着输入标题，构建表格框架，如图3-63所示。

	A	B	C	D	E	F	G	H	I	J	K	L	M	N	O	P
1	单位名称:	德胜科技					工资条					构建表格框架				
2	工号	姓名	部门	职务	基本工资	岗位工资	工龄工资	应发工资	养老保险	失业保险	医疗保险	住房公积金	代扣个税	缺勤扣款	实发工资	
3																

图 3-63

在B3单元格中输入工号"DS001"，然后选择C3单元格，输入公式"=VLOOKUP($B3,员工工资统计表!$B:$P,COLUMN()-1,0)"，按回车键确认，引用员工工资统计表中的"姓名"，如图3-64所示。再次选中C3单元格，将光标移至该单元格的右下角，当光标变为➕形时，按住左键不放向右拖动光标填充公式，如图3-65所示。

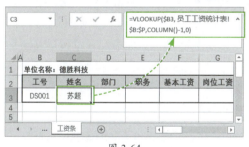

图 3-64

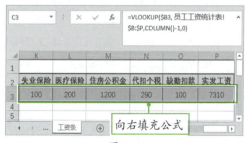

图 3-65

选择B1:P3单元格区域，将光标移至P3单元格的右下角，当光标变为➕形时，按住左键不放，向下拖动光标填充公式即可，如图3-66所示。

图 3-66

3.3.2 打印工资条

制作好工资条后,需要将其打印出来,打印之前要对纸张大小、纸张方向、页边距等进行设置。

打开"工资条"工作表,单击"文件"按钮,选择"打印"选项,在"打印"界面中将纸张方向设置为"横向",将纸张大小设置为"A4",将页边距设置为"窄页边距",将缩放设置为"将所有列调整为一页",如图3-67所示。

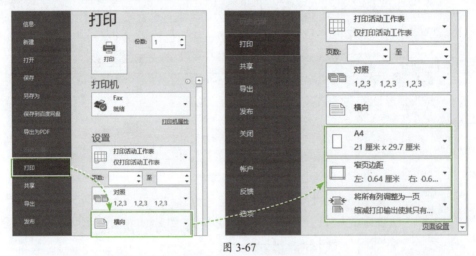

图 3-67

在"打印"界面右侧,可以预览打印效果,如图3-68所示。如果对预览效果满意,单击"打印"按钮进行打印即可。

图 3-68

案例实战：创建零钱统计表

企业发放现金时，会计人员时常为统计各个面值的零钞数目犯愁，此时可以制作零钱统计表来解决这个问题，如图3-69所示。

需发放的金额	100元	50元	10元	5元	1元	0.5元	0.1元
5158.2	51	1	0	1	3	0	2
3786.3	37	1	3	1	1	0	3
6563.1	65	1	1	0	3	0	1
4542.7	45	0	4	0	2	1	2
6732.7	67	0	3	0	2	1	2
5648.6	56	0	4	1	3	1	1
3066.1	30	1	1	1	1	0	1
3858.8	38	1	0	1	3	1	3
9273.7	92	1	2	0	3	1	2
合计	481	6	18	5	21	5	17

图 3-69

Step 01 新建一张"零钱统计表"工作表，在工作表中构建零钱统计表的基本框架，输入基本数据，添加边框并设置格式，如图3-70所示。

图 3-70

Step 02 选择B3单元格，在其中输入公式"=INT(A3/100)"，按回车键计算出需要多少张100元，如图3-71所示。

图 3-71

> **知识点拨**
>
> INT函数是用来返回参数的整数部分。该函数的语法格式为：
> INT(number)
> 参数number表示需要进行向下舍入取整的实数。

Step 03 选择C3单元格,在其中输入公式"=MOD(INT(A3/50),2)",按回车键计算出需要多少张50元,如图3-72所示。

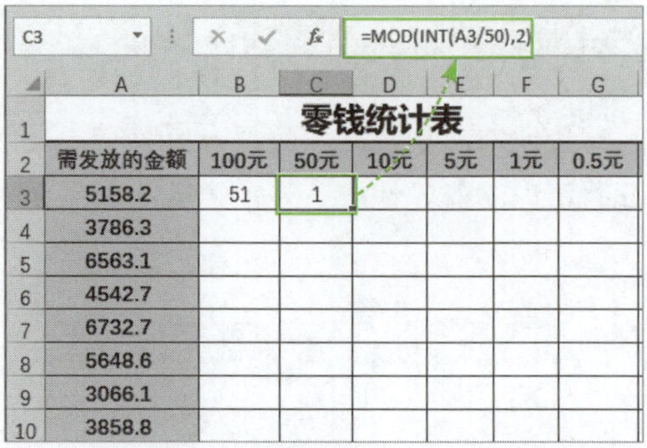

图 3-72

Step 04 选择D3单元格,在其中输入公式"=INT(MOD(A3,50)/10)",按回车键计算出需要多少张10元,如图3-73所示。

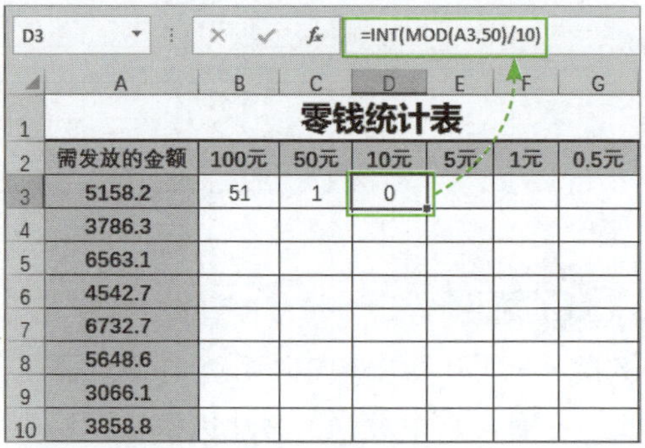

图 3-73

Step 05 选择E3单元格,在其中输入公式"=MOD(INT(A3/5),2)",按回车键计算出需要多少张5元,如图3-74所示。

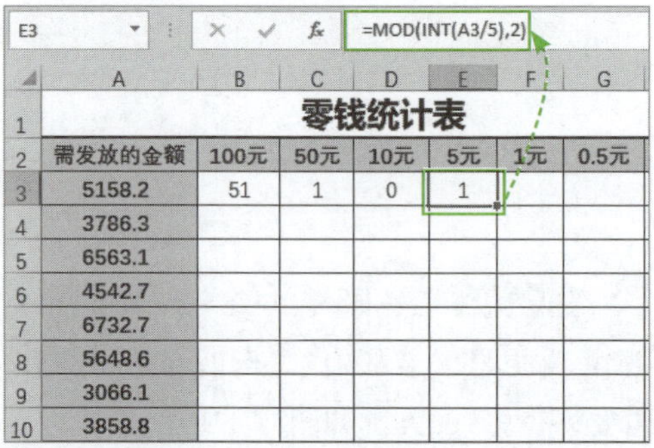

图 3-74

Step 06 选择F3单元格,在其中输入公式"=INT(MOD(A3,5))",按回车键计算出需要多少张1元,如图3-75所示。

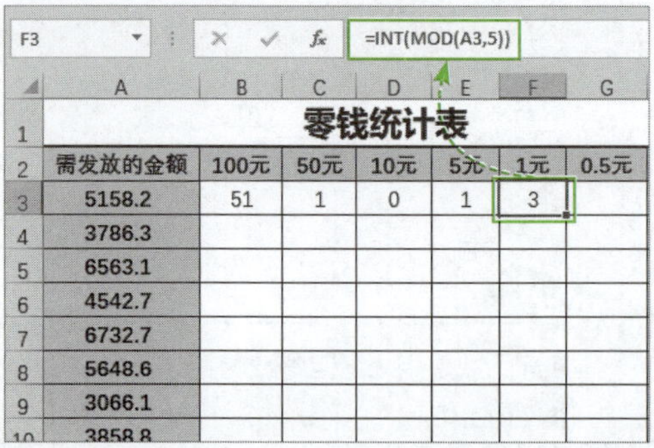

图 3-75

Step 07 选择G3单元格，在其中输入公式“=MOD(INT(A3*2),2)”，按回车键计算出需要多少张0.5元，如图3-76所示。

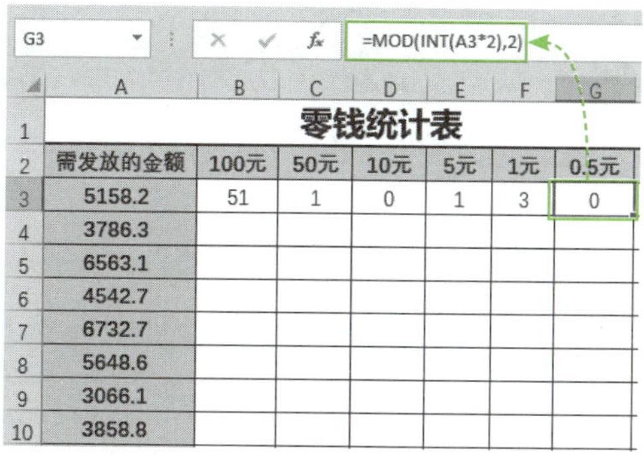

	A	B	C	D	E	F	G
1	零钱统计表						
2	需发放的金额	100元	50元	10元	5元	1元	0.5元
3	5158.2	51	1	0	1	3	0
4	3786.3						
5	6563.1						
6	4542.7						
7	6732.7						
8	5648.6						
9	3066.1						
10	3858.8						

图 3-76

Step 08 选择H3单元格，在其中输入公式“=INT(MOD(A3*10,5))”，按回车键计算出需要多少张0.1元，如图3-77所示。

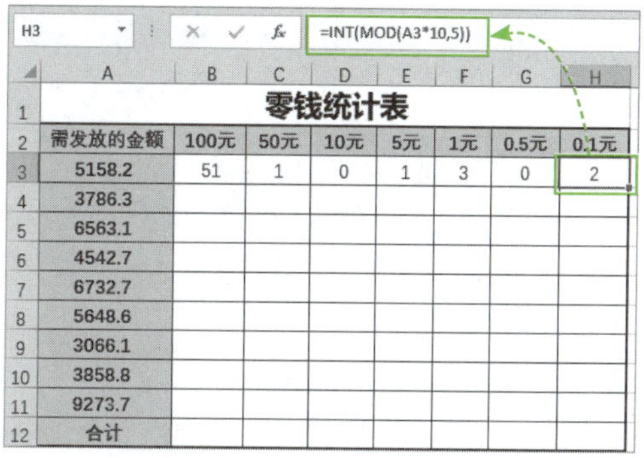

	A	B	C	D	E	F	G	H
1	零钱统计表							
2	需发放的金额	100元	50元	10元	5元	1元	0.5元	0.1元
3	5158.2	51	1	0	1	3	0	2
4	3786.3							
5	6563.1							
6	4542.7							
7	6732.7							
8	5648.6							
9	3066.1							
10	3858.8							
11	9273.7							
12	合计							

图 3-77

Step 09 选择B3:H3单元格区域，将光标移动到H3单元格的右下角，当光标变成**+**形时，按住左键不放，向下拖动光标，填充公式，如图3-78所示。

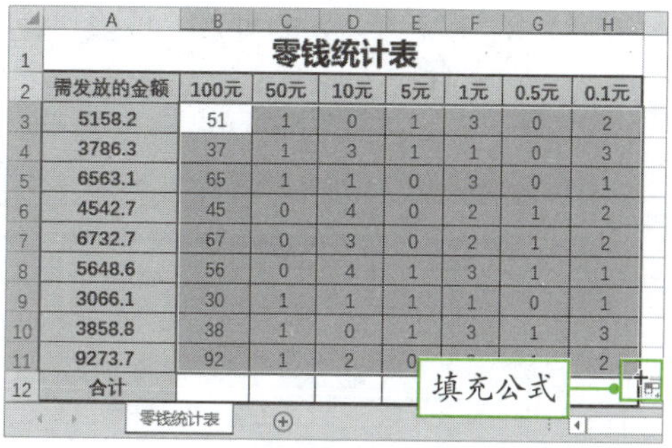

	A	B	C	D	E	F	G	H
1	零钱统计表							
2	需发放的金额	100元	50元	10元	5元	1元	0.5元	0.1元
3	5158.2	51	1	0	1	3	0	2
4	3786.3	37	1	3	1	1	0	3
5	6563.1	65	1	1	0	3	0	1
6	4542.7	45	0	4	0	2	1	2
7	6732.7	67	0	3	0	2	1	2
8	5648.6	56	0	4	1	3	1	1
9	3066.1	30	1	1	1	1	0	1
10	3858.8	38	1	0	1	3	1	3
11	9273.7	92	1	2	0			2
12	合计							

图 3-78

Step 10 选中B12单元格，在其中输入公式“=SUM(B3:B11)”，按回车键计算出总共需要多少张100元，然后将公式向右填充即可，如图3-79所示。

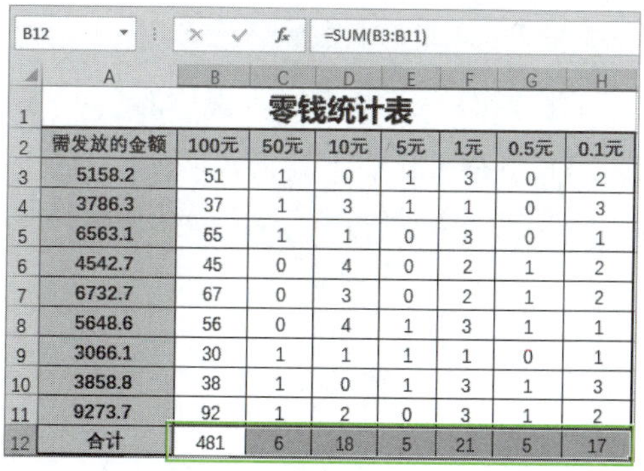

	A	B	C	D	E	F	G	H
1	零钱统计表							
2	需发放的金额	100元	50元	10元	5元	1元	0.5元	0.1元
3	5158.2	51	1	0	1	3	0	2
4	3786.3	37	1	3	1	1	0	3
5	6563.1	65	1	1	0	3	0	1
6	4542.7	45	0	4	0	2	1	2
7	6732.7	67	0	3	0	2	1	2
8	5648.6	56	0	4	1	3	1	1
9	3066.1	30	1	1	1	1	0	1
10	3858.8	38	1	0	1	3	1	3
11	9273.7	92	1	2	0	3	1	2
12	合计	481	6	18	5	21	5	17

图 3-79

1. Q：如何删除表格中的重复数据？

A： 选择表格中的任意单元格，在"数据"选项卡中单击"删除重复值"按钮，打开"删除重复值"对话框，选择一个或多个包含重复值的列，单击"确定"按钮，弹出提示对话框，提示发现几个重复值，已将其删除，单击"确定"按钮即可，如图3-80所示。

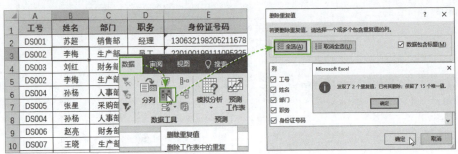

图 3-80

2. Q：如何移动工作表？

A： 选择需要移动的工作表，右击，从弹出的快捷菜单中选择"移动或复制"命令，打开"移动或复制工作表"对话框，在"下列选定工作表之前"列表框中选择需要移动到的位置，单击"确定"按钮即可，如图3-81所示。

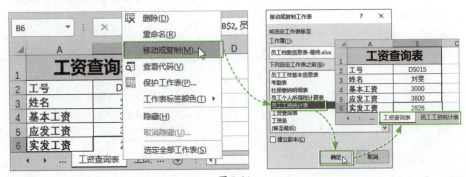

图 3-81

3. Q：如何为工作表标签设置颜色？

A： 选择工作表，右击，从弹出的快捷菜单中选择"工作表标签颜色"命令，从其级联菜单中选择合适的颜色即可。

第4章
进销存管理

进销存管理就是对企业日常经营中的采购、销售和库存等业务流程的管理,其中采购成本的大小直接影响企业的利润。销售是企业获取利润的重要渠道,存货管理的好坏和信息提供得是否准确会直接影响企业的采购、生产和销售业务的进行。

4.1 采购管理环节

企业通过不断地采购相关的原材料来保障企业的持续运营,在进行采购材料之前,各部门需要提交采购申请单,经审核后,由采购部门统一预算并采购,然后进行相关登记。

4.1.1 填制采购申请单

采购申请单是采购过程的开始,每个部门根据需要填写采购单,如图4-1所示,然后提交有关部门审批后,移送采购部门进行统一采购。

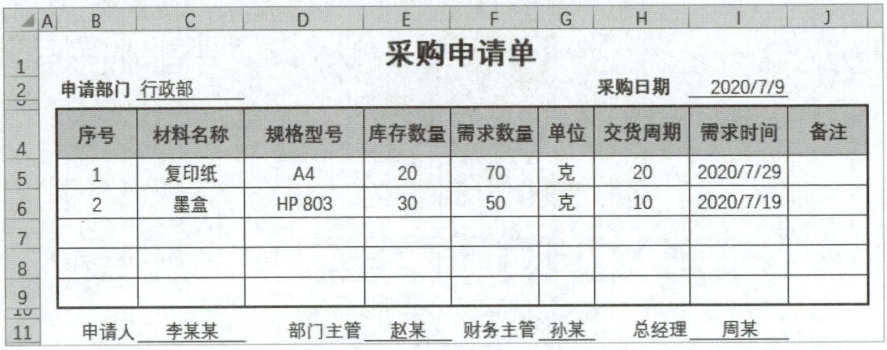

序号	材料名称	规格型号	库存数量	需求数量	单位	交货周期	需求时间	备注
1	复印纸	A4	20	70	克	20	2020/7/29	
2	墨盒	HP 803	30	50	克	10	2020/7/19	

申请部门:行政部　　采购日期:2020/7/9
申请人:李某某　　部门主管:赵某　　财务主管:孙某　　总经理:周某

图 4-1

首先新建一张"采购申请单"工作表,在工作表中创建空白的采购申请单并对其标题和列标题进行设置,为表格添加边框和底纹,如图4-2所示。

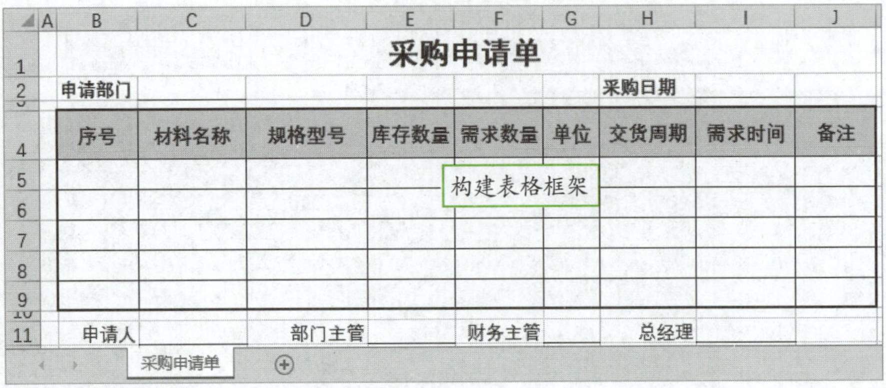

图 4-2

选择C2单元格,在"数据"选项卡中单击"数据验证"按钮,打开"数据验证"对话框,在"设置"选项卡中将"允许"设置为"序列",在"来源"文本框中输入"行政部,财务部,人事部,销售部",单击"确定"按钮,如图4-3所示。选择C2单元格,单击其右侧的下拉按钮,从弹出的列表中选择"行政部"选项,如图4-4所示。

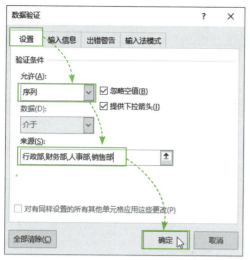

图 4-3

图 4-4

输入"采购日期""序号""材料名称""规格型号""库存数量""需求数量""单位"和"交货周期"等信息，然后选择I5单元格，输入公式"=$I$2+H5"，如图4-5所示。按回车键计算出"需求时间"，将公式向下填充至I6单元格，如图4-6所示。

库存数量	需求数量	单位	交货周期	需求时间	备注
20	70	克	20	=$I$2+H5	
30	50	克	10		

图 4-5

库存数量	需求数量	单位	交货周期	需求时间	备注
20	70	克	20	2020/7/29	
30	50	克	10	2020/7/19	

图 4-6

4.1.2 填制采购明细表

采购结束后，采购部门需要对一段时间内采购的材料、物品等进行登记汇总，从而形成采购明细表。采购明细表中包括采购日期、产品名称、规格型号、采购单价、采购数量、采购总额、交货日期等，如图4-7所示。

> **知识点拨**
>
> 在采购过程中需要用到的单据有请购单、采购单、询价单、采购暂收单、进货单、采购入库单等。

	采购日期	产品名称	规格型号	供应商	采购单价	采购数量	采购总额	单位	交货周期	交货日期	付款方式	备注
2	2020/3/10	笔记本	E40	东方福	¥4,900.00	10	¥49,000.00	台	6	2020/3/16	货到付款	
3	2020/3/15	台式机	C340	伟视科技	¥3,380.00	20	¥67,600.00	台	5	2020/3/20	预付款	
4	2020/3/20	平板电脑	S5000	蓝景商贸	¥1,500.00	15	¥22,500.00	台	5	2020/3/25	货到付款	
5	2020/3/24	笔记本	G490AT	恒邦科技	¥4,599.00	12	¥55,188.00	台	6	2020/3/30	30天帐期	
6	2020/3/25	一体机	B350	鼎诚科贸	¥5,799.00	10	¥57,990.00	台	3	2020/3/28	15天帐期	
7	2020/3/26	一体机	B320i	九州科技	¥4,299.00	9	¥38,691.00	台	4	2020/3/30	货到付款	
8	2020/3/27	台式机	X320	鸿泽信息	¥5,800.00	6	¥34,800.00	台	3	2020/3/30	预付款	
9	2020/4/5	笔记本	Y4000N	汇锦都	¥4,800.00	5	¥24,000.00	台	2	2020/4/7	货到付款	
10	2020/4/10	平板电脑	S6000	楚基伟业	¥1,588.00	14	¥22,232.00	台	8	2020/4/18	30天帐期	
11	2020/4/16	台式机	H520e	创图科技	¥3,800.00	11	¥41,800.00	台	3	2020/4/19	15天帐期	
12	2020/4/19	笔记本	G510At	非凡科技	¥3,899.00	9	¥35,091.00	台	6	2020/4/25	货到付款	
13	2020/4/25	一体机	G355	瑞华商贸	¥2,800.00	7	¥19,600.00	台	5	2020/4/30	30天帐期	

图 4-7

首先新建一张"采购明细表"工作表，在其中输入列标题，为表格添加边框和底纹，如图4-8所示。

图 4-8

选择F2:F13和H2:H13单元格区域，在"开始"选项卡中单击"数字格式"下拉按钮，从弹出的列表中选择"货币"选项，如图4-9所示。

选择G2:G13单元格区域，在"数据"选项卡中单击"数据验证"按钮，打开"数据验证"对话框，在"设置"选项卡中将"允许"设置为"整数"，将"数据"设置为"大于"，在"最小值"文本框中输入"0"，如图4-10所示。打开"输入信息"选项卡，在"输入信息"文本框中输入"采购数量为整数"，单击"确定"按钮，如图4-11所示。

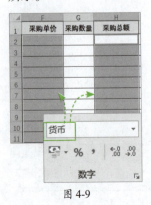

图 4-9

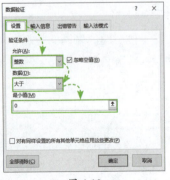

图 4-10

图 4-11

此时，选择"采购数量"列的任意单元格，会在下方出现提示信息，提醒用户输入整数，如图4-12所示。输入"采购日期""产品名称""规格型号""供应商""采购单价""采购数量""单位""交货周期"和"付款方式"信息，然后选择H2单元格，输入公式"=F2*G2"，按回车键计算出"采购总额"，将公式向下填充，如图4-13所示。

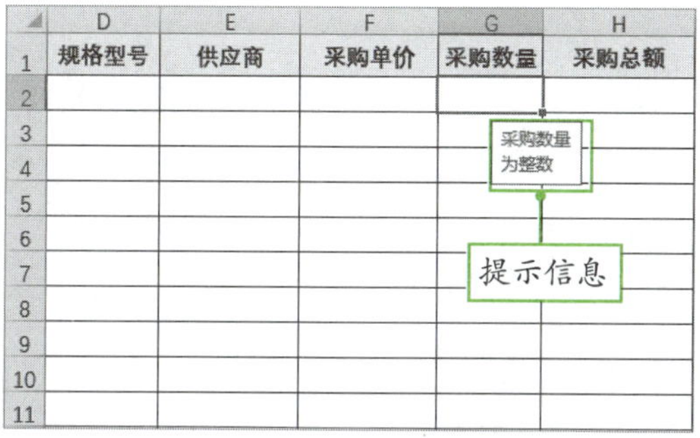

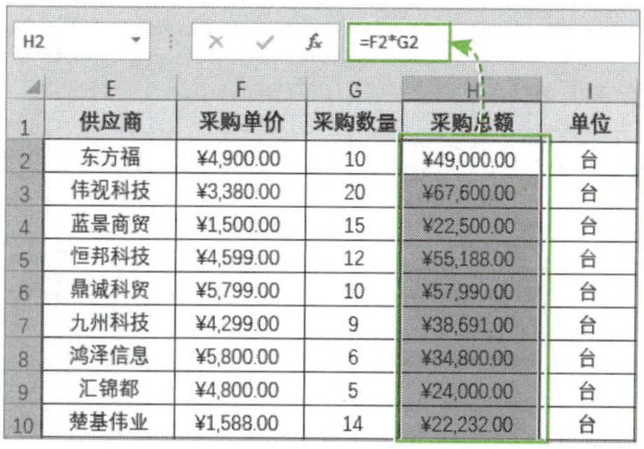

图 4-12　　　　　　　　　图 4-13

选择K2单元格，输入公式"=B2+J2"，如图4-14所示。按回车键计算出"交货日期"，将公式向下填充即可，如图4-15所示。

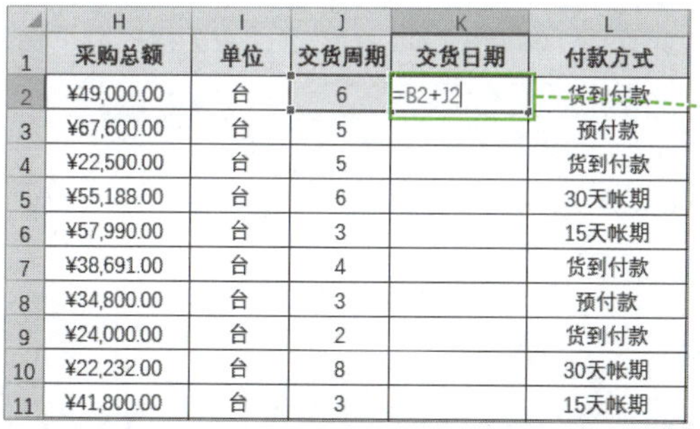

图 4-14　　　　　　　　　图 4-15

动手练　采购物资的账务处理

扫码看视频

企业在采购过程中，由于结算方式和采购地点不同，货款的支付时间不同，货品的入库时间不同，造成了账务处理的不同。

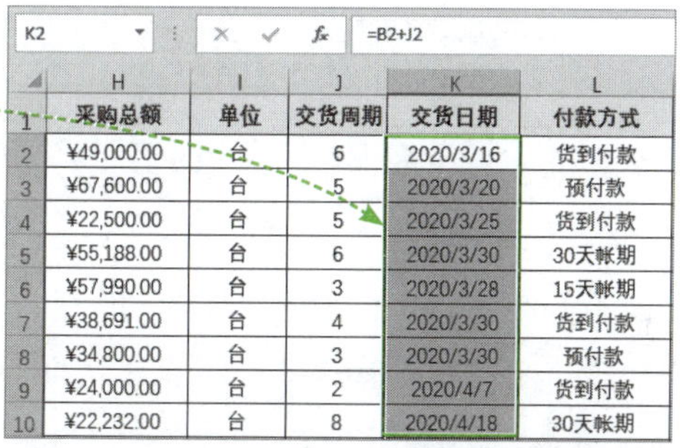

1. 款未付，货已到

例如，某公司采购两台打印机，单价是每台2500元，货款没有支付，但打印机已经验收入库。

Step 01　收到打印机时的账务处理。打开"记账凭证"工作表，在其中输入该业务的信息，如图4-16所示。

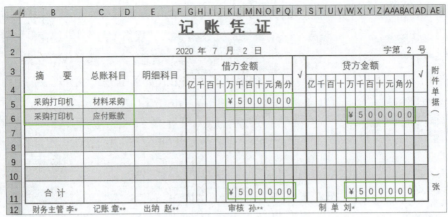

图 4-16

Step 02 打开"记账凭证汇总表"工作表,将审核无误的记账凭证登记到记账凭证汇总表中,如图4-17所示。

	A	B	C	D	E	F	G	H	I
1									
2		日期	凭证号	摘 要	科目代码	总账科目	明细科目	借方金额	贷方金额
3		2020/7/1	0001	提取现金	1001	库存现金		¥4,000.00	
4		2020/7/1	0001	提取现金	1002	银行存款	建设银行		¥4,000.00
5		2020/7/2	0002	采购打印机	1401	材料采购		¥5,000.00	
6		2020/7/2	0002	采购打印机	2202	应付账款			¥5,000.00

会计科目表 | 记账凭证汇总表

图 4-17

Step 03 打印机验收入库时的账务处理。打开"记账凭证"工作表,删除之前录入的信息,在其中输入该业务的信息,如图4-18所示。

记 账 凭 证

2020 年 7 月 3 日   字第 3 号

摘 要	总账科目	明细科目	借方金额 亿千百十万千百十元角分	√	贷方金额 亿千百十万千百十元角分	√	附件单据
商品入库	库存商品		¥500000				
商品入库		材料采购			¥500000		
合 计			¥500000		¥500000		张
财务主管 李*	记账 章**	出纳 赵**	审核 孙**		制单 刘*		

图 4-18

Step 04 打开"记账凭证汇总表"工作表,将审核无误的记账凭证登记到记账凭证汇总表中,如图4-19所示。

	A	B	C	D	E	F	G	H	I
1									
2		日期	凭证号	摘要	科目代码	总账科目	明细科目	借方金额	贷方金额
3		2020/7/1	0001	提取现金	1001	库存现金		¥4,000.00	
4		2020/7/1	0001	提取现金	1002	银行存款	建设银行		¥4,000.00
5		2020/7/2	0002	采购打印机	1401	材料采购		¥5,000.00	
6		2020/7/2	0002	采购打印机	2202	应付账款			¥5,000.00
7		2020/7/3	0003	商品入库	1405	库存商品		¥5,000.00	
8		2020/7/3	0003	商品入库	1401	材料采购			¥5,000.00

图 4-19

2. 款已付，货已到

例如，某公司采购两台电脑，每台4000元，取得了增值税率为13%的专用发票，货款是用库存现金支付的，电脑已经验收入库。

Step 01 支付货款时的账务处理。打开记账凭证，在其中录入该业务的信息，如图4-20所示。

记 账 凭 证
2020 年 7 月 4 日　　　　字第 4 号

摘　要	总账科目	明细科目	借方金额 亿千百十万千百十元角分	√	贷方金额 亿千百十万千百十元角分	√	附件单据
采购电脑	材料采购		¥ 8 0 0 0 0 0				
采购电脑	应交税费	应交增值税	¥ 1 0 4 0 0 0				
采购电脑	库存现金				¥ 9 0 4 0 0 0		
合　计			¥ 9 0 4 0 0 0		¥ 9 0 4 0 0 0		张
财务主管 李·	记账 章··	出纳 赵·	审核 孙··		制单 刘·		

图 4-20

Step 02 打开记账凭证汇总表，将审核无误的记账凭证登记到该汇总表中，如图4-21所示。

	A	B	C	D	E	F	G	H	I
1									
2		日期	凭证号	摘要	科目代码	总账科目	明细科目	借方金额	贷方金额
3		2020/7/1	0001	提取现金	1001	库存现金		¥4,000.00	
4		2020/7/1	0001	提取现金	1002	银行存款	建设银行		¥4,000.00
5		2020/7/2	0002	采购打印机	1401	材料采购		¥5,000.00	
6		2020/7/2	0002	采购打印机	2202	应付账款			¥5,000.00
7		2020/7/3	0003	商品入库	1405	库存商品		¥5,000.00	
8		2020/7/3	0003	商品入库	1401	材料采购			¥5,000.00
9		2020/7/4	0004	采购电脑	1401	材料采购		¥8,000.00	
10		2020/7/4	0004	采购电脑	2221	应交税费	应交增值税	¥1,040.00	
11		2020/7/4	0004	采购电脑	1001	库存现金			¥9,040.00

图 4-21

知识点拨

由于采购过程中，使用的是库存现金，所以需要登记现金日记账，按照审核无误的记账凭证登记现金日记账。

Step 03 电脑验收入库时的账务处理。打开记账凭证，在其中输入该业务的信息，如图4-22所示。

摘要	总账科目	明细科目	借方金额	贷方金额
商品入库	库存商品		¥904000	
商品入库	材料采购			¥904000
合计			¥904000	¥904000

记账凭证
2020年7月5日　　字第5号
财务主管 李*　记账 章**　出纳 赵**　审核 孙**　制单 刘*

图 4-22

Step 04 打开记账凭证会汇总表，将审核无误的记账凭证的内容登记到汇总表中，如图4-23所示。

日期	凭证号	摘要	科目代码	总账科目	明细科目	借方金额	贷方金额
2020/7/1	0001	提取现金	1001	库存现金		¥4,000.00	
2020/7/1	0001	提取现金	1002	银行存款	建设银行		¥4,000.00
2020/7/2	0002	采购打印机	1401	材料采购		¥5,000.00	
2020/7/2	0002	采购打印机	2202	应付账款			¥5,000.00
2020/7/3	0003	商品入库	1405	库存商品		¥5,000.00	
2020/7/3	0003	商品入库	1401	材料采购			¥5,000.00
2020/7/4	0004	采购电脑	1401	材料采购		¥8,000.00	
2020/7/4	0004	采购电脑	2221	应交税费	应交增值税	¥1,040.00	
2020/7/4	0004	采购电脑	1001	库存现金			¥9,040.00
2020/7/5	0005	商品入库	1405	库存商品		¥9,040.00	
2020/7/5	0005	商品入库	1401	材料采购			¥9,040.00

图 4-23

4.2 销售管理环节

销售管理是对一定期间内的销售数据进行统计和分析。在日常销售管理中，销售人员需要将销售数据记录下来，以便分析销售状况。同时在销售过程中发生的一些经济业务，会计人员需要编制会计凭证并登记相关账簿。

4.2.1 填制销售统计表

一般情况下销售统计表是以流水账的形式逐笔登记所有的经济业务。销售统计表包括商品名称、规格型号、单价、销售量、销售额等，如图4-24所示。

序号	日期	商品名称	规格型号	单位	单价	销售量	销售额	核对人员	备注
1	2020/8/1	料理机	MQ535	件	¥369	20	¥7,380	刘文	
2	2020/8/1	电风扇	FD-40X73h5	台	¥159	15	¥2,385	刘文	
3	2020/8/1	空气净化器	FY4152	件	¥329	30	¥9,870	刘文	
4	2020/8/1	电饼铛	MC-JK30Easy103	件	¥139	50	¥6,950	刘文	
5	2020/8/1	电饭煲	MB-40LE17	件	¥399	25	¥9,975	刘文	
6	2020/8/1	剃须刀	300s	件	¥309	60	¥18,540	刘文	
7	2020/8/1	加湿器	3C40B	件	¥199	10	¥1,990	刘文	
8	2020/8/1	微波炉	M3-L232F	台	¥479	35	¥16,765	刘文	
9	2020/8/1	咖啡机	DL-KF600/6001	台	¥399	10	¥3,990	刘文	
10	2020/8/1	饮水机	MYR827S-W	台	¥899	20	¥17,980	刘文	
11	2020/8/2	电风扇	CFS-LD352	台	¥99	60	¥5,940	刘文	
12	2020/8/2	电饼铛	JHN30F	件	¥99	30	¥2,970	刘文	

图 4-24

首先新建一张"销售统计表"工作表，在工作表中输入列标题并设置标题格式，然后为表格添加边框，如图4-25所示。

图 4-25

选择G2:G26和I2:I26单元格区域，在"开始"选项卡中单击"数字"选项组的对话框启动器按钮，如图4-26所示。打开"设置单元格格式"对话框，在"数字"选项卡下"分类"列表中选择"货币"选项，将"小数位数"设置为"0"，单击"确定"按钮，如图4-27所示。

图 4-26

图 4-27

选择I2单元格，输入公式"=G2*H2"，如图4-28所示。按回车键计算出"销售额"，将光标移至I2单元格的右下角，当光标变为+形时，按住左键不放，向下拖动光标，填充公式，如图4-29所示。

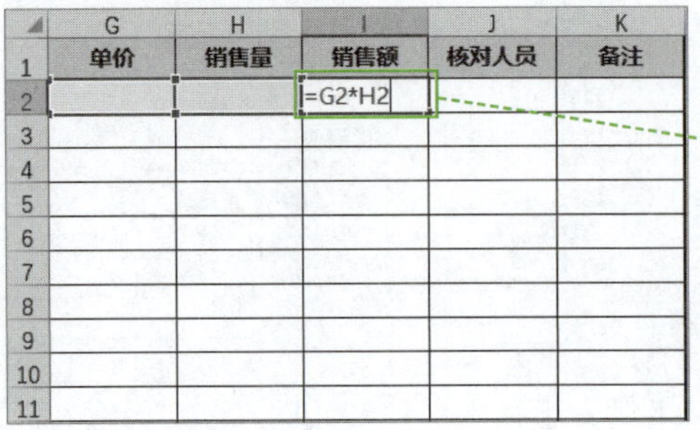

图 4-28

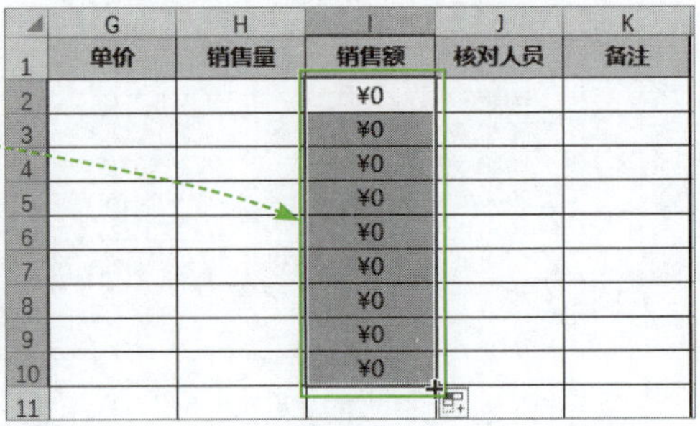

图 4-29

最后在销售统计表中输入序号、日期、商品名称、规格型号、单位、单价等信息即可。

4.2.2 销售商品的账务处理

销售商品后，财务人员需要及时确认收入并结转相关的销售成本。

1.收入实现时

某企业销售10台传真机，价值20000元，增值税率为13%，企业确认收入实现时的账务处理。

打开空白的记账凭证，按照该笔经济业务，输入记账凭证，输入"应收账款"科目，在借方金额栏输入"20000"，输入"应交税费-应交增值税"科目，在贷方金额栏输入"2300.88"，输入"主营业务收入"科目，在贷方金额栏输入"17699.12"，其他按照实际情况输入，如图4-30所示。

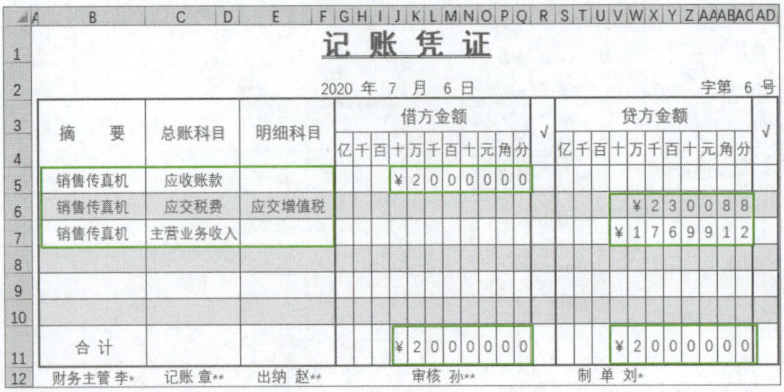

图 4-30

> **注意事项** 这里的销售额20000元是含税价格（除了特别声明，一般都是含税价格）代入公式，如果增值税率为13%，则增值税应交金=含税价格 / 1.13×0.13。

打开记账凭证汇总表，按照审核无误的记账凭证登记凭证汇总表，如图4-31所示。

日期	凭证号	摘要	科目代码	总账科目	明细科目	借方金额	贷方金额
2020/7/1	0001	提取现金	1001	库存现金		¥4,000.00	
2020/7/1	0001	提取现金	1002	银行存款	建设银行		¥4,000.00
2020/7/2	0002	采购打印机	1401	材料采购		¥5,000.00	
2020/7/2	0002	采购打印机	2202	应付账款			¥5,000.00
2020/7/3	0003	商品入库	1405	库存商品		¥5,000.00	
2020/7/3	0003	商品入库	1401	材料采购			¥5,000.00
2020/7/4	0004	采购电脑	1401	材料采购		¥8,000.00	
2020/7/4	0004	采购电脑	2221	应交税费	应交增值税	¥1,040.00	
2020/7/4	0004	采购电脑	1001	库存现金			¥9,040.00
2020/7/5	0005	商品入库	1405	库存商品		¥9,040.00	
2020/7/5	0005	商品入库	1401	材料采购			¥9,040.00
2020/7/6	0006	销售传真机	1122	应收账款		¥20,000.00	
2020/7/6	0006	销售传真机	6001	主营业务收入			¥17,699.12
2020/7/6	0006	销售传真机	2221	应交税费	应交增值税		¥2,300.88

图 4-31

2. 结转成本

某企业销售10台传真机，价值为20000元，成本为10000元，结转销售成本时的账务处理。

打开空白的记账凭证，输入"主营业务成本"科目，借方金额栏输入"10000"，输入"库存商品"科目，在贷方金额栏输入"10000"，其他按实际情况输入，如图4-32所示。

图 4-32

打开记账凭证汇总表，将"主营业务成本"科目的金额录入借方金额，将"库存商品"科目的金额录入贷方金额，如图4-33所示。

日期	凭证号	摘要	科目代码	总账科目	明细科目	借方金额	贷方金额
2020/7/1	0001	提取现金	1001	库存现金		¥4,000.00	
2020/7/1	0001	提取现金	1002	银行存款	建设银行		¥4,000.00
2020/7/2	0002	采购打印机	1401	材料采购		¥5,000.00	
2020/7/4	0004	采购电脑	1001	库存现金			¥9,040.00
2020/7/6	0006	销售传真机	1122	应收账款		¥20,000.00	
2020/7/6	0006	销售传真机	6001	主营业务收入			¥17,699.12
2020/7/6	0006	销售传真机	2221	应交税费	应交增值税		¥2,300.88
2020/7/7	0007	结转销售成本	6401	主营业务成本		¥10,000.00	
2020/7/7	0007	结转销售成本	1405	库存商品			¥10,000.00

图 4-33

动手练 分析销售统计表

统计销售数据,是为了通过这些数据分析企业的销售情况,用户可以通过排序、筛选和分类汇总等方法分析销售数据。

1. 使用排序分析销售数据

例如对销售统计表中的"商品名称"和"销售额"进行降序排序。

Step 01 打开"销售统计表"工作表,选择表格中的任意单元格,打开"数据"选项卡,单击"排序"按钮,打开"排序"对话框,设置主要关键字为"商品名称",排序依据为"单元格值",次序为"降序",然后单击"添加条件"按钮,如图4-34所示。

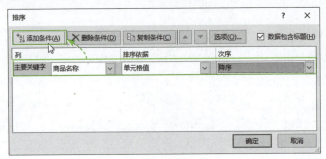

图 4-34

Step 02 添加次要关键字,将次要关键字设置为"销售额",排序依据为"单元格值",次序为"降序",单击"确定"按钮,如图4-35所示。

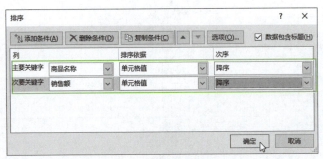

图 4-35

Step 03 此时,销售统计表中的"销售额"按照"商品名称"进行降序排序,如图4-36所示。

	C	D	E	F	G	H	I	J	K
1	日期	商品名称	规格型号	单位	单价	销售量	销售额	核对人员	备注
2	2020/8/3	饮水机	MY-C211	台	¥788	25	¥19,700	刘文	
3	2020/8/1	饮水机	MYR827S-W	台	¥899	20	¥17,980	刘文	
4	2020/8/1	微波炉	M3-L232F	台	¥479	35	¥16,765	刘文	
5	2020/8/4	微波炉	M1-L213B	台	¥309	25	¥7,725	刘文	
6	2020/8/2	微波炉	P70D20TL-D4	台	¥269	10	¥2,690	刘文	
7	2020/8/1	剃须刀	300s	件	¥309	60	¥18,540	刘文	
8	2020/8/3	剃须刀	FS339	件	¥99	50	¥4,950	刘文	
9	2020/8/3	料理机	MR9401	件	¥328	55	¥18,040	刘文	
10	2020/8/1	料理机	MQ535	件	¥369	20	¥7,380	刘文	

图 4-36

2. 使用筛选分析销售数据

例如将销售统计表中的"销售额"大于10000元的数据筛选出来。

Step 01 打开"销售统计表"工作表，选择表格中的任意单元格，在"数据"选项卡中单击"筛选"按钮，进入筛选状态，如图4-37所示。

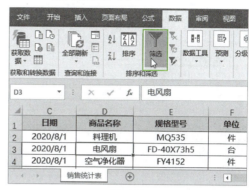

图 4-37

Step 02 单击"销售额"右侧的下拉按钮，从弹出的列表中选择"数字筛选"选项，从其级联菜单中选择"大于"选项，如图4-38所示。

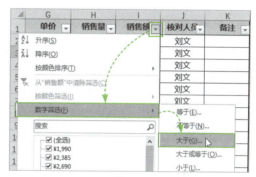

图 4-38

Step 03 打开"自定义自动筛选方式"对话框，在"大于"后面的文本框中输入"10000"，如图4-39所示。

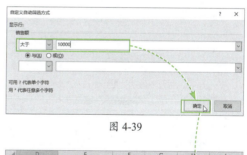

图 4-39

Step 04 单击"确定"按钮，即可将"销售额"大于10000元的数据筛选出来，如图4-40所示。

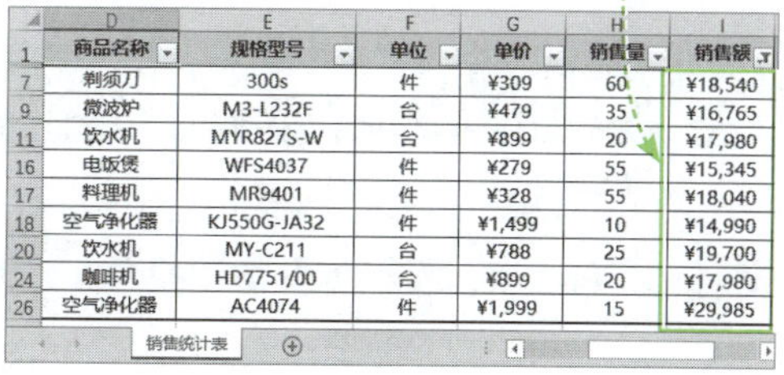

图 4-40

3. 使用分类汇总分析销售数据

例如，在销售统计表中按照"商品名称"分类，对"销售额"进行汇总。

Step 01 打开"销售统计表"工作表，选择"商品名称"列的任意单元格，在"数据"选项卡中单击"升序"按钮，对"商品名称"进行升序排序，如图4-41所示。

Step 02 单击"分级显示"选项组的"分类汇总"按钮，打开"分类汇总"对话框，将"分类字段"设置为"商品名称"，将"汇总方式"设置为"求和"，在"选定汇总项"列表框中勾选"销售额"复选框，单击"确定"按钮，如图4-42所示。

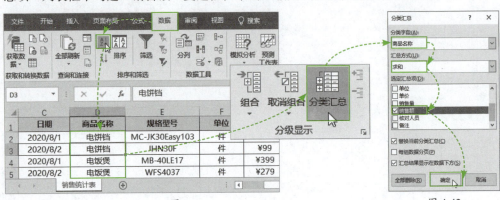

图 4-41　　　　　　　　　　　　　　图 4-42

Step 03 此时，销售统计表即可按照"商品名称"分类并对"销售额"进行了汇总，如图4-43所示。

	C	D	E	F	G	H	I	J	K
1	日期	商品名称	规格型号	单位	单价	销售量	销售额	核对人员	备注
2	2020/8/1	电饼铛	MC-JK30Easy103	件	¥139	50	¥6,950	刘文	
3	2020/8/2	电饼铛	JHN30F	件	¥99	30	¥2,970	刘文	
4		电饼铛 汇总					¥9,920		
5	2020/8/1	电饭煲	MB-40LE17	件	¥399	25	¥9,975	刘文	
6	2020/8/2	电饭煲	WFS4037	件	¥279	55	¥15,345	刘文	
7		电饭煲 汇总					¥25,320		
8	2020/8/1	电风扇	FD-40X73h5	台	¥159	15	¥2,385	刘文	
9	2020/8/2	电风扇	CFS-LD352	台	¥99	60	¥5,940	刘文	
10	2020/8/4	电风扇	FL-09X61Bh	台	¥279	30	¥8,370	刘文	
11		电风扇 汇总					¥16,695		

图 4-43

4.3　库存管理环节

库存管理是生产、计划和控制的基础。通过对仓库、货位等账务管理及出入库单据的管理，可以及时反映各种物资的仓储、流向情况，为生产管理和成本核算提供依据。

4.3.1　入库单的填制

入库单是用来记录商品入库情况的单据，是重要的原始凭证，其中记录了商品编码、产品名称、规格型号、数量、单价、金额等信息，如图4-44所示。

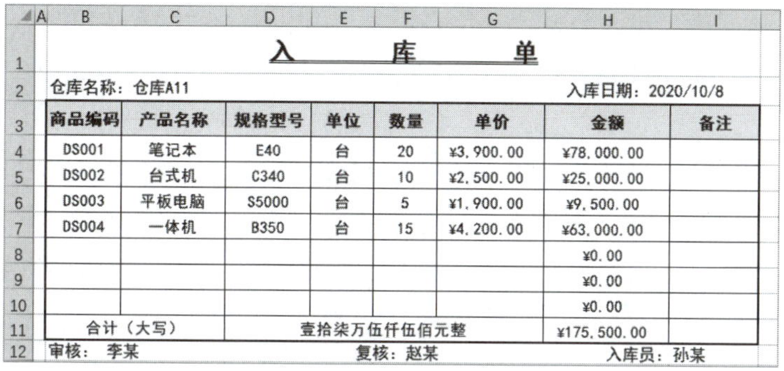

图 4-44

新建一张"入库单"工作表，在其中输入基本信息，设置数据格式，为其添加边框和底纹，制作空白"入库单"，如图4-45所示。

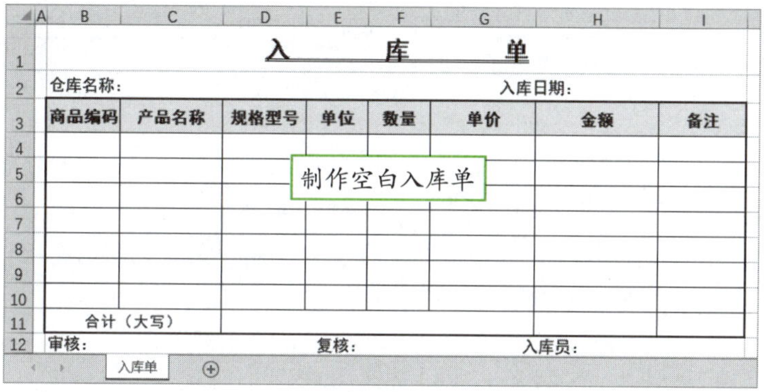

图 4-45

选择G4:H10单元格区域，在"开始"选项卡中单击"数字格式"下拉按钮，从弹出的列表中选择"货币"选项，如图4-46所示。

输入相关信息，然后选择H4单元格，输入公式"=F4*G4"，按回车键计算出"金额"，将公式向下填充，如图4-47所示。

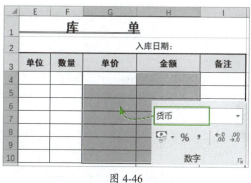

图 4-46

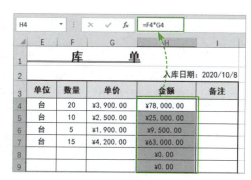

图 4-47

选择H11单元格，输入公式"=SUM(H4:H10)"，按回车键计算出总金额，如图4-48所示。

选择D11单元格，输入公式"=IF(H11="","",IF(H11<0,"无效数值",IF(INT(H11),TEXT(INT(H11),"[dbnum2]")&"元",)&IF(INT(H11*10)-INT(H11)*10,TEXT(INT(H11*10)-INT(H11)*10,"[dbnum2]")&"角",IF(INT(H11)=H11,,IF(H11<0.1,,"零")))&IF(ROUND(H11*100-INT(H11*10)*10,),TEXT(ROUND(H11*100-INT(H11*10)*10,),"[dbnum2]")&"分","整")))"，按回车键计算出大写金额，如图4-49所示。

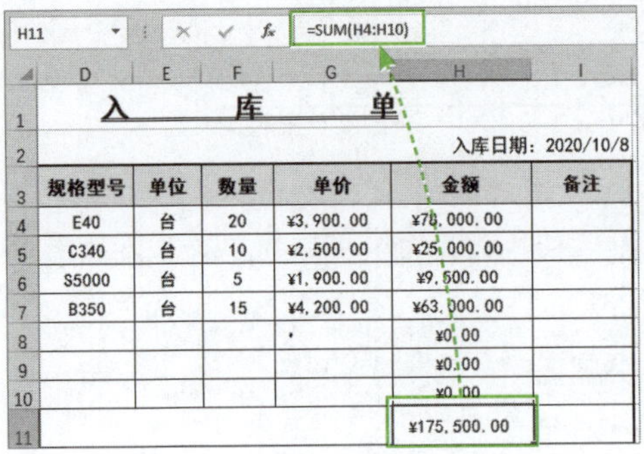

图 4-48

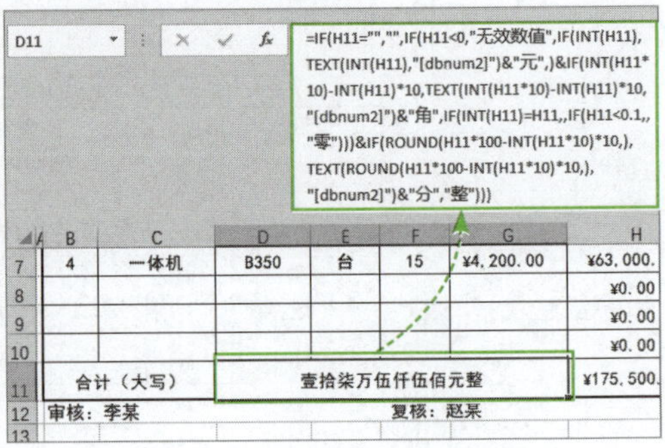

图 4-49

4.3.2 入库统计表的编制

为了统计商品的入库情况，方便进行库存统计，用户需要编制入库统计表，将所有商品的入库情况登记下来，如图4-50所示。

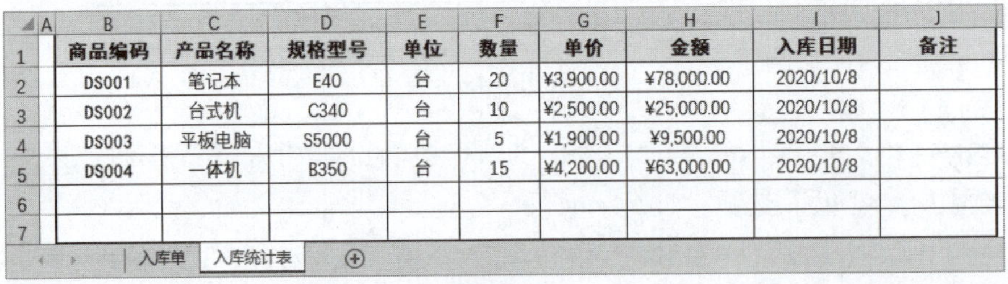

图 4-50

新建一张"入库统计表"工作表，然后打开"入库单"工作表，将列标题复制到"入库统计表"工作表中，为表格重新构建表格框架，如图4-51所示。

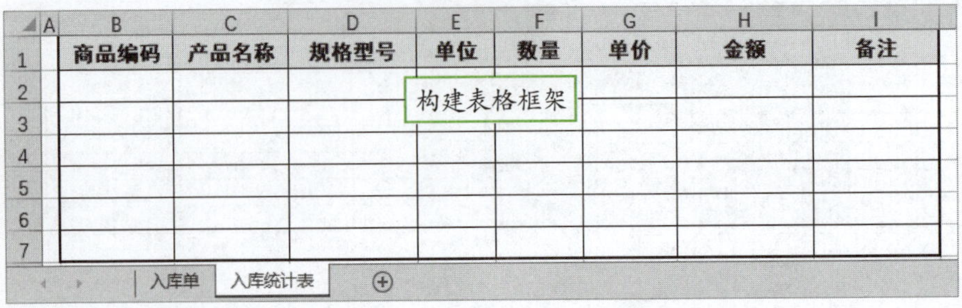

图 4-51

选择I列，右击，从弹出的快捷菜单中选择"插入"命令，如图4-52所示。在左侧插入一列并输入"入库日期"列标题，如图4-53所示。

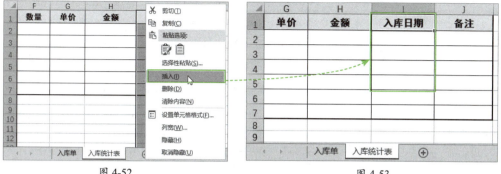

图 4-52　　　　　　　　　　　　　　图 4-53

最后根据"入库单"填写商品编码、产品名称、规格型号、数量、单价、金额、入库日期等信息。

4.3.3　出库统计表的编制

销售员将商品销售出去后，需要填写出库单才能将商品从仓库中领走，而为了统计所有商品的出库情况，需要创建出库统计表，将审核无误的出库单上的数据登记到出库统计表中，如图4-54所示。

	A	B	C	D	E	F	G	H	I	J	K
1		商品编码	产品名称	规格型号	单位	数量	单价	金额	客户名称	出库日期	备注
2		DS001	笔记本	E40	台	10	¥4,900.00	¥49,000.00	德胜科技	2020/11/5	
3		DS002	台式机	C340	台	5	¥3,500.00	¥17,500.00	德胜科技	2020/11/5	
4		DS003	平板电脑	S5000	台	2	¥2,900.00	¥5,800.00	德胜科技	2020/11/5	
5											
6											

图 4-54

首先选择"入库单"工作表，然后按住Ctrl键不放并拖动光标，将其拖至"入库统计表"工作表的后面，如图4-55所示。复制一个"入库单"工作表，然后将其重命名为"出库单"，修改其中部分内容，重新填写出库单，如图4-56所示。

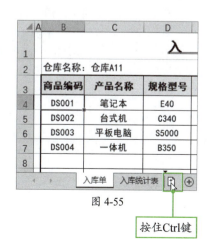

图 4-55

按住Ctrl键

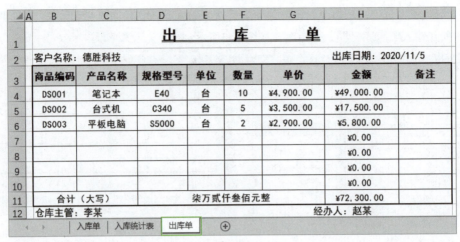

图 4-56

新建一张"出库统计表"工作表,在其中输入列标题,为表格添加边框,构建表格框架,如图4-57所示。

图 4-57

最后根据"出库单"填写商品编码、产品名称、数量、单价、金额、客户名称、出库日期等信息。

4.3.4 创建库存统计表

出入库统计表创建完成后,用户还需要创建库存统计表。库存统计表是对商品的出入库情况进行综合统计,主要包括上期结存、本期入库、本期出库和本期结存等信息,如图4-58所示。

商品编码	产品名称	规格型号	单位	上期结存		本期入库		本期出库		本期结存	
				数量	金额	数量	金额	数量	金额	数量	金额
DS001	笔记本	E40	台	50	¥195,000.00	20	¥78,000.00	10	¥49,000.00	60	¥224,000.00
DS002	台式机	C340	台	40	¥100,000.00	10	¥25,000.00	5	¥17,500.00	45	¥107,500.00
DS003	平板电脑	S5000	台	10	¥19,000.00	5	¥9,500.00	2	¥5,800.00	13	¥22,700.00
DS004	一体机	B350	台	20	¥84,000.00	15	¥63,000.00		¥0.00	35	¥147,000.00

图 4-58

新建一张"库存统计表"工作表，在其中输入列标题，为表格添加边框，构建表格框架，如图4-59所示。

图 4-59

在其中输入商品编码、产品名称、规格型号、单位和上期结存的数量、金额，如图4-60所示。

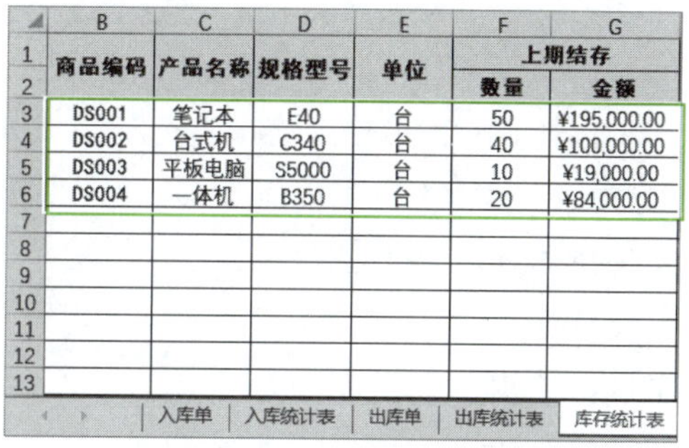

图 4-60

选择H3单元格，输入公式"=SUMIF(入库统计表!B:B,库存统计表!B3,入库统计表!F:F)"，按回车键计算出本期入库的数量，将公式向下填充，如图4-61所示。

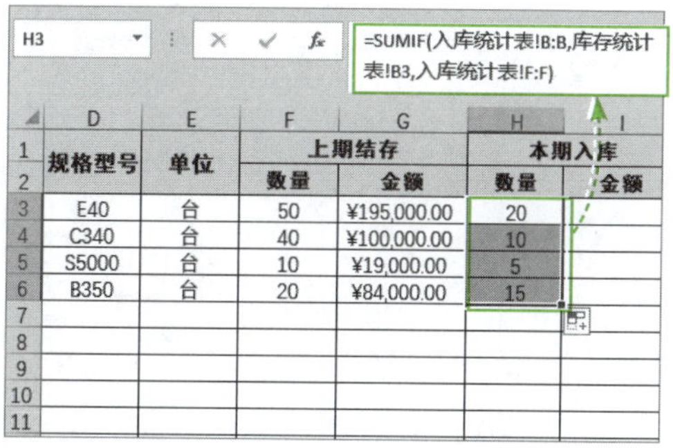

图 4-61

选择I3单元格，输入公式"=SUMIF(入库统计表!B:B,库存统计表!B3,入库统计表!H:H)"，按回车键计算出本期入库的金额，将公式向下填充，如图4-62所示。

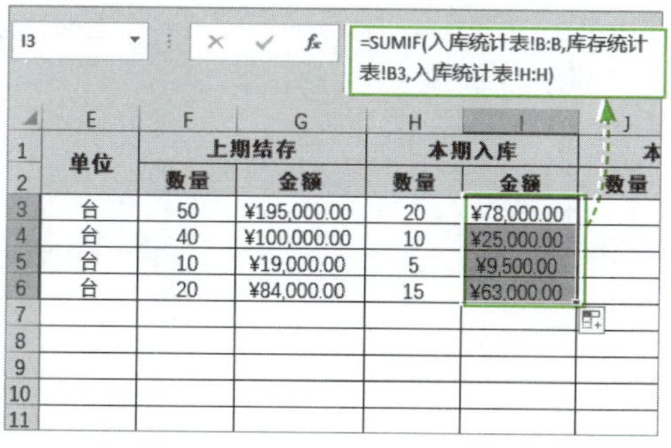

图 4-62

选择J3单元格,输入公式"=SUMIF(出库统计表!B:B,库存统计表!B3,出库统计表!F:F)",按回车键计算出本期出库的数量,将公式向下填充,如图4-63所示。

	F	G	H	I	J	K
1	上期结存		本期入库		本期出库	
2	数量	金额	数量	金额	数量	金额
3	50	¥195,000.00	20	¥78,000.00	10	
4	40	¥100,000.00	10	¥25,000.00	5	
5	10	¥19,000.00	5	¥9,500.00	2	
6	20	¥84,000.00	15	¥63,000.00	0	

J3 fx =SUMIF(出库统计表!B:B,库存统计表!B3,出库统计表!F:F)

图 4-63

选择K3单元格,输入公式"=SUMIF(出库统计表!B:B,库存统计表!B3,出库统计表!H:H)",按回车键计算出本期出库的金额,将公式向下填充,如图4-64所示。

K3 fx =SUMIF(出库统计表!B:B,库存统计表!B3,出库统计表!H:H)

	H	I	J	K	L	M
1	本期入库		本期出库		本期结存	
2	数量	金额	数量	金额	数量	金额
3	20	¥78,000.00	10	¥49,000.00		
4	10	¥25,000.00	5	¥17,500.00		
5	5	¥9,500.00	2	¥5,800.00		
6	15	¥63,000.00	0	¥0.00		

图 4-64

选择L3单元格,输入公式"=F3+H3-J3",按回车键计算出本期结存的数量,将公式向下填充,如图4-65所示。

L3 fx =F3+H3-J3

	H	I	J	K	L	M
1	本期入库		本期出库		本期结存	
2	数量	金额	数量	金额	数量	金额
3	20	¥78,000.00	10	¥49,000.00	60	
4	10	¥25,000.00	5	¥17,500.00	45	
5	5	¥9,500.00	2	¥5,800.00	13	
6	15	¥63,000.00	0	¥0.00	35	

图 4-65

选择M3单元格,输入公式"=G3+I3-K3",按回车键计算出本期结存的金额,将公式向下填充,如图4-66所示。

	F	G	H	I	J	K	L	M
1	上期结存		本期入库		本期出库		本期结存	
2	数量	金额	数量	金额	数量	金额	数量	金额
3	50	¥195,000.00	20	¥78,000.00	10	¥49,000.00	60	¥224,000.00
4	40	¥100,000.00	10	¥25,000.00	5	¥17,500.00	45	¥107,500.00
5	10	¥19,000.00	5	¥9,500.00	2	¥5,800.00	13	¥22,700.00
6	20	¥84,000.00	15	¥63,000.00	0	¥0.00	35	¥147,000.00
7								

M3　=G3+I3-K3

图 4-66

动手练 分析库存情况

用户创建好库存统计表后，需要对表格中的数据进行分析，以便随时掌握库存的具体情况。例如将本期结存数量超过40的突出显示，如图4-67所示。

	A	B	C	D	E	F	G	H	I	J	K	L	M
1	商品编码	产品名称	规格型号	单位	上期结存		本期入库		本期出库		本期结存		
2					数量	金额	数量	金额	数量	金额	数量	金额	
3	DS001	笔记本	E40	台	50	¥195,000.00	20	¥78,000.00	10	¥49,000.00	60	¥224,000.00	
4	DS002	台式机	C340	台	40	¥100,000.00	10	¥25,000.00	5	¥17,500.00	45	¥107,500.00	
5	DS003	平板电脑	S5000	台	10	¥19,000.00	5	¥9,500.00	2	¥5,800.00	13	¥22,700.00	
6	DS004	一体机	B350	台	20	¥84,000.00	15	¥63,000.00	0	¥0.00	35	¥147,000.00	

图 4-67

打开"库存统计表"工作表，选择L3:L13单元格区域，如图4-68所示。在"开始"选项卡中单击"条件格式"下拉按钮，从弹出的列表中选择"突出显示单元格规则"选项，从其级联菜单中选择"大于"选项，打开"大于"对话框，在"为大于以下值的单元格设置格式"文本框中输入"40"，在"设置为"列表中选择"浅红填充色深红色文本"选项，单击"确定"按钮即可，如图4-69所示。

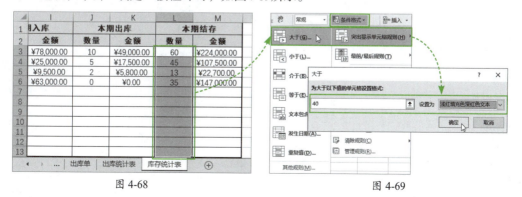

图 4-68　　　　　图 4-69

案例实战：对采购明细表进行分析

用户创建采购明细表后，有时需要查看表格中符合条件的数据，这就需要对数据进行筛选，用户可以设定筛选条件，使用高级筛选功能对数据进行筛选，如图4-70所示。

	A	B	C	D	E	F	G	H	I	J	K	L	M
1		采购日期	产品名称	规格型号	供应商	采购单价	采购数量	采购总额	单位	交货周期	交货日期	付款方式	备注
4		2020/3/15	台式机	C340	伟视科技	¥3,380.00	20	¥67,600.00	台	5	2020/3/20	预付款	
5		2020/3/24	笔记本	G490AT	恒邦科技	¥4,599.00	12	¥55,188.00	台	6	2020/3/30	30天账期	
7		2020/3/26	一体机	B320i	九州科技	¥4,299.00	9	¥38,691.00	台	4	2020/3/30	货到付款	
8		2020/3/27	台式机	X240	鸿泽信息	¥5,800.00	6	¥34,800.00	台	3	2020/3/30	预付款	
11		2020/4/16	台式机	H520e	创图科技	¥3,800.00	11	¥41,800.00	台	3	2020/4/19	15天账期	
14													
15		采购数量	采购总额	交货日期									
16		>10	>40000										
17				2020/3/30									

图 4-70

Step 01 打开"采购明细表"工作表，在表格的下方设置筛选条件，如图4-71所示。

	A	B	C	D	E	F
7		2020/3/26	一体机	B320i	九州科技	¥4,299.00
8		2020/3/27	台式机	X240	鸿泽信息	¥5,800.00
9		2020/4/5	笔记本	Y4000N	汇锦都	¥4,800.00
10		2020/4/10	平板电脑	S6000	楚基伟业	¥1,588.00
11		2020/4/16	台式机	H520e	创图科技	¥3,800.00
12		2020/4/19	笔记本	G510At	非凡科技	¥3,899.00
13		2020/4/25	一体机	G355	瑞华商贸	¥2,800.00
14						
15		采购数量	采购总额	交货日期		
16		>10	>40000			
17				2020/3/30		

设置筛选条件

图 4-71

Step 02 选择表格中的任意单元格，打开"数据"选项卡，在"排序和筛选"选项组中单击"高级"按钮，如图4-72所示。

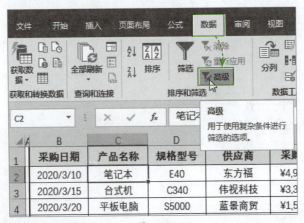

图 4-72

设置筛选条件时,当条件都在同一行表示"与"关系,当条件不在同一行表示"或"关系。

Step 03 打开"高级筛选"对话框,在"方式"选项组中选中"在原有区域显示筛选结果"单选按钮,保持"列表区域"为默认状态,然后单击"条件区域"右侧的折叠按钮,如图4-73所示。

Step 04 弹出"高级筛选-条件区域"对话框,选择B15:D17单元格区域,然后单击"高级筛选-条件区域"对话框中的折叠按钮,如图4-74所示。

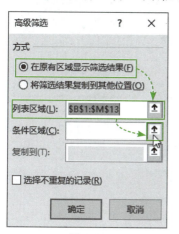

图 4-73　　　　　　　　　　　　图 4-74

Step 05 返回"高级筛选"对话框,直接单击"确定"按钮,如图4-75所示,即可将"采购数量"大于10且"采购总额"大于40000元,或者"交货日期"为2020/3/30的采购数据筛选出来。

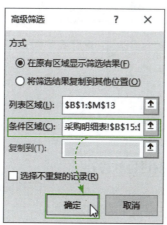

图 4-75

注意事项 创建筛选条件时,其列标题必须与需要筛选的表格数据的列标题一致,否则无法筛选出正确结果。

新手答疑

1. Q: 如何将筛选结果复制到其他位置?

   A: 选择表格中的任意单元格,在"数据"选项卡中单击"高级"按钮,如图4-76所示。打开"高级筛选"对话框,在"方式"选项组中选中"将筛选结果复制到其他位置"单选按钮并设置"列表区域"和"条件区域",然后在"复制到"文本框中输入单元格地址,单击"确定"按钮即可,如图4-77所示。

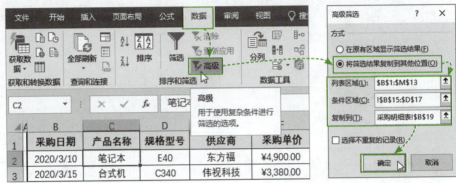

图 4-76   图 4-77

2. Q: 如何按照字体颜色进行排序?

   A: 选择表格中的任意单元格,打开"数据"选项卡,单击"排序"按钮,如图4-78所示。打开"排序"对话框,将"主要关键字"和"次要关键字"设置为"产品名称",将"排序依据"设置为"字体颜色",设置需要排在顶端的颜色次序,单击"确定"按钮即可,如图4-79所示。

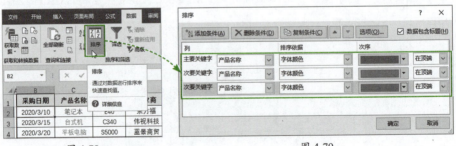

图 4-78   图 4-79

3. Q: 如何对筛选出来的数据进行计算?

   A: 如果用户希望只对筛选出来的数据进行计算,可以使用SUBTOTAL函数,该函数的功能是返回列表或数据库中的分类汇总。

第5章
固定资产管理

　　固定资产是指企业为生产产品、提供劳务、出租或者经营管理而持有的、使用寿命超过一个会计年度,价值达到一定标准的非货币性资产。固定资产的核算、管理非常烦琐,这就造成了固定资产难以管理的现状。但是固定资产在企业资产总额中占有相当大的比重,是企业进行经营活动的物质基础。

5.1 经常盘点固定资产

固定资产是企业的劳动手段,也是企业赖以生产经营的主要资产,因此,对固定资产的核算管理非常重要。

5.1.1 创建固定资产管理表

固定资产管理表主要包括资产名称、资产类别、使用部门、资产状态、购置时间、资产原值等信息,如图5-1所示。

资产编号	资产名称	资产类别	规格型号	使用部门	资产状态	资产变动情况	购置时间	可使用年限	已使用年限	资产原值
DS001	电脑	办公设备	Ins 14-5493-R1629S	销售部	在用	购入	2011/7/8	10	9.32	¥3,799
DS002	扫描仪	办公设备	ix500	采购部	在用	购入	2015/8/12	10	5.22	¥2,349
DS003	空调	办公设备	KFR-72L/N8MJA3	研发部	在用	购入	2012/7/12	9	8.31	¥4,599
DS004	饮水机	办公设备	YD1686-CB	生产部	在用	购入	2013/9/10	8	7.14	¥1,050
DS005	办公楼	房屋	1000㎡	研发部	在用	自建	2015/4/12	20	5.56	¥5,000,000
DS006	厂房	房屋	800㎡	生产部	在用	自建	2012/8/11	30	8.23	¥600,000
DS007	汽车	运输设备	BEIJING-U5	销售部	在用	购入	2013/7/15	15	7.30	¥120,000
DS008	数控机床	生产设备	VMC855	生产部	在用	购入	2009/7/3	20	11.33	¥144,000
DS009	包装机器	电子设备	X-1I	生产部	在用	购入	2015/10/1	6	5.09	¥2,000

图 5-1

创建固定资产管理表首先新建一张"固定资产管理表"工作表,在其中输入列标题,构建表格框架,如图5-2所示。

图 5-2

选择D2:D10单元格区域,在"数据"选项卡中单击"数据验证"按钮,打开"数据验证"对话框,在"设置"选项卡中将"允许"设置为"序列",在"来源"文本框中输入"房屋,电子设备,办公设备,机械设备,生产设备,运输设备",单击"确定"按钮,如图5-3所示。

选择F2:F10单元格区域,打开"数据验证"对话框,在"设置"选项卡中将"允许"设置为"序列",在"来源"文本框中输入"生产部,销售部,采购部,研发部,人事部,财务部",单击"确定"按钮,如图5-4所示。

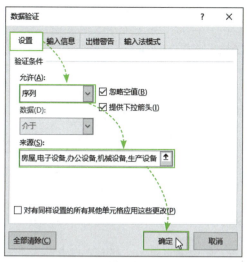

图 5-3

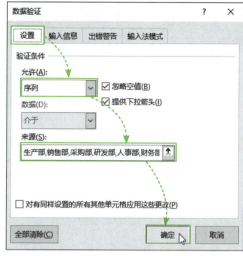

图 5-4

选择G2:G10单元格区域，打开"数据验证"对话框，在"设置"选项卡中将"允许"设置为"序列"，在"来源"文本框中输入"在用,停用,更新,维修,报废"，单击"确定"按钮，如图5-5所示。

选择H2:H10单元格区域，打开"数据验证"对话框，在"设置"选项卡中将"允许"设置为"序列"，在"来源"文本框中输入"自建,购入,部门调拨,投资投入,投资输出,出售,报废"，单击"确定"按钮，如图5-6所示。

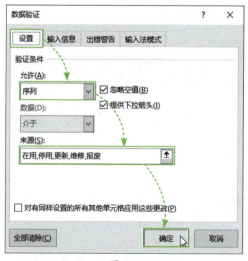

图 5-5

图 5-6

选择K2单元格，输入公式"=DAYS360(I2,TODAY())/360"，按回车键计算出已使用年限，将公式向下填充，如图5-7所示。最后在"固定资产管理表"工作表中输入相关数据即可。

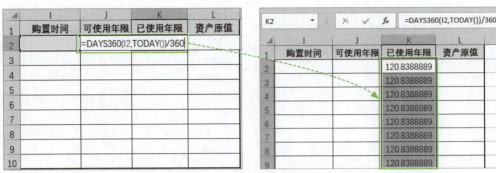

图 5-7

5.1.2 增减固定资产

企业的固定资产是随时发生变化的。固定资产可以通过自建、购入、投资投入等途径增加，也会通过报废、出售等途径减少。不管是固定资产的增加、减少还是部门之间的调拨都要计入固定资产的核算之中。

1. 固定资产的增加

例如，企业于2020年9月6日为采购部购入联想ThinkBook 15电脑一台，价值5000元，使用年限是8年。在固定资产管理表中，用户可以使用记录单添加固定资产信息。

打开"固定资产管理表"工作表，选择B1:L11单元格区域，打开"数据"选项卡，单击"记录单"选项组中的"记录单"按钮，如图5-8所示。

资产编号	资产名称	资产类别	规格型号	使用部门	资产状态	资产变动情况	购置时间	可使用年限	已使用年限	资产原值
DS001	电脑	办公设备	Ins 14-5493-R1629S	销售部	在用	购入	2011/7/8	10	9.32	¥3,799
DS002	扫描仪	办公设备	ix500	采购部	在用	购入	2015/8/12	10	5.22	¥2,349
DS003	空调	办公设备	KFR-72L/N8MJA3	研发部	在用	购入	2012/7/12	9	8.31	¥4,599
DS004	饮水机	办公设备	YD1686-CB	生产部	在用	购入	2013/9/10	8	7.14	¥1,050
DS005	办公楼	房屋	1000㎡	研发部	在用	自建	2015/4/12	20	5.56	¥5,000,000
DS006	厂房	房屋	800㎡	生产部	在用	自建	2012/8/11	30		
DS007	汽车	运输设备	BEIJING-U5	销售部	在用	购入	2013/7/15	15		
DS008	数控机床	生产设备	VMC855	生产部	在用	购入	2009/7/3	20		
DS009	包装机器	电子设备	X-1I	生产部	在用	购入	2015/10/1	6		

图 5-8

弹出"固定资产管理表"对话框，在对话框中显示固定资产管理表中的第一条信息，单击"新建"按钮。弹出一个空白记录单，其中列出了固定资产的各个属性，在对应的文本框中输入固定资产的信息，然后单击"关闭"按钮，如图5-9所示。

> **知识点拨**
>
> 用户可以单击"文件"按钮，选择"选项"选项，打开"Excel选项"对话框，在"自定义功能区"选项中，可以将"记录单"命令添加到选项卡中。

图 5-9

此时，在固定资产管理表中，添加了一条固定资产记录，如图5-10所示。

资产编号	资产名称	资产类别	规格型号	使用部门	资产状态	资产变动情况	购置时间	可使用年限	已使用年限	资产原值
DS001	电脑	办公设备	Ins 14-5493-R1629S	销售部	在用	购入	2011/7/8	10	9.32	¥3,799
DS002	扫描仪	办公设备	ix500	采购部	在用	购入	2015/8/12	10	5.22	¥2,349
DS003	空调	办公设备	KFR-72L/N8MJA3	研发部	在用	购入	2012/7/12	9	8.31	¥4,599
DS004	饮水机	办公设备	YD1686-CB	生产部	在用	购入	2013/9/10	8	7.14	¥1,050
DS005	办公楼	房屋	1000㎡	研发部	在用	自建	2015/4/12	20	5.56	¥5,000,000
DS006	厂房	房屋	800㎡		在用	自建	2012/8/11	30	8.23	¥600,000
DS007	汽车	运输设备	BEIJING-U5	销售部	在用	购入	2013/7/15	15	7.30	¥120,000
DS008	数控机床	生产设备	VMC855	生产部	在用	购入	2009/7/3	20	11.33	¥144,000
DS009	包装机器	电子设备	X-1I	生产部	在用	购入	2015/10/1	6	5.09	¥2,000
DS010	电脑	办公设备	ThinkBook 15	采购部	在用	购入	2020/9/6	8	0.16	¥5,000

图 5-10

2. 固定资产的减少

例如"资产编号"为"DS003"的空调由于制冷系统损坏而无法使用，企业将其作为二手空调出售。

打开"固定资产管理表"工作表，选择表格中的任意单元格，在"数据"选项卡中单击"排序和筛选"选项组中的"筛选"按钮。进入筛选状态后单击"资产编号"右侧的下拉按钮，在弹出的"搜索"文本框中输入"DS003"，如图5-11所示，按回车键确认，即可将资产编号为"DS003"的记录筛选出来。然后选择G4单元格，单击右侧的下拉按钮，从弹出的列表中选择"停用"选项，如图5-12所示。

图 5-11　　　　　　　　图 5-12

接着选中H4单元格，单击其右侧的下拉按钮，从弹出的列表中选择"出售"选项，如图5-13所示。最后单击"排序和筛选"选项组中的"清除"按钮，退出筛选状态即可，如图5-14所示。

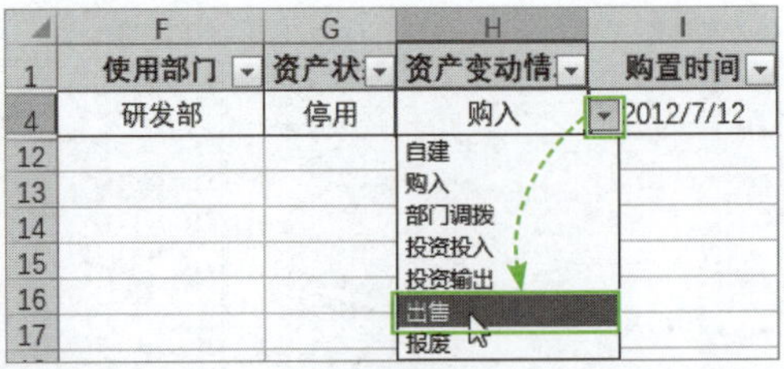

图 5-13

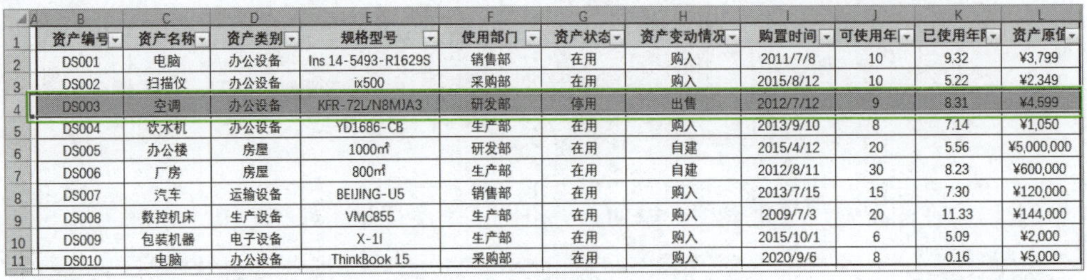

资产编号	资产名称	资产类别	规格型号	使用部门	资产状态	资产变动情况	购置时间	可使用年限	已使用年限	资产原值
DS001	电脑	办公设备	Ins 14-5493-R1629S	销售部	在用	购入	2011/7/8	10	9.32	¥3,799
DS002	扫描仪	办公设备	ix500	采购部	在用	购入	2015/8/12	10	5.22	¥2,349
DS003	空调	办公设备	KFR-72L/N8MJA3	研发部	停用	出售	2012/7/12	9	8.31	¥4,599
DS004	饮水机	办公设备	YD1686-CB	生产部	在用	购入	2013/9/10	8	7.14	¥1,050
DS005	办公楼	房屋	1000㎡	研发部	在用	自建	2015/4/12	20	5.56	¥5,000,000
DS006	厂房	房屋	800㎡	生产部	在用	自建	2012/8/11	30	8.23	¥600,000
DS007	汽车	运输设备	BEIJING-U5	销售部	在用	购入	2013/7/15	15	7.30	¥120,000
DS008	数控机床	生产设备	VMC855	生产部	在用	购入	2009/7/3	20	11.33	¥144,000
DS009	包装机器	电子设备	X-1I	生产部	在用	购入	2015/10/1	6	5.09	¥2,000
DS010	电脑	办公设备	ThinkBook 15	采购部	在用	购入	2020/9/6	8	0.16	¥5,000

图 5-14

动手练 调拨部门之间的固定资产

有时企业某个部门需要的固定资产恰好别的部门有，而且该部门不需要了，可以将该固定资产从一个部门调拨到另一个部门。例如，将资产编号为"DS002"的扫描仪从采购部调拨到人事部，如图5-15所示。

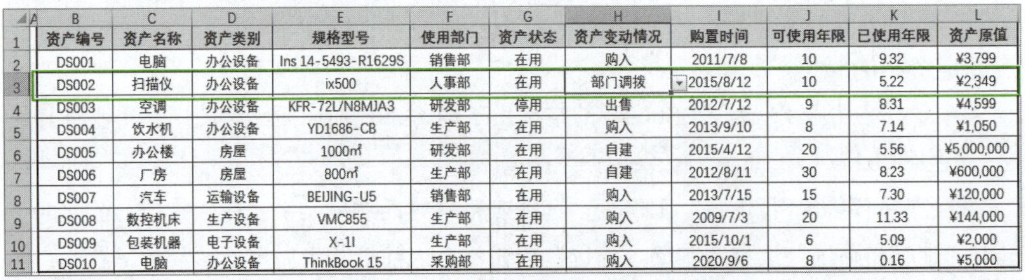

资产编号	资产名称	资产类别	规格型号	使用部门	资产状态	资产变动情况	购置时间	可使用年限	已使用年限	资产原值
DS001	电脑	办公设备	Ins 14-5493-R1629S	销售部	在用	购入	2011/7/8	10	9.32	¥3,799
DS002	扫描仪	办公设备	ix500	人事部	在用	部门调拨	2015/8/12	10	5.22	¥2,349
DS003	空调	办公设备	KFR-72L/N8MJA3	研发部	停用	出售	2012/7/12	9	8.31	¥4,599
DS004	饮水机	办公设备	YD1686-CB	生产部	在用	购入	2013/9/10	8	7.14	¥1,050
DS005	办公楼	房屋	1000㎡	研发部	在用	自建	2015/4/12	20	5.56	¥5,000,000
DS006	厂房	房屋	800㎡	生产部	在用	自建	2012/8/11	30	8.23	¥600,000
DS007	汽车	运输设备	BEIJING-U5	销售部	在用	购入	2013/7/15	15	7.30	¥120,000
DS008	数控机床	生产设备	VMC855	生产部	在用	购入	2009/7/3	20	11.33	¥144,000
DS009	包装机器	电子设备	X-1I	生产部	在用	购入	2015/10/1	6	5.09	¥2,000
DS010	电脑	办公设备	ThinkBook 15	采购部	在用	购入	2020/9/6	8	0.16	¥5,000

图 5-15

Step 01 打开"固定资产管理表"工作表，找到资产编号为"DS002"的扫描仪记录，选中F3单元格，单击其右侧的下拉按钮，从弹出的列表中选择"人事部"选项，如图5-16所示。

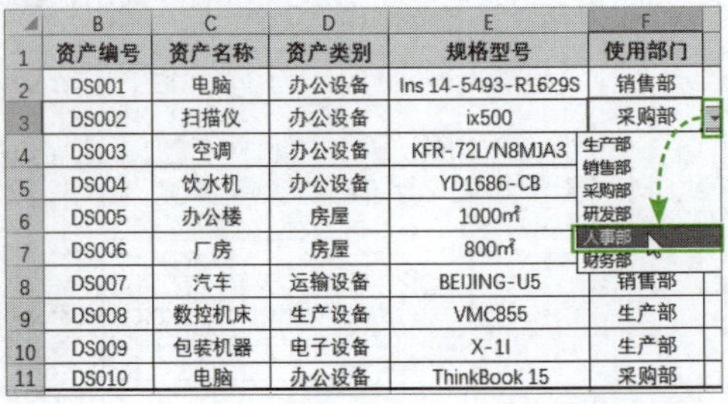

资产编号	资产名称	资产类别	规格型号	使用部门
DS001	电脑	办公设备	Ins 14-5493-R1629S	销售部
DS002	扫描仪	办公设备	ix500	采购部
DS003	空调	办公设备	KFR-72L/N8MJA3	生产部
DS004	饮水机	办公设备	YD1686-CB	采购部
DS005	办公楼	房屋	1000㎡	人事部
DS006	厂房	房屋	800㎡	财务部
DS007	汽车	运输设备	BEIJING-U5	销售部
DS008	数控机床	生产设备	VMC855	生产部
DS009	包装机器	电子设备	X-1I	生产部
DS010	电脑	办公设备	ThinkBook 15	采购部

图 5-16

Step 02 单击H3单元格右侧的下拉按钮，从弹出的列表中选择"部门调拨"选项，如图5-17所示，这样就完成了固定资产的调拨。

图 5-17

5.2 多种方法计提固定资产折旧

固定资产折旧是指在固定资产的使用寿命内，按照一定的方法对应计折旧额进行系统分摊。企业的固定资产都需要计提折旧，用户可以通过多种方法计提固定资产折旧，如图5-18所示。

资产编号	资产名称	开始使用日期	预计使用年限	资产原值	残值率	净残值	已提折旧月数	平均年限法计提本月折旧额	余额递减法计提本月折旧额	双倍余额递减法计提本月折旧额	年数总和法计提本月折旧额
DS001	电脑	2011/7/8	10	¥3,799	5%	¥189.95	97	¥30.08	¥8.48	¥12.61	¥11.93
DS002	扫描仪	2015/8/12	10	¥2,349	5%	¥117.45	48	¥18.60	¥18.17	¥17.77	¥22.44
DS003	空调	2012/7/12	9	¥4,599	5%	¥229.95	85	¥40.45	¥12.66	¥17.72	¥17.81
DS004	饮水机	2013/9/10	5	¥1,050	5%	¥52.50	71	¥10.39	¥3.68	¥5.01	¥5.57
DS005	办公楼	2015/4/12	20	¥5,000,000	5%	¥250,000.00	52	¥19,791.67	¥32,546.94	¥27,191.94	¥31,042.53
DS006	厂房	2012/8/11	30	¥600,000	5%	¥30,000.00	84	¥1,583.33	¥2,477.64	¥2,099.24	¥2,429.82
DS007	汽车	2013/7/15	15	¥120,000	5%	¥6,000.00	73	¥633.33	¥599.57	¥596.43	¥755.80
DS008	数控机床	2009/7/3	20	¥144,000	5%	¥7,200.00	121	¥570.00	¥408.74	¥439.61	¥567.63
DS009	包装机器	2015/10/1	6	¥2,000	5%	¥100.00	47	¥26.39	¥12.38	¥15.20	¥18.80

图 5-18

5.2.1 相关函数介绍

用户在计提固定资产折旧时会用到SLN函数、DB函数、DDB函数、SYD函数，下面介绍这几个函数的语法和功能。

1.SLN 函数

SLN函数是用来返回某项资产在一个期间中的线性折旧值。该函数的语法格式为：

SLN(cost,salvage,life)

参数cost是指资产原值；参数salvage是指资产在折旧期末的价值，也称资产残值；参数life是指资产的折旧期数，也就是资产的使用寿命。

2.DB 函数

DB函数是用来使用固定余额递减法计算折旧值。该函数的语法格式为：

DB(cost,salvage,life,period,[month])

参数cost是指资产原值；参数salvage是指资产在折旧期末的价值，也称资产残值；参数life是指资产的折旧期数；参数period是指需要计算折旧值的期间，period必须使用和life相同的单位；参数month是指第一年的月份数，如省略，则为12。

3.DDB 函数

DDB函数是用来使用双倍余额递减法或其他指定方法计算折旧值。该函数的语法格式为：

DDB(cost,salvage,life,period,[factor])

参数cost表示资产原值；参数salvage表示资产在折旧期末的价值；参数life表示资产的折旧期数；参数period表示需要计算折旧值的期间，period必须使用和life相同的单位；参数factor表示余额递减速率。

4. SYD 函数

SYD函数是返回某项资产按年限总和折旧法计算的指定期间的折旧值。该函数的语法格式为：

SYD(cost,salvage,life,per)

参数cost表示资产原值；参数salvage表示资产残值；参数life表示资产的折旧期数；参数per表示期间，其单位与life相同。

5.2.2　编制固定资产折旧统计表

计提固定资产折旧的方法有很多种，包括平均年限法、余额递减法、双倍余额递减法、年数总和法等。在计提折旧前，需要创建固定资产折旧统计表。

新建一张"固定资产折旧统计表"工作表，在其中输入列标题并设置格式，为表格添加边框，构建表格框架，如图5-19所示。

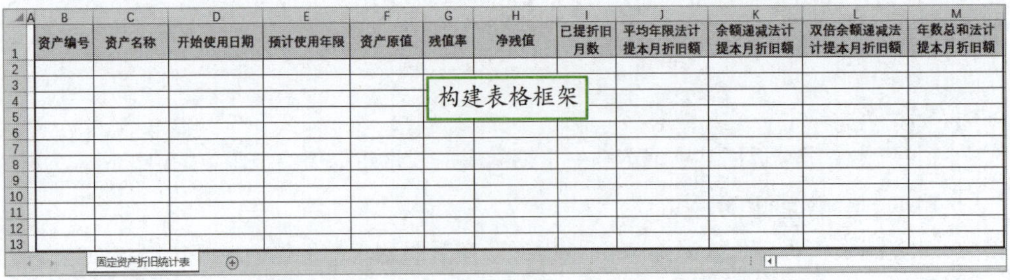

图 5-19

在表格相应的位置输入"资产编号""资产名称""开始使用日期""预计使用年限""资产原值"和"残值率"等信息，如图5-20所示。选择H2单元格，输入公式"=F2*G2"，按回车键确认，然后将公式向下填充，计算出净残值，如图5-21所示。

知识点拨

固定资产净残值=固定资产原值×预计残值率。这里假设残值率为5%。

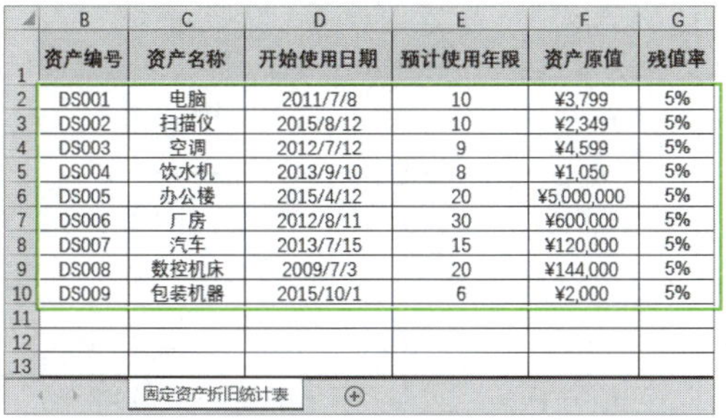

	B	C	D	E	F	G
1	资产编号	资产名称	开始使用日期	预计使用年限	资产原值	残值率
2	DS001	电脑	2011/7/8	10	¥3,799	5%
3	DS002	扫描仪	2015/8/12	10	¥2,349	5%
4	DS003	空调	2012/7/12	9	¥4,599	5%
5	DS004	饮水机	2013/9/10	8	¥1,050	5%
6	DS005	办公楼	2015/4/12	20	¥5,000,000	5%
7	DS006	厂房	2012/8/11	30	¥600,000	5%
8	DS007	汽车	2013/7/15	15	¥120,000	5%
9	DS008	数控机床	2009/7/3	20	¥144,000	5%
10	DS009	包装机器	2015/10/1	6	¥2,000	5%
11						
12						
13						

图 5-20

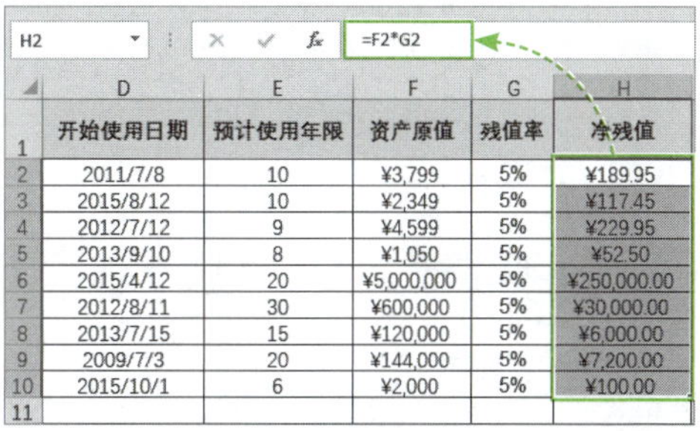

	D	E	F	G	H
1	开始使用日期	预计使用年限	资产原值	残值率	净残值
2	2011/7/8	10	¥3,799	5%	¥189.95
3	2015/8/12	10	¥2,349	5%	¥117.45
4	2012/7/12	9	¥4,599	5%	¥229.95
5	2013/9/10	8	¥1,050	5%	¥52.50
6	2015/4/12	20	¥5,000,000	5%	¥250,000.00
7	2012/8/11	30	¥600,000	5%	¥30,000.00
8	2013/7/15	15	¥120,000	5%	¥6,000.00
9	2009/7/3	20	¥144,000	5%	¥7,200.00
10	2015/10/1	6	¥2,000	5%	¥100.00
11					

图 5-21

选择I2单元格，输入公式“=INT(DAYS360(D2,DATE(2019,8,31))/30)”，按回车键计算出已提折旧月数，将公式向下填充，如图5-22所示。

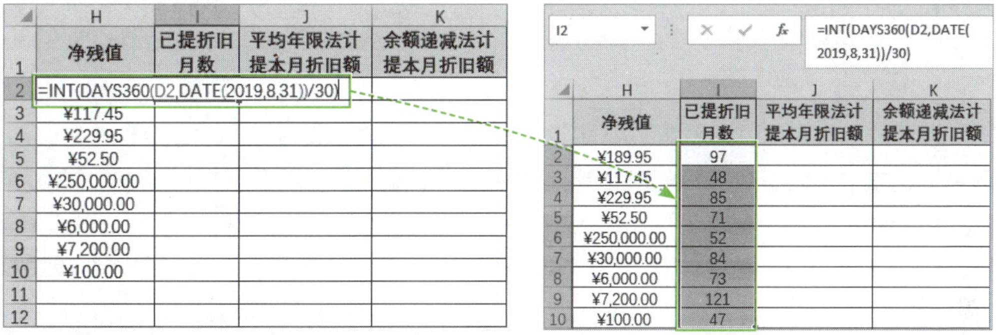

	H	I	J	K
1	净残值	已提折旧月数	平均年限法计提本月折旧额	余额递减法计提本月折旧额
2	=INT(DAYS360(D2,DATE(2019,8,31))/30)			
3	¥117.45			
4	¥229.95			
5	¥52.50			
6	¥250,000.00			
7	¥30,000.00			
8	¥6,000.00			
9	¥7,200.00			
10	¥100.00			
11				
12				

	H	I	J	K
1	净残值	已提折旧月数	平均年限法计提本月折旧额	余额递减法计提本月折旧额
2	¥189.95	97		
3	¥117.45	48		
4	¥229.95	85		
5	¥52.50	71		
6	¥250,000.00	52		
7	¥30,000.00	84		
8	¥6,000.00	73		
9	¥7,200.00	121		
10	¥100.00	47		

图 5-22

5.2.3 平均年限法计提固定资产折旧

平均年限法又称直线法，是将固定资产的应提折旧额均衡地分摊到各期的一种方法。用平均年限法计算的每个月份和年份的折旧额相等。

1. 计算公式

- 固定资产年折旧率=(1-预计净残值率)/预计使用年限
- 固定资产月折旧率=年折旧率/12
- 固定资产月折旧额=固定资产原值×月折旧率

2. 平均年限法计提本月折旧额

打开“固定资产折旧统计表”工作表，选择J2单元格，打开“公式”选项卡，单击“插入函数”按钮，如图5-23所示。打开“插入函数”对话框，在“或选择类别”列表中选择"财务"选项，然后在"选择函数"列表框中选择SLN函数，单击"确定"按钮，如图5-24所示。

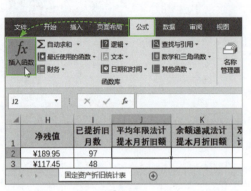

图 5-23

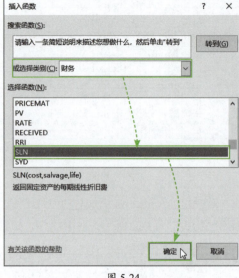

图 5-24

打开"函数参数"对话框，从中设置各参数，设置完成后单击"确定"按钮，随即单元格J2中返回采用平均年限法计提的本月折旧额，然后将公式向下填充即可，如图5-25所示。

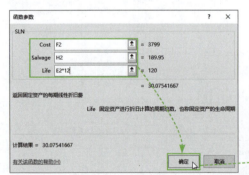

图 5-25

5.2.4 余额递减法计提固定资产折旧

余额递减法也叫定率递减法，是指用一个固定的折旧率乘以各年年初固定资产账面净值计算各年折旧额的一种方法。由于固定资产账面净值随着折旧的计提而逐年递减，所以用固定的折旧率乘以递减的账面净值所计算出的折旧额也逐年递减。

使用余额递减法计提本月折旧额，需要打开“固定资产折旧统计表”工作表，选择K2单元格，输入公式“=IF(MONTH(D2)<12,IF(I2=0,0,IF(I2=1,H2(12-MONTH(D2))/12,DB(F2,H2,E2*12,I2,12-MONTH(D2)))),DB(F2,H2,E2*12,I2+1))”，按回车键确认，将公式向下填充即可，如图5-26所示。

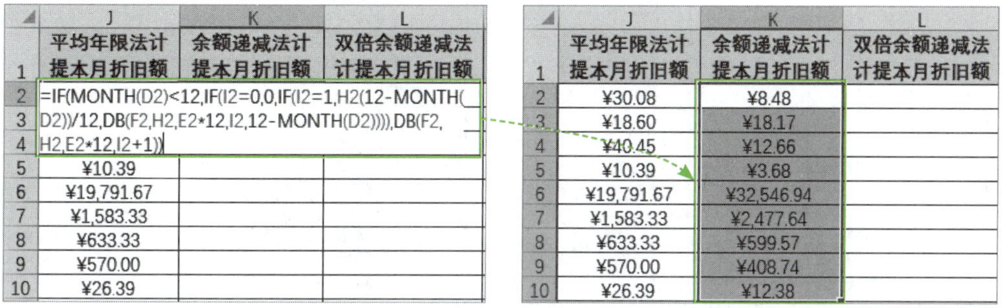

	J	K	L
1	平均年限法计提本月折旧额	余额递减法计提本月折旧额	双倍余额递减法计提本月折旧额
2	=IF(MONTH(D2)<12,IF(I2=0,0,IF(I2=1,H2(12-MONTH(		
3	D2))/12,DB(F2,H2,E2*12,I2,12-MONTH(D2)))),DB(F2,		
4	H2,E2*12,I2+1))		
5	¥10.39		
6	¥19,791.67		
7	¥1,583.33		
8	¥633.33		
9	¥570.00		
10	¥26.39		

	J	K	L
1	平均年限法计提本月折旧额	余额递减法计提本月折旧额	双倍余额递减法计提本月折旧额
2	¥30.08	¥8.48	
3	¥18.60	¥18.17	
4	¥40.45	¥12.66	
5	¥10.39	¥3.68	
6	¥19,791.67	¥32,546.94	
7	¥1,583.33	¥2,477.64	
8	¥633.33	¥599.57	
9	¥570.00	¥408.74	
10	¥26.39	¥12.38	

图 5-26

5.2.5 双倍余额递减法计提固定资产折旧

双倍余额递减法是在不考虑固定资产净残值的情况下，根据年初固定资产账面折余价值乘以双倍直线折旧率计算各年的折旧额的一种方法。

1. 计算公式

- 年折旧率=2/预计使用年限×100%
- 年折旧额=固定资产期初折余价值×年折旧率
- 月折旧率=年折旧率/12
- 月折旧额=每月月初固定资产账面净值×月折旧率

知识点拨

由于双倍余额递减法起初计提折旧没有考虑净残值，因此就必须对固定资产使用到期前的剩余几年的折旧额进行调整，调整的方法是，在固定资产使用的最后几年，将双倍余额递减法转换为直线法以计提折旧。使用这个方法必须满足使用双倍余额递减法计算的折旧额小于采用直线法计算的折旧额时，应该改为直线法计提折旧。在会计实务中为简化，规定在固定资产使用年限到期两年内，将固定资产折余价值扣除预计净值后的净额平均计提折旧。

2. 双倍余额递减法计提本月折旧额

打开“固定资产折旧统计表”工作表，选择L2单元格，单击编辑栏左侧的“插入函数”按钮，如图5-27所示。打开“插入函数”对话框，在“选择函数”列表框中选择DDB函数，单击“确定”按钮，如图5-28所示。

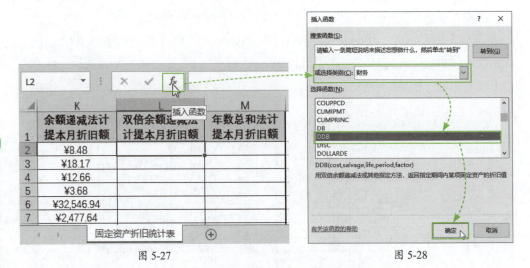

图 5-27　　　　　　　　　图 5-28

打开"函数参数"对话框，从中设置各参数，设置完成后单击"确定"按钮，如图5-29所示，即可在L2单元格中返回采用双倍余额递减法计提的本月折旧额，然后将公式向下填充，如图5-30所示。

注意事项 ①双倍余额递减法以加速的比率计算折旧，折旧在第一阶段是最高的，在后续阶段中会减少。②如果不想使用双倍余额递减法，则可以更改余额递减速率。③当折旧大于余额递减计算值时，如果希望转换到直线余额递减法，可以使用VDB函数。

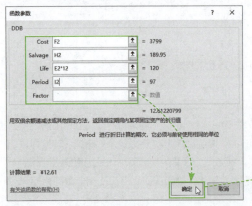

图 5-29　　　　　　　　　图 5-30

5.2.6　年数总和法计提固定资产折旧

年数总和法又称使用年限积数法，是根据固定资产在折旧年限内的应计折旧总额乘以一个逐年递减的分数计算每年的折旧额。

1. 计算公式

- 年折旧率=尚可使用年数/年数总和×100%

- 年折旧额=(固定资产原值-预计残值)×年折旧率
- 月折旧率=年折旧率/12
- 月折旧额=(固定资产原值-预计净残值)×月折旧率

2. 年数总和法计提本月折旧额

打开"固定资产折旧统计表"工作表，选择M2单元格，在"公式"选项卡中单击"插入函数"按钮，如图5-31所示。打开"插入函数"对话框，在"选择函数"列表框中选择SYD函数，然后单击"确定"按钮，如图5-32所示。

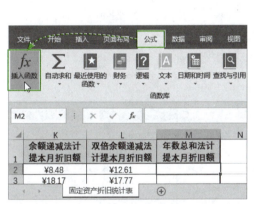

图 5-31

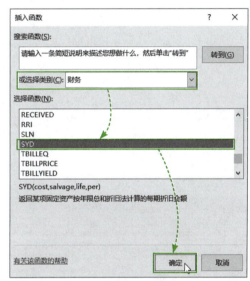

图 5-32

打开"函数参数"对话框，从中设置各参数，设置完成后单击"确定"按钮，如图5-33所示，随即单元格M2中返回采用年数总和法计提的本月折旧额，然后将该单元格中的公式向下填充即可，如图5-34所示。

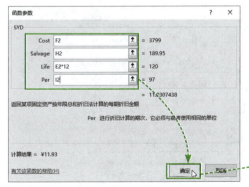

图 5-33　　　　　　　　　　　图 5-34

动手练 制作固定资产标识卡

为了明确区分固定资产分类，减少物品资产混合错误率，且有效管理信息，保证信息快速准确核对，用户可以制作固定资产标识卡，如图5-35所示。

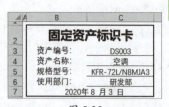

图 5-35

Step 01 新建一张"固定资产标识卡"工作表，在其中输入相关信息并设置格式，为其添加外边框，构建表格框架，如图5-36所示。

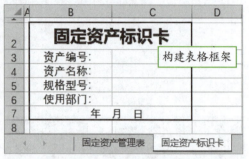

图 5-36

Step 02 选择C3单元格，在"开始"选项卡中单击"边框"下拉按钮，从弹出的列表中选择"下框线"选项，如图5-37所示。按照同样的方法，为C4、C5、C6单元格添加下框线。

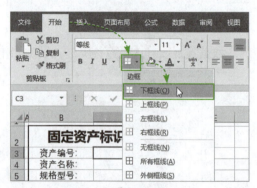

图 5-37

Step 03 在C3单元格中输入资产编号"DS003"，然后选择C4单元格，输入公式"=VLOOKUP (C3,固定资产管理表!$B $L,2)"，按回车键确认，引用资产名称，如图5-38所示。

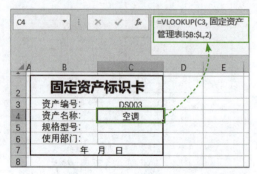

图 5-38

Step 04 在C5和C6单元格中分别输入公式"=VLOOKUP(C3,固定资产管理表!$B:$L,4)""=VLOOKUP(C3,固定资产管理表!$B:$L,5)",按回车键确认,引用规格型号和使用部门,如图5-39所示。

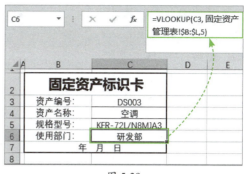

图 5-39

Step 05 最后输入日期,打开"视图"选项卡,取消勾选"网格线"复选框。

5.3 快速分析固定资产折旧费用

用户计提折旧后,可以根据需要对折旧费用进行分析,为了更加直观地分析折旧费用,用户可以使用数据透视表和数据透视图进行分析。

5.3.1 使用数据透视表进行分析

数据透视表可以快速分类汇总数据,用户可通过数据透视表对折旧费用进行相关分析。

1. 创建数据透视表

打开"固定资产折旧统计表"工作表,选择表格中的任意单元格,打开"插入"选项卡,单击"表格"选项组的"数据透视表"按钮,如图5-40所示。打开"创建数据透视表"对话框,保持各选项为默认状态,单击"确定"按钮,如图5-41所示。

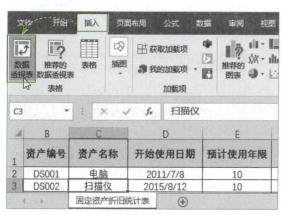

图 5-40

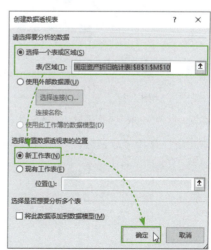

图 5-41

在新的工作表中创建一个空白的数据透视表，在右侧弹出一个"数据透视表字段"窗格，如图5-42所示。

图 5-42

在"选择要添加到报表的字段"列表框中勾选需要的字段，即可形成初步的数据透视表，如图5-43所示。

图 5-43

2. 更改字段汇总方式

在默认状态下，数据透视表对值区域中的数值字段使用求和方式汇总，如图5-44所示。

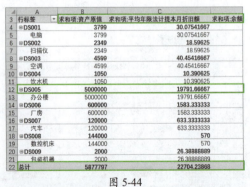

图 5-44

用户可以将汇总方式更改为"最大值"。选择"求和项:资产原值"列的任意单元格，打开"数据透视表工具-分析"选项卡，单击"字段设置"按钮，如图5-45所示。

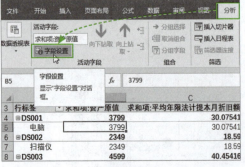

图 5-45

打开"值字段设置"对话框,选择"值汇总方式"选项卡,在"计算类型"列表框中选择"最大值"选项,单击"确定"按钮,如图5-46所示,即可将求和汇总方式更改为最大值汇总方式,如图5-47所示。

图 5-46　　　　　　　　　　　图 5-47

3. 使用切片器筛选数据

选择数据透视表中的任意单元格,打开"数据透视表工具-分析"选项卡,单击"插入切片器"按钮,如图5-48所示。打开"插入切片器"对话框,从中勾选"资产编号"复选框,单击"确定"按钮,如图5-49所示。

图 5-48　　　　　　　　　　　图 5-49

知识点拨

如果用户需要清除筛选信息,在"资产编号"切片器中单击"清除筛选器"按钮即可。

在数据透视表中插入一个"资产编号"切片器，如图5-50所示。

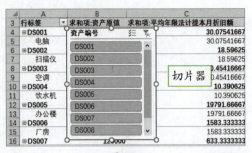

图 5-50

选择一个编号，这里选择"DS005"，即可将该资产编号的相关信息筛选出来，如图5-51所示。

图 5-51

4. 更改数据透视表布局

选择数据透视表中的任意单元格，打开"数据透视表工具-设计"选项卡，在"布局"选项组中单击"报表布局"下拉按钮，从弹出的列表中选择"以表格形式显示"选项，如图5-52所示。

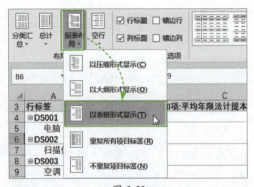

图 5-52

单击"分类汇总"下拉按钮，从弹出的列表中选择"不显示分类汇总"选项即可，如图5-53所示。

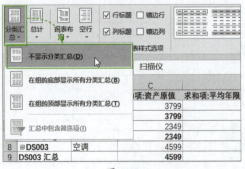

图 5-53

5.3.2 使用数据透视图进行分析

数据透视图作为图表的一种，也具有图表的相关特性，可以直观地表现数据的起伏、走势情况。用户可以通过数据透视图对折旧费用进行相关分析。

1. 创建数据透视图

打开"固定资产折旧统计表"工作表，选择表格中的任意单元格，打开"插入"选项卡，单击"数据透视图"下拉按钮，从弹出的列表中选择"数据透视图"选项，如图5-54所示。打开"创建数据透视图"对话框，保持各选项为默认状态，单击"确定"按钮，如图5-55所示。

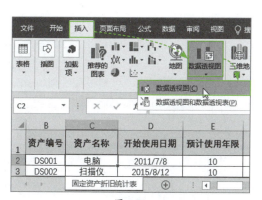

图 5-54

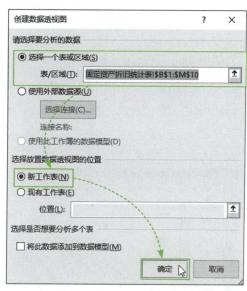

图 5-55

在新的工作表中创建空白的数据透视表和数据透视图，在右侧弹出"数据透视图字段"窗格，如图5-56所示。

图 5-56

在"选择要添加到报表的字段"列表框中勾选需要的字段，即可创建相应的数据透视表和数据透视图，如图5-57所示。

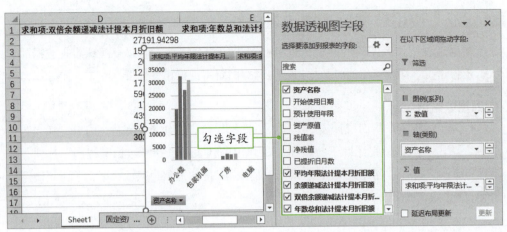

图 5-57

2. 使用数据透视图筛选数据

选择数据透视图，单击其上方的"资产名称"下拉按钮，如图5-58所示，从弹出的列表中取消勾选"全选"复选框，然后勾选"办公楼"复选框，单击"确定"按钮，如图5-59所示。

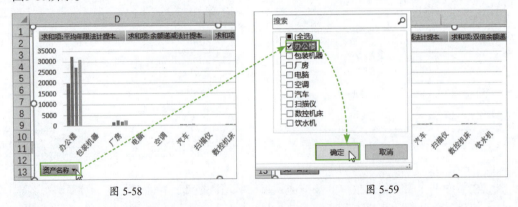

图 5-58　　　　　　　　　　　图 5-59

此时，在数据透视图和数据透视表中只显示办公楼的相关信息，如图5-60所示。

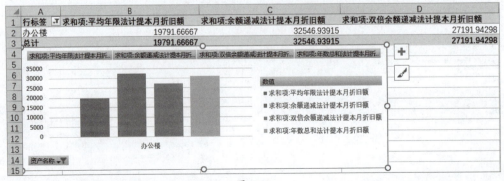

图 5-60

案例实战：创建固定资产查询系统

如果企业的固定资产特别多，用户可以创建固定资产查询系统来查找固定资产管理表中的记录，只要输入资产编号，其他信息就会自动显示出来，如图5-61所示。

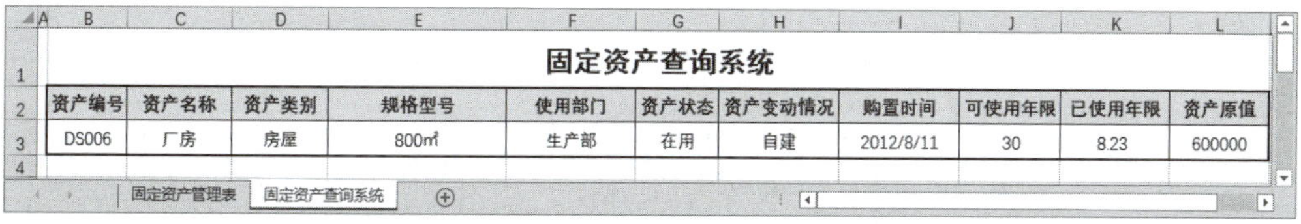

图 5-61

Step 01 新建一张工作表，将其重命名为"固定资产查询系统"，在工作表中输入相关信息，构建表格框架，如图5-62所示。

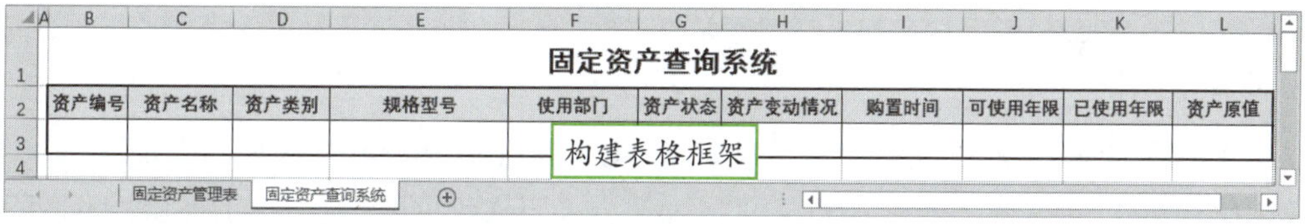

图 5-62

Step 02 选择C3单元格，输入公式"=INDEX(固定资产管理表!$C$2:$C$10,MATCH($B$3,固定资产管理表!$B$2:$B$10))"，按回车键确认，如图5-63所示，引用资产名称。

Step 03 选择D3单元格，输入公式"=INDEX(固定资产管理表!$D$2:$D$10,MATCH($B$3,固定资产管理表!$B$2:$B$10))"，按回车键确认，如图5-64所示，引用资产类别。

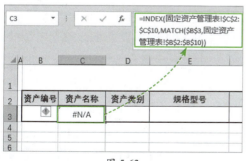

图 5-63

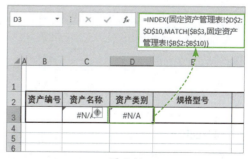

图 5-64

> **知识点拨**
>
> 当函数或公式中没有可用数值时，将产生错误值#N/A，这里可以忽略，不影响计算。

Step 04 选择E3单元格，输入公式"=INDEX(固定资产管理表!$E$2:$E$10, MATCH($B$3,固定资产管理表!$B$2:$B$10))"，按回车键确认，如图5-65所示，引用规格型号。

Step 05 选择F3单元格，输入公式"=INDEX(固定资产管理表!$F$2:$F$10, MATCH($B$3,固定资产管理表!$B$2:$B$10))"，按回车键确认，如图5-66所示，引用使用部门。

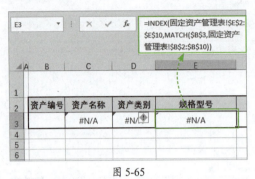

图 5-65   图 5-66

Step 06 选择G3单元格，输入公式"=INDEX(固定资产管理表!$G$2:$G$10, MATCH($B$3,固定资产管理表!$B$2:$B$10))"，按回车键确认，如图5-67所示，引用资产状态。

Step 07 选择H3单元格，输入公式"=INDEX(固定资产管理表!$H$2:$H$10, MATCH($B$3,固定资产管理表!$B$2:$B$10))"，按回车键确认，如图5-68所示，引用资产变动情况。

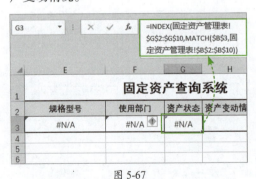 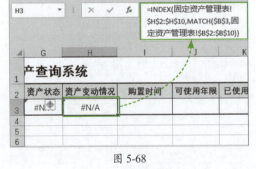

图 5-67   图 5-68

Step 08 选择I3单元格，输入公式"=INDEX(固定资产管理表!$I$2:$I$10, MATCH($B$3,固定资产管理表!$B$2:$B$10))"，按回车键确认，如图5-69所示，引用购置时间。

Step 09 选择J3单元格，输入公式"=INDEX(固定资产管理表!$J$2:$J$10, MATCH($B$3,固定资产管理表!$B$2:$B$10))"，按回车键确认，如图5-70所示，引用可使用年限。

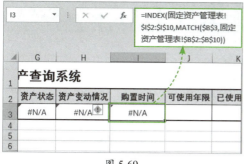

图 5-69

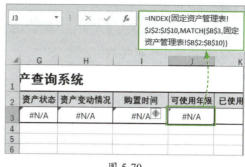

图 5-70

Step 10 选择K3单元格，输入公式"=INDEX(固定资产管理表!$K$2:$K$10,MATCH($B$3,固定资产管理表!$B$2:$B$10))"，按回车键确认，如图5-71所示，引用已使用年限。

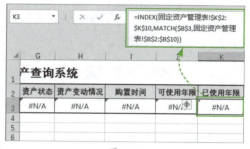

图 5-71

Step 11 选择L3单元格，输入公式"=INDEX(固定资产管理表!$L$2:$L$10,MATCH($B$3,固定资产管理表!$B$2:$B$10))"，按回车键确认，如图5-72所示，引用资产原值。

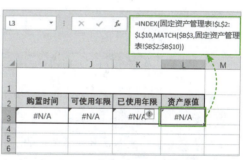

图 5-72

Step 12 在B3单元格中输入资产编号，这里输入"DS003"，如图5-73所示。

资产编号	资产名称	资产类别	规格型号
DS003	#N/A	#N/A	#N/A

图 5-73

Step 13 按回车键确认，对应该固定资产的信息会自动显示出来，如图5-74所示。

资产编号	资产名称	资产类别	规格型号
DS003	空调	办公设备	KFR-72L/N8MJA3

图 5-74

新手答疑

1. Q: 如何快速美化数据透视表？

　　A: 选择数据透视表中的任意单元格，打开"数据透视表工具-设计"选项卡，单击"数据透视表样式"选项组的"其他"下拉按钮，从弹出的列表中选择合适的样式即可，如图5-75所示。

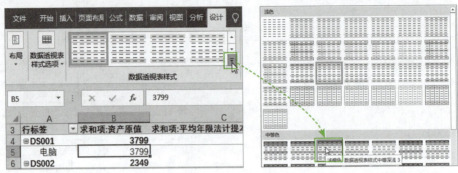

图 5-75

2. Q: 如何查看复杂公式？

　　A: 选择含有公式的单元格，打开"公式"选项卡，单击"公式求值"按钮，弹出"公式求值"对话框，单击"求值"按钮，查看公式的每一步，如图5-76所示。

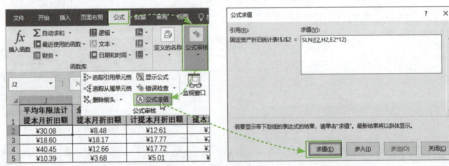

图 5-76

3. Q: 在 Excel 单元格中出现"#NULL!"错误信息是什么意思？

　　A: 使用了不正确的区域运算符或不正确的单元格引用。当试图为两个并不相交的区域指定交叉点时将产生错误值"#NULL!"。

第6章
往来账务管理

往来账务就是公司与供应商和客户之间的贸易往来，记录公司应付供应商多少款，应收客户多少款的账目，是明细账的一种。为避免坏账的产生，保证企业资金的流动性，财务人员需要对应收账款、应付账款进行统计、分析，对往来账务进行有效管理。

6.1 收账款的处理

应收账款是指企业因销售商品、提供劳务等经营活动，应向购货单位或接受劳务单位收取的款项。在进行应收账款处理时，需要考虑折扣后进行计价，然后按照计价入账。

6.1.1 商业折扣账务处理

商业折扣是指企业为了促进销售而在商品标价上给予的扣除。此时，购销双方都按扣减后的实际金额计算并入账，商业折扣不在买卖双方任何一方的账上反映。

例如，2020年8月1日，企业销售给德胜科技A产品60件，每件标价3000元（不含税价格），增值税率为13%，由于是批量销售，企业给予德胜科技10%的商业折扣，对方已提货，但是货款未收到。

存在商业折扣情况下的账务处理。打开记账凭证，输入该项业务，由于给予10%的商业折扣，所以扣除折扣后，贷记“主营业务收入”的金额为“162000”，需要交13%的增值税，贷记“应交税费-应交增值税”的金额为“21060”，借记“应收账款”的金额为“183060”，如图6-1所示。

记 账 凭 证

2020 年 8 月 1 日　　　　字第 10 号

摘　要	总账科目	明细科目	借方金额（亿千百十万千百十元角分）	√	贷方金额（亿千百十万千百十元角分）	√
销售A产品	应收账款		¥ 1 8 3 0 6 0 0 0			
销售A产品	主营业务收入				¥ 1 6 2 0 0 0 0 0	
销售A产品	应交税费	应交增值税			¥ 2 1 0 6 0 0 0	
合 计			¥ 1 8 3 0 6 0 0 0		¥ 1 8 3 0 6 0 0 0	

财务主管 李*　记账 章**　出纳 赵**　审核 孙**　制单 刘*

图 6-1

打开记账凭证汇总表，按照审核无误的记账凭证进行登记，如图6-2所示。

日期	凭证号	摘 要	科目代码	总账科目	明细科目	借方金额	贷方金额
2020/7/1	0001	提取现金	1001	库存现金		¥4,000.00	
2020/7/1	0001	提取现金	1002	银行存款	建设银行		¥4,000.00
2020/7/2	0002	采购打印机	1401	材料采购		¥5,000.00	
2020/7/4	0004	采购电脑	1001	库存现金			¥9,040.00
2020/7/6	0006	销售传真机	1122	应收账款		¥20,000.00	
2020/8/1	0010	销售A产品	1122	应收账款		¥183,060.00	
2020/8/1	0010	销售A产品	6001	主营业务收入			¥162,000.00
2020/8/1	0010	销售A产品	2221	应交税费	应交增值税		¥21,060.00

会计科目表　记账凭证汇总表

图 6-2

6.1.2 现金折扣账务处理

现金折扣是指企业为了鼓励债务人在规定的期限内按条件付款，而向债务人提供的债务扣除，一般用符号“折扣/付款期”表示，例如“2/10、1/20、*n*/30”，即10天内付款折扣为2%，20天内付款折扣为1%，30天内付款不给折扣，在存在现金折扣的情况下，应收账款的计价有两种方法。

1. 总价法

总价法是将扣除现金折扣前的金额视为销售额，作为应收账款的入账金额，企业所支付的现金折扣作为理财费用处理，记入财务费用。

2. 净价法

净价法是指将扣减最大现金折扣后的金额作为实际售价，以此作为应收账款的入账金额。如果客户未取得该折扣，则将折扣作为理财收入处理，冲抵财务费用。

例如，2020年8月3日，某企业销售一批产品给甲公司，价款20000元，增值税3400元，规定的现金折扣是2/10、1/20、*n*/30，产品已发出并办妥托收手续。货款在10天内付款，可以享受2%的折扣。

现金折扣情况下的账务处理。打开记账凭证，输入该项业务，由于给予了2%的现金折扣借记“银行存款”，金额为“23000”，借记“财务费用”，金额为“400”，贷记“应收账款”，金额为“23400”，如图6-3所示。

记账凭证

2020 年 8 月 3 日　　字第 11 号

摘　要	总账科目	明细科目	借方金额（亿千百十万千百十元角分）	√	贷方金额（亿千百十万千百十元角分）	√
收到甲公司货款	银行存款	中国银行	¥2300000			
收到甲公司货款	财务费用		¥40000			
收到甲公司货款	应收账款				¥2340000	
合 计			¥2340000		¥2340000	

财务主管 李*　记账 章**　出纳 赵**　审核 孙**　制单 刘*

图 6-3

打开记账凭证汇总表，按照审核无误的记账凭证进行登记，如图6-4所示，然后将该项业务登记到银行存款日记账中即可。

日期	凭证号	摘　要	科目代码	总账科目	明细科目	借方金额	贷方金额
2020/7/2	0002	采购打印机	1401	材料采购		¥5,000.00	
2020/7/4	0004	采购电脑	1001	库存现金			¥9,040.00
2020/7/6	0006	销售传真机	1122	应收账款		¥20,000.00	
2020/8/1	0010	销售A产品	1122	应收账款		¥183,060.00	
2020/8/1	0010	销售A产品	6001	主营业务收入			¥162,000.00
2020/8/1	0010	销售A产品	2221	应交税费	应交增值税		¥21,060.00
2020/8/3	0011	收到甲公司货款	1002	银行存款	中国银行	¥23,000.00	
2020/8/3	0011	收到甲公司货款	6603	财务费用		¥400.00	
2020/8/3	0011	收到甲公司货款	1122	应收账款			¥23,400.00

会计科目表　记账凭证汇总表

图 6-4

6.2 应收账款的分析

由于各种原因，一些应收账款无法收回，形成呆账、坏账，直接影响了企业经济效益。所以企业创建应收账款统计表，通过对该表格中的数据进行分析，制定相应的对策管理应收账款。

6.2.1 分析逾期应收账款

有些应收账款已经到期，但并未收回，就变成了逾期账款。企业需要及时统计逾期账款的情况，例如，逾期30天内的账款有哪些，逾期30天到60天的账款有哪些，逾期60天到90天的账款有哪些，逾期90天以上的账款又有哪些。用户可以使用函数按天数统计逾期未收款金额，如图6-5所示。

	A	B	C	D	E	F	G	H	I	J	K
1	客户名称	订单日期	应收金额	已收金额	未收金额	截止日期	是否到期	逾期未收款金额			
2								0-30	30-60	60-90	90天以上
3	德胜科技	2020/9/1	¥6,148.00	¥3,459.00	¥2,689.00	2020/10/13	是	¥2,689.00	¥0.00	¥0.00	¥0.00
4	神龙科技	2020/10/7	¥9,742.00	¥2,607.00	¥7,135.00	2020/11/18	否	¥0.00	¥0.00	¥0.00	¥0.00
5	华夏股份	2020/8/4	¥5,908.00	¥1,784.00	¥4,124.00	2020/9/15	是	¥0.00	¥4,124.00	¥0.00	¥0.00
6	隆盛科技	2020/9/5	¥4,699.00	¥3,349.00	¥1,350.00	2020/10/16	是	¥1,350.00	¥0.00	¥0.00	¥0.00
7	神龙科技	2020/7/12	¥6,091.00	¥1,000.00	¥5,091.00	2020/8/21	是	¥0.00	¥0.00	¥5,091.00	¥0.00
8	隆盛科技	2020/8/9	¥3,699.00	¥1,509.00	¥2,190.00	2020/9/18	是	¥0.00	¥2,190.00	¥0.00	¥0.00
9	德胜科技	2020/10/10	¥7,650.00	¥4,640.00	¥3,010.00	2020/11/20	否	¥0.00	¥0.00	¥0.00	¥0.00
10	神龙科技	2020/6/15	¥8,573.00	¥5,805.00	¥2,768.00	2020/7/27	是	¥0.00	¥0.00	¥0.00	¥2,768.00
11	华夏股份	2020/7/16	¥3,458.00	¥1,009.00	¥2,449.00	2020/8/27	是	¥0.00	¥0.00	¥2,449.00	¥0.00
12	德胜科技	2020/9/11	¥4,902.00	¥2,749.00	¥2,153.00	2020/10/23	是	¥2,153.00	¥0.00	¥0.00	¥0.00
13	华夏股份	2020/9/18	¥9,022.00	¥3,549.00	¥5,473.00	2020/10/30	是	¥5,473.00	¥0.00	¥0.00	¥0.00

图 6-5

打开"应收账款明细统计表"工作表，然后进行复制并重命名为"逾期应收账款分析"，删除表格中的"订单编号""产品名称"和"收款比例"列，重新设置列标题，如图6-6所示。

	A	B	C	D	E	F	G	H	I	J	K
1	客户名称	订单日期	应收金额	已收金额	未收金额	截止日期	是否到期	逾期未收款金额			
2								0-30	30-60	60-90	90天以上
3	德胜科技	2020/9/1	¥6,148.00	¥3,459.00	¥2,689.00	2020/10/13	是				
4	神龙科技	2020/10/7	¥9,742.00	¥2,607.00	¥7,135.00	2020/11/18	否				
5	华夏股份	2020/8/4	¥5,908.00	¥1,784.00	¥4,124.00	2020/9/15	是				
6	隆盛科技	2020/9/5	¥4,699.00	¥3,349.00	¥1,350.00	2020/10/16	是				
7	神龙科技	2020/7/12	¥6,091.00	¥1,000.00	¥5,091.00	2020/8/21	是				
8	隆盛科技	2020/8/9	¥3,699.00	¥1,509.00	¥2,190.00	2020/9/18	是				
9	德胜科技	2020/10/10	¥7,650.00	¥4,640.00	¥3,010.00	2020/11/20	否				
10	神龙科技	2020/6/15	¥8,573.00	¥5,805.00	¥2,768.00	2020/7/27	是				
11	华夏股份	2020/7/16	¥3,458.00	¥1,009.00	¥2,449.00	2020/8/27	是				

图 6-6

选择H3单元格，输入公式"=IF(AND(TODAY()-$F3>0,TODAY()-$F3<=30), $E3,0)"，按回车键计算逾期30天内未收款的金额，如图6-7所示。

使用公式中的TODAY函数可以计算当前日期,这里假设当前日期为2020/11/5。

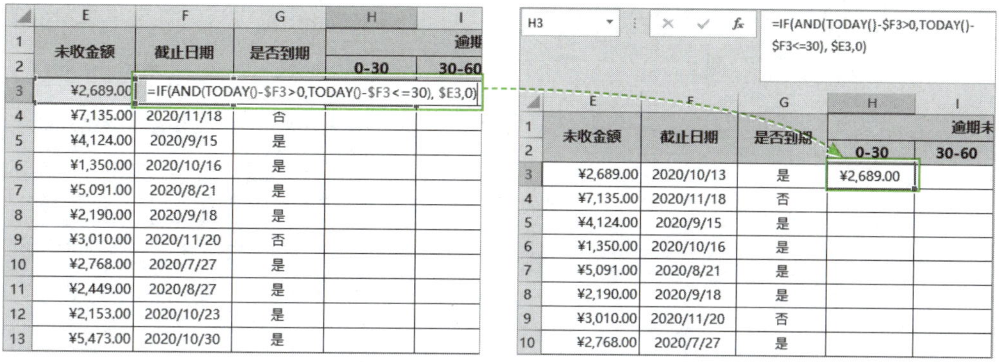

图6-7

选择I3单元格,输入公式"=IF(AND(TODAY()-$F3>30,TODAY()-$F3<=60), $E3,0)",按回车键计算出逾期30~60天未收款的金额,如图6-8所示。

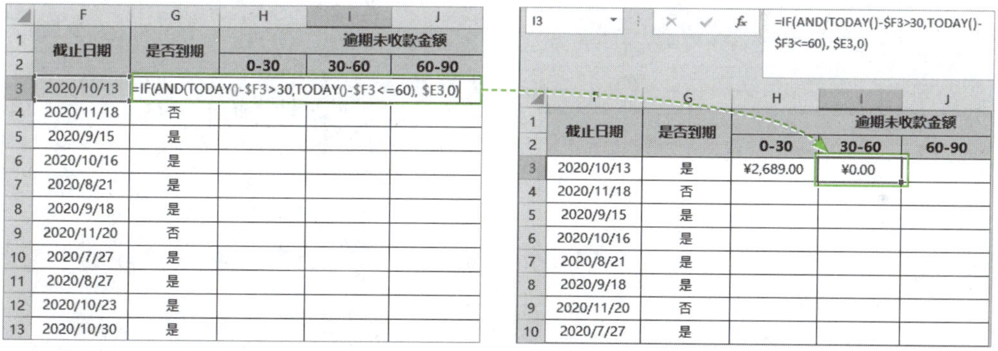

图6-8

选择J3单元格,输入公式"=IF(AND(TODAY()-$F3>60,TODAY()-$F3<=90), $E3,0)",按回车键计算出逾期60~90天未收款的金额,如图6-9所示。

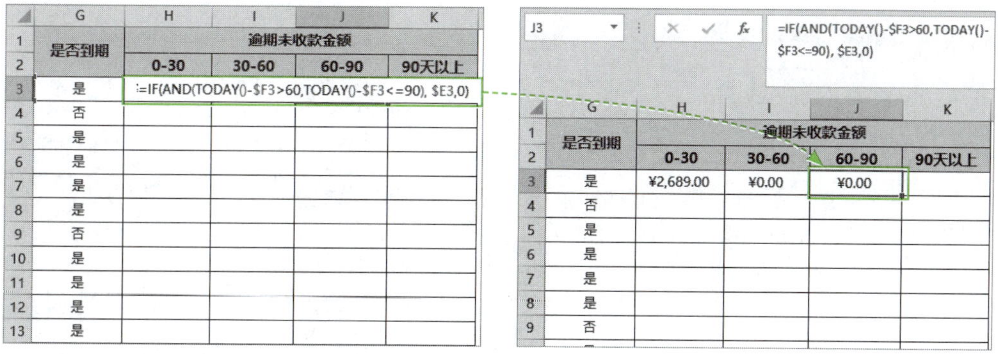

图6-9

选择K3单元格，输入公式"=IF(TODAY()-$F3>90, $E3,0)"，按回车键计算出逾期90天以上未收款的金额，如图6-10所示。

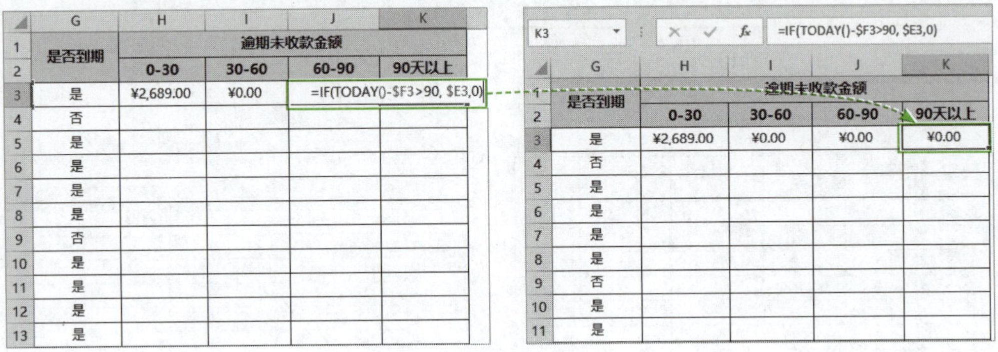

图 6-10

选择H3:K3单元格区域，将光标移至K3单元格的右下角，当光标变为**+**形时，按住左键不放并向下拖动光标，填充公式即可，如图6-11所示。

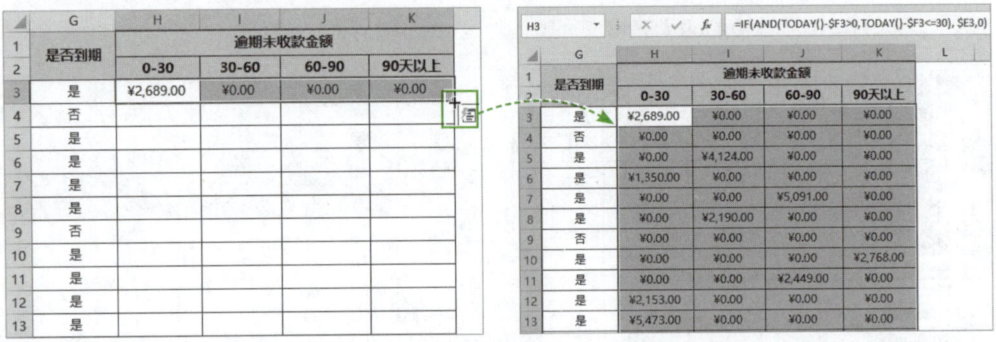

图 6-11

6.2.2 分析应收账款的账龄

账龄是指公司尚未收回的应收账款的时间长度。账龄分析是通过对应收账款进行合理的账龄分段，计算各应收账款所处的账龄段，将各个账龄段应收账款进行汇总，评判公司应收账款的运行状况。

1. 创建应收账款账龄表

打开"逾期应收账款分析"工作表，在工作表的合适位置输入标题、列标题和行标题并设置其格式，为表格添加边框，如图6-12所示。选择O2单元格，输入公式"=TODAY()"，按回车键计算出当前日期，如图6-13所示。

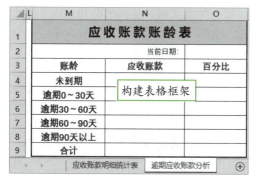

图 6-12　　　　　　　　　　　　图 6-13

选择N4单元格，输入公式"=SUMIF(G3:G16,"否",E3:E16)"，按回车键计算出未到期的应收账款，如图6-14所示。

选择N5单元格，输入公式"=SUM(H3:H16)"，按回车键计算出逾期0~30天的应收账款，如图6-15所示。

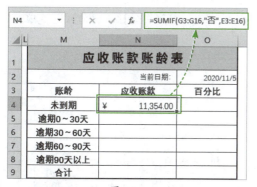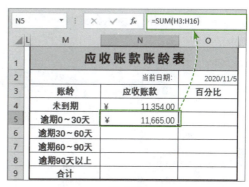

图 6-14　　　　　　　　　　　　图 6-15

选择N6单元格，输入公式"=SUM(I3:I16)"，按回车键计算出逾期30~60天的应收账款，如图6-16所示。

选择N7单元格，输入公式"=SUM(J3:J16)"，按回车键计算出逾期60~90天的应收账款，如图6-17所示。

图 6-16　　　　　　　　　　　　图 6-17

选择N8单元格，输入公式"=SUM(K3:K16)"，按回车键计算出逾期90天以上的应收账款，如图6-18所示。

选择N9单元格，输入公式"=SUM(N4:N8)"，按回车键计算出应收账款的合计金额，如图6-19所示。

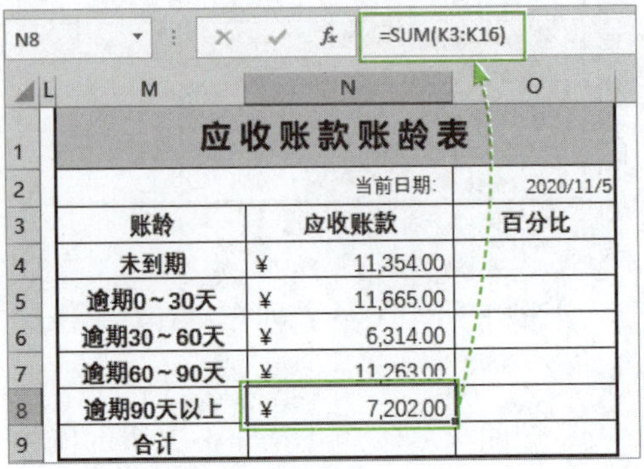

图 6-18 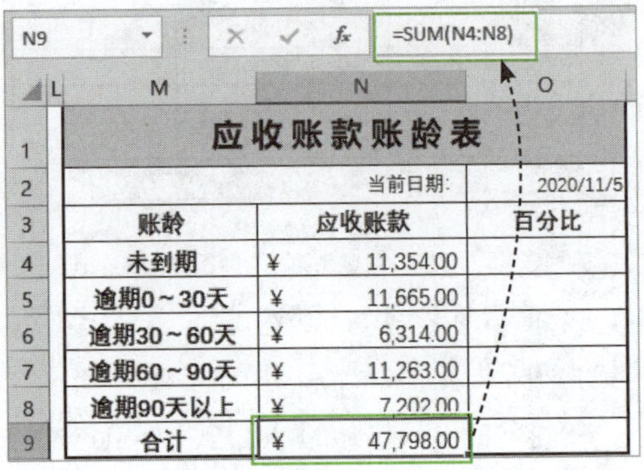　　　　　　　　　　　图 6-19

选择O4单元格，输入公式"=N4/$N$9"，按回车键计算出百分比，将公式向下填充，如图6-20所示。

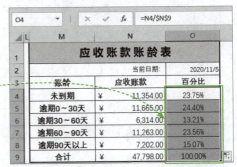

图 6-20

2. 使用图表分析账龄

选择M3:O8单元格区域，打开"插入"选项卡，单击"图表"选项组的"推荐的图表"按钮，如图6-21所示。打开"插入图表"对话框，在"所有图表"选项卡中选择"组合"选项，设置"应收账款"系列为"簇状柱形图"，设置"百分比"系列为"带数据标记的折线图"，勾选"次坐标轴"复选框，单击"确定"按钮，如图6-22所示。

> **知识点拨**
> 在"插入"选项卡中单击"图表"选项组的"插入组合图"下拉按钮，从弹出的列表中选择"创建自定义组合图"选项，也可以打开"插入图表"对话框。

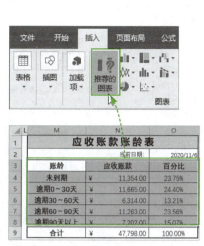

图 6-21

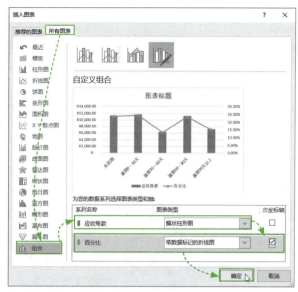

图 6-22

插入一个组合图表后,调整图表的大小并将"图表标题"更改为"应收账款账龄分析图",如图6-23所示。选择图表,打开"图表工具-设计"选项卡,单击"图表布局"选项组的"添加图表元素"下拉按钮,从弹出的列表中选择"数据标签"选项,从其级联菜单中选择"轴内侧"选项,如图6-24所示。

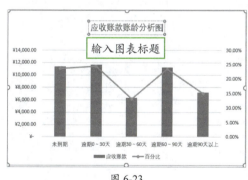

图 6-23

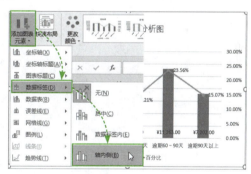

图 6-24

选择"应收账款"数据系列,右击,从弹出的快捷菜单中选择"设置数据系列格式"命令,如图6-25所示。打开"设置数据系列格式"窗格,选择"填充与线条"选项卡,在"填充"选项组中选中"纯色填充"单选按钮,然后单击"颜色"下拉按钮,从弹出的列表中选择合适的颜色,如图6-26所示,为"应收账款"数据系列设置填充颜色。

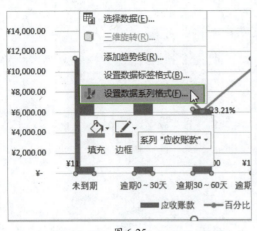
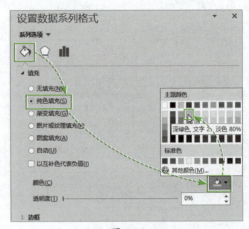

图 6-25　　　　　　　　　　　　图 6-26

选择"百分比"数据系列，打开"设置数据系列格式"窗格，选择"线条"选项卡，在"线条"选项组中选中"实线"单选按钮并设置线条的颜色、宽度、类型等，如图6-27所示。打开"标记"选项卡，在"数据标记选项"中选中"内置"单选按钮并设置类型和大小，如图6-28所示。在"填充"选项组中选中"纯色填充"单选按钮并设置合适的填充颜色，在"边框"选项组中选中"无线条"单选按钮，如图6-29所示。

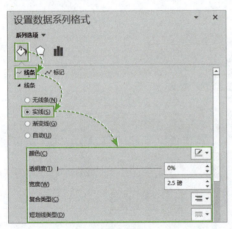

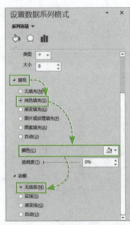

图 6-27　　　　　　　图 6-28　　　　　　　图 6-29

设置完成后，关闭"设置数据系列格式"窗格，查看设置后的最终效果。在图中能够直观地看到账龄的分布情况，如图6-30所示。

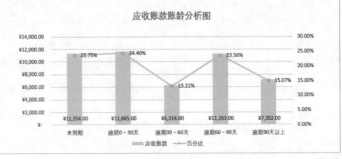

图 6-30

6.2.3 坏账准备的账务处理

坏账是指企业没办法收回，或者收回可能性极小的应收款项。符合下列条件之一的应收账款可以确认为坏账。

- 债务人（欠债方）因故死亡，其遗产清偿后仍然无法收回。
- 债务人因故破产，其破产财产清偿后仍然无法收回。
- 债务人较长时期内未履行偿债义务（一般定义为三年），且有足够的证据表明无法收回或收回的可能性极小的账款。

企业一般在期末分析各项应收账款的可回收性，对预计可能产生的坏账损失计提坏账准备。核算坏账损失的方法有两种，分别是直接转销法和备抵法。坏账损失的估算方法有四种，分别是应收款项余额百分比法、账龄分析法、赊销百分比法和个别认定法。其中赊销百分比法是指根据企业赊销金额的一定百分比估计坏账损失的一种方法。

1. 使用赊销百分比法估计坏账损失

甲企业从2020年开始计提坏账准备，2020年末，应收账款余额为500万元，提取比例为6‰，那么2020年应提坏账准备为5000000元×6‰=30000元。

2. 计提坏账准备

计提坏账准备的账务处理。打开记账凭证，在其中输入该项经济业务，贷记“坏账准备”，金额为“30000”，借记“资产减值损失”，金额为“30000”，如图6-31所示。

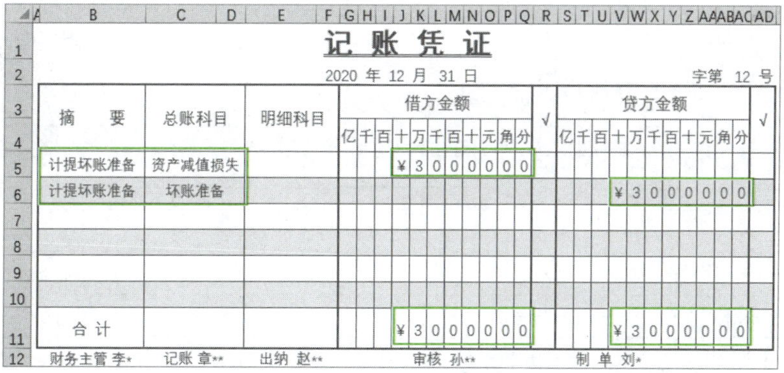
记账凭证

2020 年 12 月 31 日　　字第 12 号

摘　要	总账科目	明细科目	借方金额（亿千百十万千百十元角分）	√	贷方金额（亿千百十万千百十元角分）	√
计提坏账准备	资产减值损失		¥3000000			
计提坏账准备	坏账准备				¥3000000	
合 计			¥3000000		¥3000000	

财务主管 李*　记账 章**　出纳 赵**　审核 孙**　制单 刘*

图 6-31

打开记账凭证汇总表，将审核无误的记账凭证登记到记账凭证汇总表中，如图6-32所示。

知识点拨

坏账准备是指企业的应收款项计提，是备抵账户。计提应收账款坏账准备指的是企业在定期或者每年年度终了对应收款项进行全面检查，预计各项应收款项可能发生的坏账，对于没有把握收回的应收款项，应当计提坏账准备的会计处理方法。

	A	B	C	D	E	F	G	H	I
2	日期	凭证号	摘 要	科目代码	总账科目	明细科目	借方金额	贷方金额
19	2020/8/1	0010	销售A产品	1122	应收账款		¥183,060.00	
20	2020/8/1	0010	销售A产品	6001	主营业务收入			¥162,000.00
21	2020/8/1	0010	销售A产品	2221	应交税费	应交增值税		¥21,060.00
22	2020/8/3	0011	收到甲公司货款	1002	银行存款	中国银行	¥23,000.00	
23	2020/8/3	0011	收到甲公司货款	6603	财务费用		¥400.00	
24	2020/8/3	0011	收到甲公司货款	1122	应收账款			¥23,400.00
25	2020/12/31	0012	计提坏账准备	6701	资产减值损失		¥30,000.00	
26	2020/12/31	0012	计提坏账准备	1231	坏账准备			¥30,000.00

图 6-32

扫码看视频

动手练 制作客户信息统计表

通常情况下，企业会将与其有经济往来的客户的基本信息进行登记，以备不时之需，这就需要制作客户信息统计表，如图6-33所示。

	B	C	D	E	F	G	H	I	J
1	公司名称	公司地址	公司电话	法人代表	联系方式	邮箱	银行账号	企业信誉	备注
2	万国百货	北京市解放路12-10号	010-82011908	陈锋	18751504689	chenfeng@163.com	4563517604500343123	优	
3	宏伟食品	北京市鸿恩路211-2号	010-57435790	杨帆	17747891235	yangfan@yahoo.cn	4563517607800345520	优	
4	隆达贸易	上海市华夏区5号	010-99812206	胡兰	18178964682	hulan@htkm.cn	4563516789542016461	良	
5	现代文化用品	西安市向阳路53号	010-38267418	陈曦	18323584789	chenxi@dings.com	4563517606498643512	良	
6	巨人音像	广州市香路14-6号	010-55799018	徐峰	18223587456	xufeng@163.com	4563513158792013167	优	
7	伟力器材	重庆市祥大街32号	010-77645581	刘梅	18723697452	liumei@hzz.com	4563517601800001232	良	
8	华纳贸易	济南市莱山路5-6号	010-88645582	赵佳	18014785874	zhaojia@hzz.com	4563517602148751210	良	
9	风来商场	成都市建设大街12号	010-65645583	周雅	18678452145	zhouya@hzz.com	4563517664879120545	优	

图 6-33

Step 01 新建一张"客户信息统计表"工作表，在其中输入列标题并设置格式，为表格添加边框，如图6-34所示。

图 6-34

Step 02 选择H2:H9单元格区域，在"开始"选项卡中单击"数字格式"下拉按钮，从弹出的列表中选择"文本"选项，如图6-35所示。

Step 03 选择I2:I9单元格区域，在"数据"选项卡中单击"数据验证"按钮，打开"数据验证"对话框，在"设置"选项卡中将"允许"设置为"序列"，在"来源"文本框中输入"优,良,差"，单击"确定"按钮，如图6-36所示。

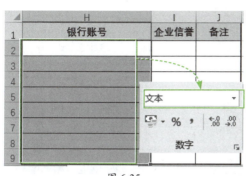
图 6-35

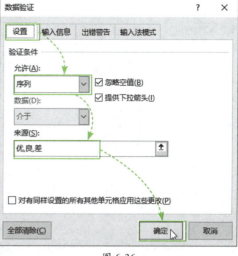
图 6-36

Step 04 输入"公司名称""公司地址""公司电话""法人代表""联系方式"和"邮箱",然后单击邮箱地址左下角的"自动更正选项"按钮,从列表中选择"撤销超链接"选项,如图6-37所示。

Step 05 输入"银行账号",选择I2单元格,单击其右侧的下拉按钮,从弹出的列表中选择"优"选项,如图6-38所示。最后完成全部信息的输入即可。

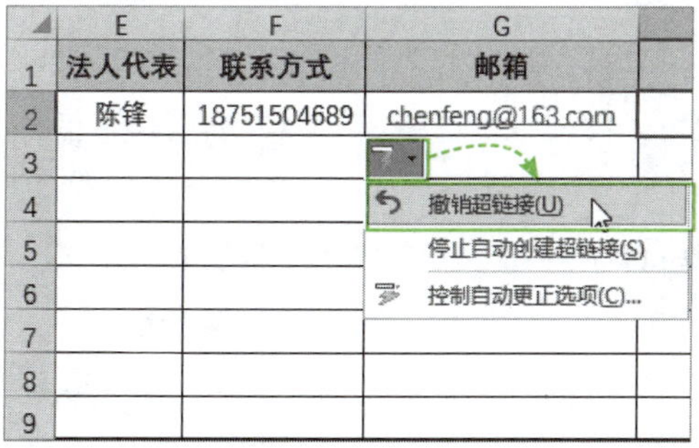

图 6-37

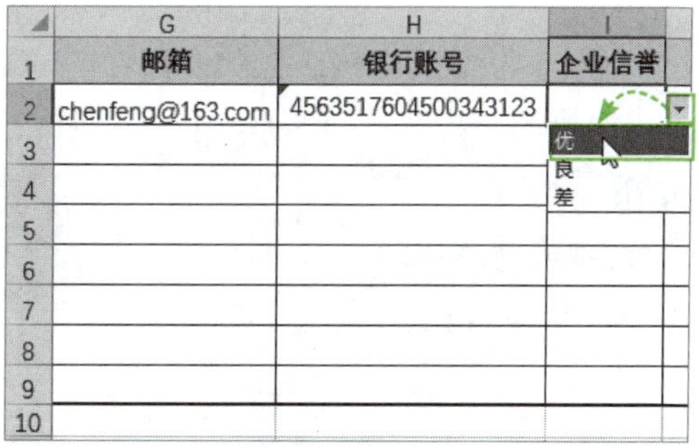

图 6-38

6.3 应付账款的统计

应付账款是企业应支付但尚未支付的手续费和佣金。应付账款是会计科目的一种,用以核算企业因购买材料、商品和接受劳务供应等经营活动应支付的款项。

6.3.1 制作应付账款统计表

企业为了加强对应付账款的管理,通常会制作应付账款统计表,如图6-39所示,将应付账款汇总起来,实时分析,及时处理。

	A	B	C	D	E	F	G	H	I
1		供应商名称	成交日期	付款期限(天)	应付金额	未到期	逾期0-30天	逾期30-60天	逾期60天以上
2		华夏股份有限公司	2020/9/1	10	¥ 360,000.00	¥ -	¥ -	¥ 360,000.00	¥ -
3		腾飞电子科技	2020/11/10	20	¥ 485,000.00	¥ 485,000.00	¥ -	¥ -	¥ -
4		隆盛科技	2020/10/11	20	¥ 620,000.00	¥ -	¥ 620,000.00	¥ -	¥ -
5		美达电子科技	2020/11/9	10	¥ 140,000.00	¥ 140,000.00	¥ -	¥ -	¥ -
6		华清股份有限公司	2020/8/20	10	¥ 250,000.00	¥ -	¥ -	¥ -	¥ 250,000.00
7									
8									
9		应付账款合计:			¥ 1,855,000.00	¥ 625,000.00	¥ 620,000.00	¥ 360,000.00	¥ 250,000.00
10		应付账款比例:			1.00	0.34	0.33	0.19	0.13

应付账款统计表

图 6-39

首先新建一张“应付账款统计表”工作表，在工作表中构建应付账款统计表的基本框架，设置文字格式，为表格添加边框，如图6-40所示。

	A	B	C	D	E	F	G	H	I
1		供应商名称	成交日期	付款期限(天)	应付金额	未到期	逾期0-30天	逾期30-60天	逾期60天以上
2									
3									
4									
5									
6									
7									
8									
9		应付账款合计:							
10		应付账款比例:							

构建表格框架

应付账款统计表

图 6-40

输入“供应商名称”“成交日期”“付款期限”和“应付金额”信息，然后选择F2单元格，输入公式“=IF(C2+D2>TODAY(),E2,0)”，按回车键计算出未到期的应付金额，如图6-41所示。

选择G2单元格，输入公式“=IF(AND(TODAY()-($C2+$D2)>=0,TODAY()-($C2+$D2)<=30),$E2,0)”，按回车键计算出逾期0～30天的应付金额，如图6-42所示。

F2 =IF(C2+D2>TODAY(),E2,0)

	C	D	E	F
1	成交日期	付款期限(天)	应付金额	未到期
2	2020/9/1	10	¥ 360,000.00	¥ -
3	2020/11/10	20	¥ 485,000.00	
4	2020/10/11	20	¥ 620,000.00	
5	2020/11/9	10	¥ 140,000.00	
6	2020/8/20	10	¥ 250,000.00	
7				
8				
9	账款合计:			
10	账款比例:			

图 6-41

G2 =IF(AND(TODAY()-($C2+$D2)>=0,TODAY()-($C2+$D2)<=30),$E2,0)

	D	E	F	G
1	付款期限(天)	应付金额	未到期	逾期0-30天
2	10	¥ 360,000.00	¥ -	¥ -
3	20	¥ 485,000.00		
4	20	¥ 620,000.00		
5	10	¥ 140,000.00		
6	10	¥ 250,000.00		
7				
8				
9				

图 6-42

选择H2单元格,输入公式"=IF(AND(TODAY()-($C2+$D2)>30,TODAY()-($C2+$D2)<=60),$E2,0)",按回车键计算出逾期30~60天的应付金额,如图6-43所示。

选择I2单元格,输入公式"=IF(TODAY()-($C2+$D2)>60,$E2,0)",按回车键计算出逾期60天以上的应付金额,如图6-44所示。

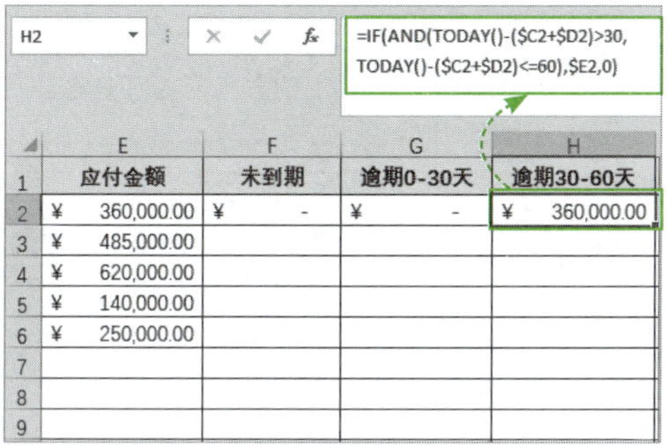

图 6-43 　　　　　　　　　图 6-44

选择F2:I2单元格区域,将光标移至I2单元格的右下角,当光标变为**+**形时,按住左键不放并向下拖动光标,填充公式,如图6-45所示。

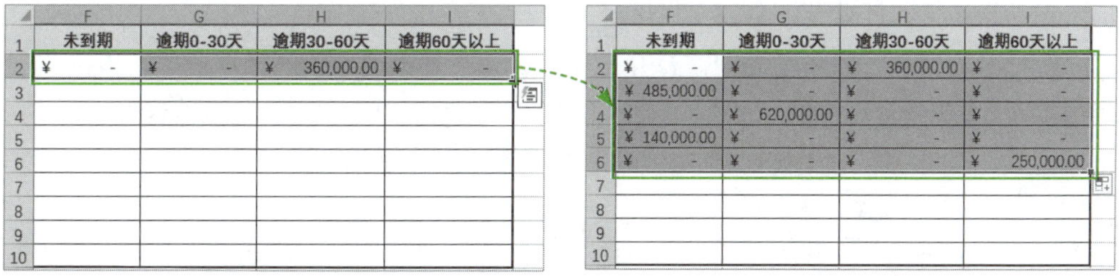

图 6-45

选择E9单元格,输入公式"=SUM(E2:E8)",按回车键计算出应付账款合计,将公式向右填充,如图6-46所示。

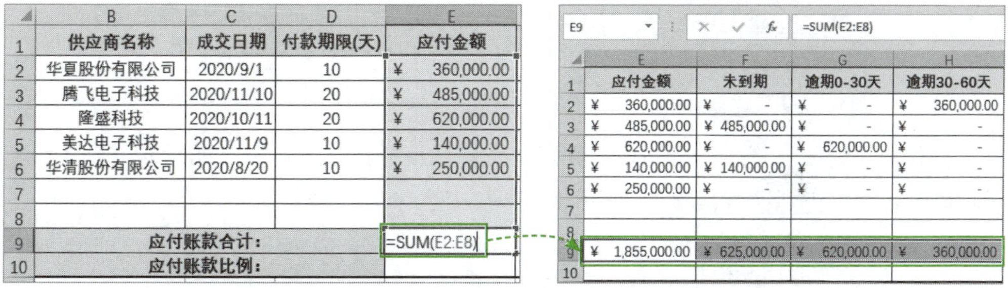

图 6-46

选择E10单元格，输入公式“=E9/$E$9”，按回车键计算出应付账款比例，将公式向右填充，如图6-47所示。

	B	C	D	E
1	供应商名称	成交日期	付款期限(天)	应付金额
2	华夏股份有限公司	2020/9/1	10	¥ 360,000.00
3	腾飞电子科技	2020/11/10	20	¥ 485,000.00
4	隆盛科技	2020/10/11	20	¥ 620,000.00
5	美达电子科技	2020/11/9	10	¥ 140,000.00
6	华清股份有限公司	2020/8/20	10	¥ 250,000.00
7				
8				
9	应付账款合计：			¥ 1,855,000.00
10	应付账款比例：			=E9/$E$9

E10 =E9/$E$9

	E	F	G	H
1	应付金额	未到期	逾期0-30天	逾期30-60天
2	¥ 360,000.00	¥ -	¥ -	¥ 360,000.00
3	¥ 485,000.00	¥ 485,000.00	¥ -	¥ -
4	¥ 620,000.00	¥ -	¥ 620,000.00	¥ -
5	¥ 140,000.00	¥ 140,000.00	¥ -	¥ -
6	¥ 250,000.00	¥ -	¥ -	¥ -
7				
8				
9	¥ 1,855,000.00	¥ 625,000.00	¥ 620,000.00	¥ 360,000.00
10	1.00	0.34	0.33	0.19

图 6-47

6.3.2 应付账款的账务处理

用户在进行应付账款账务处理时，应该按照发票账单中的应付金额入账，而不是按照到期日的应付金额入账。

例如，甲企业2020年12月3日采购扫描仪6台，总价值为12000元，尚未付款，但已经记账，到2020年12月31日，企业支付该笔款项。

应付账款付款时的账务处理。打开记账凭证，在其中输入该笔经济业务，借记“应付账款”，金额为“12000”，贷记“银行存款”，金额为“12000”，如图6-48所示。

记账凭证

2020 年 12 月 31 日　　　　字第 13 号

摘要	总账科目	明细科目	借方金额（亿千百十万千百十元角分）	√	贷方金额（亿千百十万千百十元角分）	√
支付乙公司货款	应付账款		¥1200000			
支付乙公司货款	银行存款	中国银行			¥1200000	
合计			¥1200000		¥1200000	

财务主管 李*　记账 章**　出纳 赵**　审核 孙**　制单 刘*

图 6-48

打开记账凭证汇总表，按照审核无误的记账凭证登记该笔业务，如图6-49所示，然后将该笔业务登记到银行存款日记账中即可。

	日期	凭证号	摘要	科目代码	总账科目	明细科目	借方金额	贷方金额
19	2020/8/1	0010	销售A产品	1122	应收账款		¥183,060.00	
20	2020/8/1	0010	销售A产品	6001	主营业务收入			¥162,000.00
21	2020/8/1	0010	销售A产品	2221	应交税费	应交增值税		¥21,060.00
22	2020/8/3	0011	收到甲公司货款	1002	银行存款	中国银行	¥23,000.00	
23	2020/8/3	0011	收到甲公司货款	6603	财务费用		¥400.00	
24	2020/8/3	0011	收到甲公司货款	1122	应收账款			¥23,400.00
25	2020/12/31	0012	计提坏账准备	6701	资产减值损失		¥30,000.00	
26	2020/12/31	0012	计提坏账准备	1231	坏账准备			¥30,000.00
27	2020/12/31	0013	支付乙公司货款	2202	应付账款		¥12,000.00	
28	2020/12/31	0013	支付乙公司货款	1002	银行存款	中国银行		¥12,000.00

会计科目表　记账凭证汇总表

图 6-49

案例实战：创建信用决策模型

扫码看视频

在应收账款的管理中，企业为了降低坏账率，需要及时调整对外的信用政策。通常企业会制定几种信用政策的方案，通过比较选择一种最合适的方案，如图6-50所示。

应收账款信用决策方案

A产品基本信息	当前方案	备选方案	
		方案1	方案2
销售单价（元）	¥ 2,000.00	¥ 3,000.00	¥ 4,000.00
年销售数量（台）	1000	800	550
年销售金额（元）	¥ 2,000,000.00	¥ 2,400,000.00	¥ 2,200,000.00
固定成本（元）	¥ 1,000,000.00	¥ 800,000.00	¥ 550,000.00
变动成本率（%）	50%	50%	50%
应收账款管理成本率（%）	0.50%	0.60%	0.70%
平均坏账损失率（%）	1%	2%	3.50%
平均收现期（天）	20	50	70
现金折扣百分比（%）	0	30%	20%
现金折扣率（%）	0	2%	1%
应收账款的机会成本率（%	6%	6%	6%

判断依据

使用不同方案对下列内容的影响	方案1	方案2
边际贡献率（元）	¥ 200,000.00	¥ 100,000.00
应收账款机会成本（元）	¥ 1,666.67	¥ 1,166.67
坏账损失（元）	¥ 28,000.00	¥ 57,000.00
应收账款管理成本（元）	¥ 4,400.00	¥ 5,400.00
现金折扣成本（元）	¥ 14,400.00	¥ 4,400.00
增加利润（元）	¥ 151,533.33	¥ 32,033.33
最佳方案	方案1	

图 6-50

Step 01 新建一张“信用决策方案”工作表，在其中创建“应收账款信用决策方案”表，设置标题格式，添加边框，构建表格框架，如图6-51所示。

应收账款信用决策方案

A产品基本信息	当前方案	备选方案	
		方案1	方案2
销售单价（元）			
年销售数量（台）			
年销售金额（元）			
固定成本（元）			
变动成本率（%）			
应收账款管理成本率（%）			
平均坏账损失率（%）			
平均收现期（天）			
现金折扣百分比（%）			
现金折扣率（%）			
应收账款的机会成本率（%）			

构建表格框架

信用决策方案

图 6-51

Step 02 在表格中输入基本数据，并将C4:E4和C6:E7单元格区域设置为“会计专用”格式，如图6-52所示。

应收账款信用决策方案

A产品基本信息	当前方案	备选方案	
		方案1	方案2
销售单价（元）	¥ 2,000.00	¥ 3,000.00	¥ 4,000.00
年销售数量（台）	1000	800	550
年销售金额（元）	¥ 2,	.00	¥ 2,200,000.00
固定成本（元）	¥ 1,	.00	¥ 550,000.00
变动成本率（%）	50%	50%	50%
应收账款管理成本率（%）	0.50%	0.60%	0.70%
平均坏账损失率（%）	1%	2%	3.50%
平均收现期（天）	20	50	70
现金折扣百分比（%）	0	30%	20%
现金折扣率（%）	0	2%	1%
应收账款的机会成本率（%	6%	6%	6%

输入基本数据

信用决策方案

图 6-52

Step 03 在G1:I9单元格区域内，设置判断依据，通过这些依据选出最合适的方案，如图6-53所示。

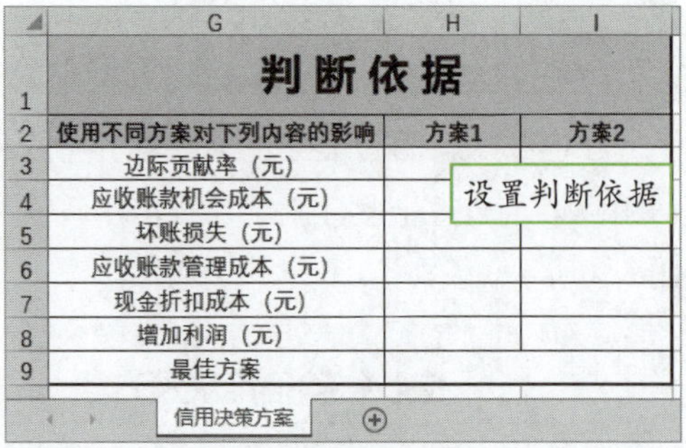

G	H	I
判断依据		
使用不同方案对下列内容的影响	方案1	方案2
边际贡献率（元）		
应收账款机会成本（元）		
坏账损失（元）		
应收账款管理成本（元）		
现金折扣成本（元）		
增加利润（元）		
最佳方案		

图 6-53

Step 04 选择H3单元格，输入公式“=(D6-C6)*(1-D8)”，按回车键计算出方案1的边际贡献率，如图6-54所示。

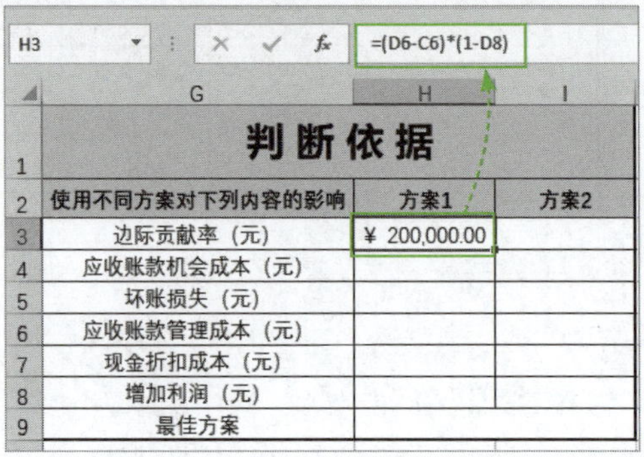

G	H	I
判断依据		
使用不同方案对下列内容的影响	方案1	方案2
边际贡献率（元）	¥ 200,000.00	
应收账款机会成本（元）		
坏账损失（元）		
应收账款管理成本（元）		
现金折扣成本（元）		
增加利润（元）		
最佳方案		

图 6-54

Step 05 选择H4单元格，输入公式“=D11/360*(D6-C6)*D8*D14”，按回车键计算出方案1的应收账款机会成本，如图6-55所示。

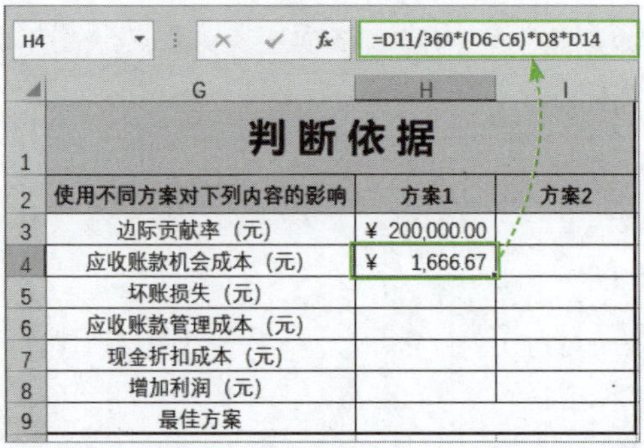

G	H	I
判断依据		
使用不同方案对下列内容的影响	方案1	方案2
边际贡献率（元）	¥ 200,000.00	
应收账款机会成本（元）	¥ 1,666.67	
坏账损失（元）		
应收账款管理成本（元）		
现金折扣成本（元）		
增加利润（元）		
最佳方案		

图 6-55

Step 06 选择H5单元格，输入公式“=D6*D10-C6*C10”，按回车键计算出方案1的坏账损失，如图6-56所示。

G	H	I
判断依据		
使用不同方案对下列内容的影响	方案1	方案2
边际贡献率（元）	¥ 200,000.00	
应收账款机会成本（元）	¥ 1,666.67	
坏账损失（元）	¥ 28,000.00	
应收账款管理成本（元）		
现金折扣成本（元）		
增加利润（元）		
最佳方案		

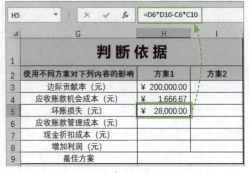

图 6-56

Step 07 选择H6单元格，输入公式"=D6*D9-C6*C9"，按回车键计算出方案1的应收账款管理成本，如图6-57所示。

Step 08 选择H7单元格，输入公式"=D6*D12*D13-C6*C12*C13"，按回车键计算出方案1的现金折扣成本，如图6-58所示。

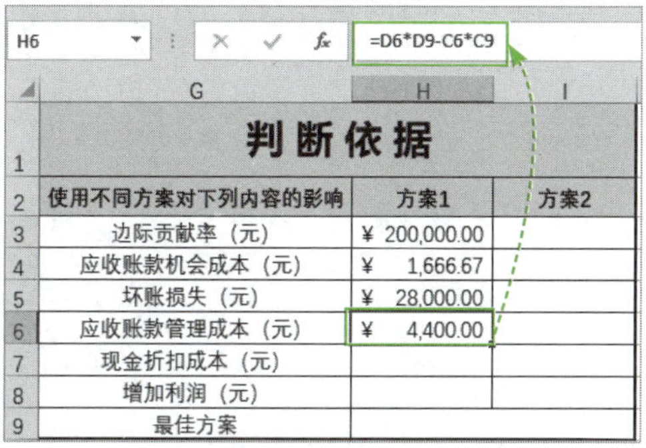

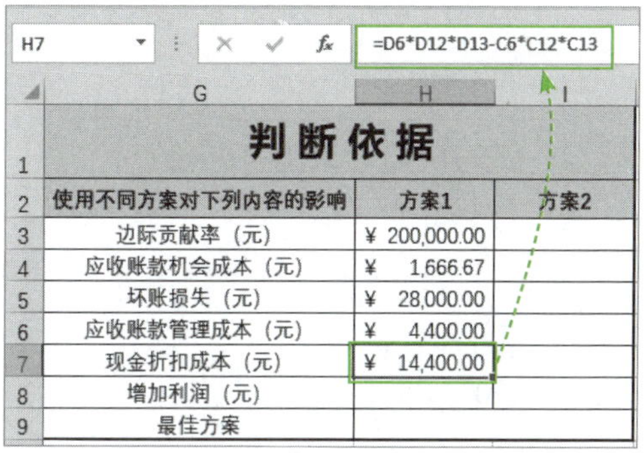

图 6-57　　　　　　　　　　　图 6-58

Step 09 选择H8单元格，输入公式"=H3-H4-H5-H6-H7"，按回车键计算出方案1的增加利润，如图6-59所示。

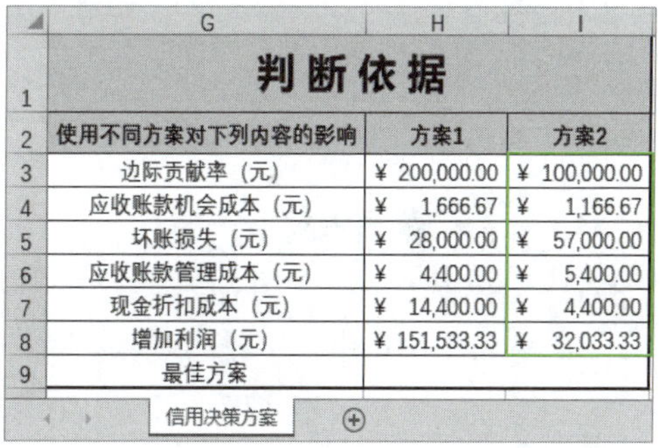

Step 10 按照同样的方法，计算出"方案2"对应的判断依据，如图6-60所示。

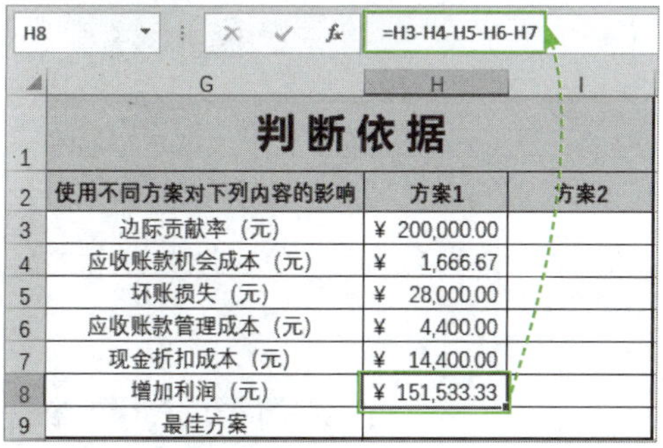

图 6-59　　　　　　　　　　　图 6-60

Step 11 选择H9单元格，输入公式"=IF(AND(H8>0,I8>0),IF(H8>I8,"方案1","方案2"),IF(H8>0,"方案1",IF(I8>0,"方案2","当前方案")))"，按回车键计算出最佳方案，如图6-61所示。

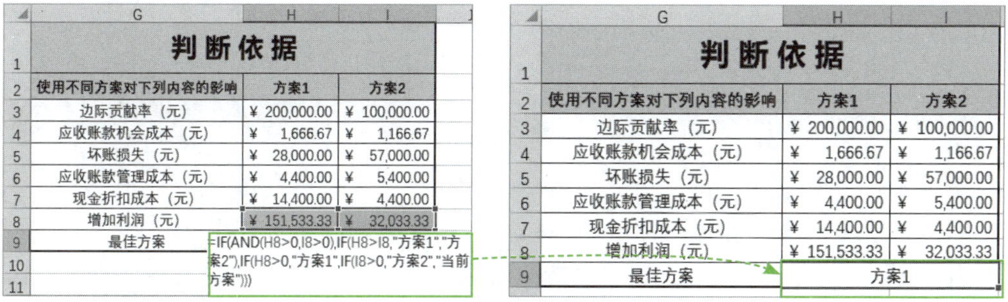

图 6-61

新手答疑

1. Q：如何在图表中添加数据表？

  A： 选择图表，打开"图表工具-设计"选项卡，单击"添加图表元素"下拉按钮，从弹出的列表中选择"数据表"选项，从其级联菜单中选择合适的选项即可，如图6-62所示。

2. Q：如何快速更改图表颜色？

  A： 选择图表，在"图表工具-设计"选项卡中单击"更改颜色"下拉按钮，从弹出的列表中选择合适的颜色即可，如图6-63所示。

图 6-62

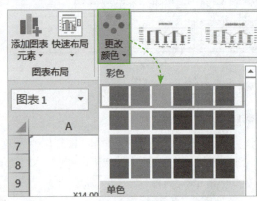

图 6-63

3. Q：如何更改图表类型？

  A： 选择图表，在"图表工具-设计"选项卡中单击"更改图表类型"按钮，打开"更改图表类型"对话框，在"所有图表"选项卡中选择需要的图表类型，单击"确定"按钮即可，如图6-64所示。

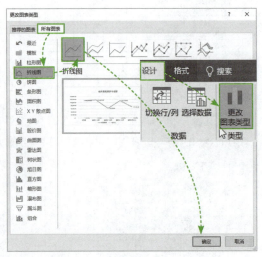

图 6-64

4. Q：在 Excel 单元格中出现"#VALUE"错误信息是什么意思？

  A： 出现这种错误值的原因有，参数使用不正确，运算符号使用不正确，在需要输入数值或逻辑值的地方输入了文本等。

第 7 章
月末账务管理

在月末，会计人员需要对本月发生的账务进行汇总、编制报表和纳税申报，且结转当前所得的利润，进行对账和结账工作，结出本期发生额合计和期末余额，或将余额结转到下一期，这样方便编制会计报表。

7.1 结转利润很简单

利润的本质是企业盈利的表现形式。企业的利润结构应该与企业的资产结构相匹配。到了月末，会计需要结转企业所得的利润，且通过"本年利润"科目进行核算，"本年利润"科目的贷方余额为当期实现的净利润，借方余额为当前发生的净亏损。

7.1.1 结转利润的会计分录

本年利润的会计分录可以分为四个步骤。

1. 结转收入

借：主营业务收入
　　其他业务收入
　　营业外收入
贷：本年利润

2. 结转成本、费用和税金

借：本年利润
贷：主营业务成本
　　主营业务税金及附加
　　其他业务支出
　　营业费用
　　管理费用
　　财务费用
　　营业外支出

3. 结转投资收益

（1）净收益的。

借：投资收益
贷：本年利润

（2）净损失的。

借：本年利润
贷：投资收益

4. 年度结转利润分配

（1）结转净利润。

借：本年利润
贷：利润分配—未分配利润

（2）结转净亏损。

借：利润分配—未分配利润

贷：本年利润

7.1.2 结转本期利润的账务处理

用户可以结转主营业务收入、结转成本与费用和提取并结转所得税。

1. 结转主营业务收入

打开"记账凭证汇总表"工作表并将其进行复制，形成"记账凭证汇总表（2）"，打开"记账凭证汇总表（2）"工作表，选择"科目代码"列中的任意单元格，在"数据"选项卡中单击"排序和筛选"选项组中的"升序"按钮，如图7-1所示，对"科目代码"进行升序排序。然后在"数据"选项卡中单击"分级显示"选项组中的"分类汇总"按钮，如图7-2所示。

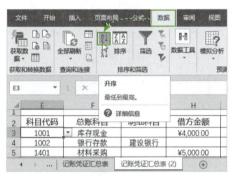

图 7-1

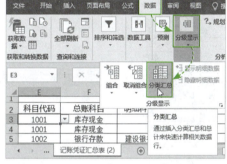

图 7-2

打开"分类汇总"对话框，设置"分类字段"为"总账科目"，"汇总方式"为"求和"，然后在"选定汇总项"列表框中勾选"借方金额"和"贷方金额"复选框，单击"确定"按钮，如图7-3所示，即可按照"总账科目"分别汇总借方金额和贷方金额，如图7-4所示。

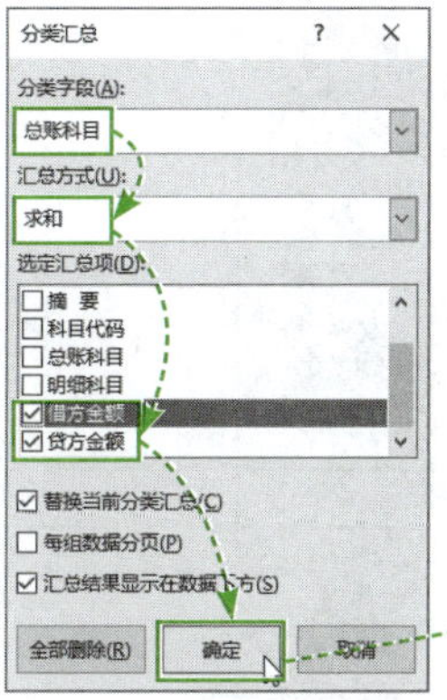

图 7-3

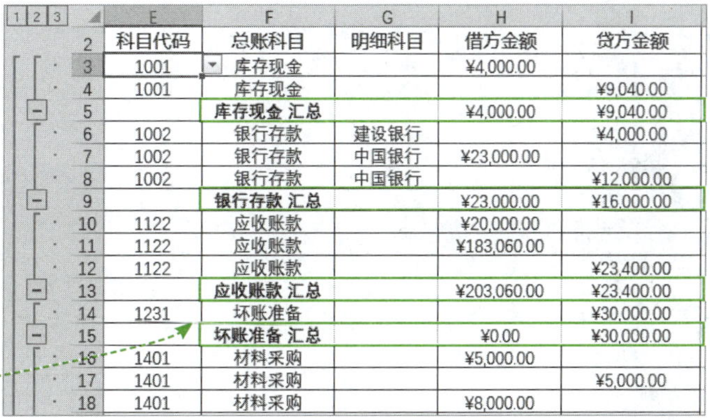

图 7-4

单击工作表左上角的数字按钮2，随即工作表中只显示出各汇总数据，如图7-5所示。打开"记账凭证"工作表，将"主营业务收入"科目的金额（179699.12）转入"本年利润"科目，如图7-6所示。

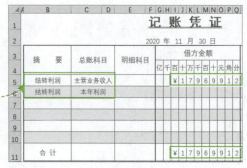

图 7-5　　　　　　　　　　　　　图 7-6

打开"记账凭证汇总表"工作表，将审核无误的记账凭证登记到"记账凭证汇总表"中，如图7-7所示。

	A	B	C	D	E	F	G	H	I
2	日期	凭证号	摘　要	科目代码	总账科目	明细科目	借方金额	贷方金额
3	2020/7/1	0001	提取现金	1001	库存现金		¥4,000.00	
4	2020/7/1	0001	提取现金	1002	银行存款	建设银行		¥4,000.00
27	2020/12/31	0013	支付乙公司货款	2202	应付账款		¥12,000.00	
28	2020/12/31	0013	支付乙公司货款	1002	银行存款	中国银行		¥12,000.00
29	2020/11/30	0014	结转利润	6001	主营业务收入		¥179,699.12	
30	2020/11/30	0014	结转利润	4103	本年利润			¥179,699.12

图 7-7

2. 结转成本与费用

打开"记账凭证汇总表(2)"工作表，从中可以看出"主营业务成本"科目的金额为"10000"，"财务费用"科目的金额为"400"，如图7-8所示。

打开"记账凭证"工作表，将"主营业务成本"和"财务费用"科目的金额转入"本年利润"科目，如图7-9所示。

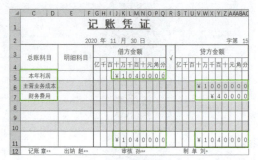

图 7-8　　　　　　　　　　　　　图 7-9

打开"记账凭证汇总表"工作表,将审核无误的记账凭证登记到"记账凭证汇总表"中,如图7-10所示。

	A	B	C	D	E	F	G	H	I
2	日期	凭证号	摘 要	科目代码	总账科目	明细科目	借方金额	贷方金额
3	2020/7/1	0001	提取现金	1001	库存现金		¥4,000.00	
4	2020/7/1	0001	提取现金	1002	银行存款	建设银行		¥4,000.00
27	2020/12/31	0013	支付乙公司货款	2202	应付账款		¥12,000.00	
28	2020/12/31	0013	支付乙公司货款	1002	银行存款	中国银行		¥12,000.00
29	2020/11/30	0014	结转利润	6001	主营业务收入		¥179,699.12	
30	2020/11/30	0014	结转利润	4103	本年利润			¥179,699.12
31	2020/11/30	0015	结转利润	4103	本年利润		¥10,400.00	
32	2020/11/30	0015	结转利润	6401	主营业务成本			¥10,000.00
33	2020/11/30	0015	结转利润	6603	财务费用			¥400.00

图 7-10

3. 提取并结转所得税

企业所得税是对我国内资企业和经营单位的生产经营所得和其他所得征收的一种税,其中,所得税费用=利润总额×所得税税率=利润总额×25%。利润总额=主营业务收入-主营业务成本-营业税金及附加-销售费用-财务费用-管理费用-资产减值损失+公允价值变动收益+投资收益+营业外收入-营业外支出。

> **知识点拨**
> 在本例中,营业税金及附加、销售费用、管理费用、公允价值变动收益、投资收益、营业外收入和营业外支出等金额均为0。

打开"记账凭证汇总表 (2)"工作表,在H43单元格中输入公式"=(I34-H36-H38-H40)*25%",按回车键计算出所得税费用,如图7-11所示。

	F	G	H	I
2	总账科目	明细科目	借方金额	贷方金额
5	库存现金 汇总		¥4,000.00	¥9,040.00
9	银行存款 汇总		¥23,000.00	¥16,000.00
13	应收账款 汇总		¥203,060.00	¥23,400.00
15	坏账准备 汇总		¥0.00	¥30,000.00
20	材料采购 汇总		¥13,000.00	¥14,040.00
24	库存商品 汇总		¥14,040.00	¥10,000.00
27	应付账款 汇总		¥12,000.00	¥5,000.00
31	应交税费 汇总		¥1,040.00	¥23,360.88
34	主营业务收入 汇总			¥179,699.12
36	主营业务成本 汇总		¥10,000.00	¥0.00
38	财务费用 汇总		¥400.00	¥0.00
40	资产减值损失 汇总		¥30,000.00	¥0.00
41	总计		¥310,540.00	¥310,540.00
43			=(I34-H36-H38-H40)*25%	

	F	G	H	I
2	总账科目	明细科目	借方金额	贷方金额
5	库存现金 汇总		¥4,000.00	¥9,040.00
9	银行存款 汇总		¥23,000.00	¥16,000.00
13	应收账款 汇总		¥203,060.00	¥23,400.00
15	坏账准备 汇总		¥0.00	¥30,000.00
20	材料采购 汇总		¥13,000.00	¥14,040.00
24	库存商品 汇总		¥14,040.00	¥10,000.00
27	应付账款 汇总		¥12,000.00	¥5,000.00
31	应交税费 汇总		¥1,040.00	¥23,360.88
34	主营业务收入 汇总			¥179,699.12
36	主营业务成本 汇总		¥10,000.00	¥0.00
38	财务费用 汇总		¥400.00	¥0.00
40	资产减值损失 汇总		¥30,000.00	¥0.00
41	总计		¥310,540.00	¥310,540.00
43			¥34,824.78	

图 7-11

> **知识点拨**
> 企业所得税适用于居民企业和中国境内设有机构、场所且所得与机构、场所有关联的非居民企业。

打开"记账凭证"工作表,在其中输入该业务的记账凭证,如图7-12所示。

记账凭证

2020 年 11 月 30 日 字第 16 号

摘要	总账科目	明细科目	借方金额 亿千百十万千百十元角分	√	贷方金额 亿千百十万千百十元角分	√
提取所得税	所得税费用		¥3 4 8 2 4 7 8			
提取所得税	应交税费	应交所得税			¥3 4 8 2 4 7 8	
合计			¥3 4 8 2 4 7 8		¥3 4 8 2 4 7 8	
财务主管 李**	记账 章**	出纳 赵**	审核 孙**		制单 刘**	

图 7-12

打开"记账凭证汇总表"工作表,将审核无误的记账凭证登记到记账凭证汇总表中,如图7-13所示。

	A	B	C	D	E	F	G	H	I
2	日期	凭证号	摘要	科目代码	总账科目	明细科目	借方金额	贷方金额
3	2020/7/1	0001	提取现金	1001	库存现金		¥4,000.00	
4	2020/7/1	0001	提取现金	1002	银行存款			¥4,000.00
27	2020/12/31	0013	支付乙公司货款	2202	应付账款		¥12,000.00	
28	2020/12/31	0013	支付乙公司货款	1002	银行存款	中国银行		¥12,000.00
29	2020/11/30	0014	结转利润	6001	主营业务收入		¥179,699.12	
30	2020/11/30	0014	结转利润	4103	本年利润			¥179,699.12
31	2020/11/30	0015	结转利润	4103	本年利润		¥10,400.00	
32	2020/11/30	0015	结转利润	6401	主营业务成本			¥10,000.00
33	2020/11/30	0015	结转利润	6603	财务费用			¥400.00
34	2020/11/30	0016	提取所得税	6801	所得税费用		¥34,824.78	
35	2020/11/30	0016	提取所得税	2221	应交税费	应交所得税		¥34,824.78

会计科目表 | 记账凭证汇总表 | 记账凭证汇总表 (2)

图 7-13

提取所得税后,接下来需要将所得税结转入"本年利润科目"并进行相应地账务处理。打开"记账凭证"工作表,在工作表中输入该业务的记账凭证,如图7-14所示。

记账凭证

2020 年 11 月 30 日 字第 17 号

摘要	总账科目	明细科目	借方金额 亿千百十万千百十元角分	√	贷方金额 亿千百十万千百十元角分	√
结转利润	本年利润		¥3 4 8 2 4 7 8			
结转利润	所得税费用				¥3 4 8 2 4 7 8	
合计			¥3 4 8 2 4 7 8		¥3 4 8 2 4 7 8	
财务主管 李**	记账 章**	出纳 赵**	审核 孙**		制单 刘**	

图 7-14

打开"记账凭证汇总表",将审核无误的记账凭证登记到"记账凭证汇总表"中,如图7-15所示。最后,"记账凭证汇总表(2)"工作表是辅助结转利润的,在利润结转完后,可以将其隐藏。

	A	B	C	D	E	F	G	H	I
2	日期	凭证号	摘 要	科目代码	总账科目	明细科目		借方金额	贷方金额
29	2020/11/30	0014	结转利润	6001	主营业务收入			¥179,699.12	
30	2020/11/30	0014	结转利润	4103	本年利润				¥179,699.12
31	2020/11/30	0015	结转利润	4103	本年利润			¥10,400.00	
32	2020/11/30	0015	结转利润	6401	主营业务成本				¥10,000.00
33	2020/11/30	0015	结转利润	6603	财务费用				¥400.00
34	2020/11/30	0016	提取所得税	6801	所得税费用			¥34,824.78	
35	2020/11/30	0016	提取所得税	2221	应交税费	应交所得税			¥34,824.78
36	2020/11/30	0017	结转利润	4103	本年利润			¥34,824.78	
37	2020/11/30	0017	结转利润	6801	所得税费用				¥34,824.78

图 7-15

7.2 财务总账表可以这样设置

前面介绍了如何编制财务总账表,会计人员将发生的经济业务登记到财务总账表中后,为了使其看起来更加美观,用户可以进行适当美化。

7.2.1 设置财务总账表的背景

为财务总账表添加背景,可以使枯燥的表格变得生动,也使表格更加美观,如图7-16所示。

注意事项 为财务总账表选择的背景图片不能太花哨,否则会影响阅读。

	A	B	C	D	E	F	G	H
2	科目代码	总账科目		期初余额	本期发生额		期末余额	
3					借方	贷方		
4	1001	库存现金		¥ 200,000.00	¥ 4,000.00	¥ -	¥ 204,000.00	
5	1002	银行存款		¥ 231,226.00	¥ 114,660.00	¥ 59,000.00	¥ 286,886.00	
6	1401	材料采购			¥ 12,200.00	¥ 8,000.00	¥ 4,200.00	
7	2221	应交税费			¥ 1,000.00	¥ 17,137.33	¥ -16,137.33	
8	1405	库存商品			¥ 8,000.00	¥ 19,500.00	¥ -11,500.00	
9	2202	应付账款			¥ 45,000.00	¥ 3,200.00	¥ 41,800.00	
10	1122	应收账款		¥ 13,000.00	¥ 83,520.00	¥ 117,000.00	¥ -20,480.00	
11	6601	销售费用			¥ -	¥ 36,000.00	¥ -36,000.00	
12	6401	主营业务成本			¥ 19,500.00	¥ 9,500.00	¥ 10,000.00	
13	6001	主营业务收入			¥ 54,000.00	¥ 54,000.00	¥ -	

图 7-16

打开"财务总账表"工作表,打开"页面布局"选项卡,单击"页面设置"选项组中的"背景"按钮,如图7-17所示。弹出"插入图片"面板,单击"从文件"右侧的"浏览"按钮。打开"工作表背景"对话框,在其中选择背景图片后单击"插入"按钮即可,如图7-18所示。

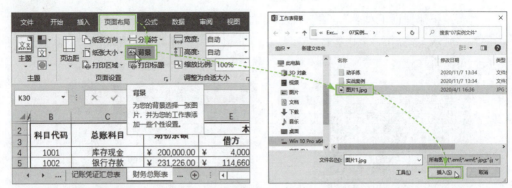

图 7-17　　　　　　　　　　　　　图 7-18

7.2.2　在财务总账表中添加批注

在财务总账表中有些地方会出现负值，但是这些负值并不是真正意义上的负数，而是被记在贷方的金额，表示的意思是现金流出，为了解释其含义，用户可以使用批注功能进行说明，如图7-19所示。

图 7-19

1. 插入批注

打开"财务总账表"工作表，选择D2单元格，在"审阅"选项卡中单击"批注"选项组中的"新建批注"按钮，如图7-20所示。此时在所选单元格的右上角插入一个批注，然后在批注框中输入内容"注意：本列单元格中的负值表示其金额在期初余额的贷方！"，如图7-21所示。

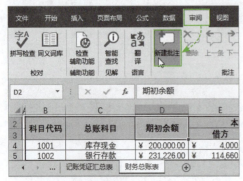

图 7-20

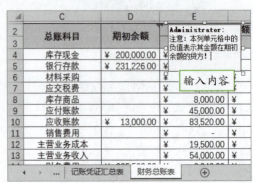

图 7-21

选择G2单元格，右击，从弹出的快捷菜单中选择"插入批注"命令，如图7-22所示，即可在G2单元格的右上方插入一个批注，接着在批注框中输入内容"注意：本列单元格中的负值表示其金额在期末余额的贷方！"，如图7-23所示。

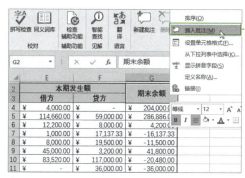

图 7-22　　　　　　　　　　　　　　图 7-23

2. 设置批注格式

选择批注边框，右击，从弹出的快捷菜单中选择"设置批注格式"命令，如图7-24所示。打开"设置批注格式"对话框，在"字体"选项卡中设置"字体"为"黑体"，设置"字形"为"常规"，"字号"为"9"，"颜色"为"红色"，如图7-25所示。

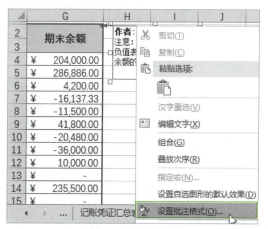
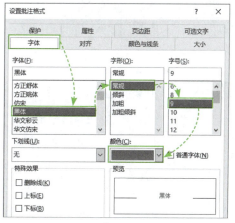

图 7-24　　　　　　　　　　　　　　图 7-25

打开"对齐"选项卡，将文本的对齐方式设置为水平靠左，垂直靠上，然后勾选"自动调整大小"复选框，将文字方向设置为竖排，单击"确定"按钮，如图7-26所示。选择另一个批注框，然后打开"设置批注格式"对话框，在"字体"选项卡中设置相同的字体格式，然后打开"属性"选项卡，从中选中"大小固定，位置随单元格而变"单选按钮，如图7-27所示。

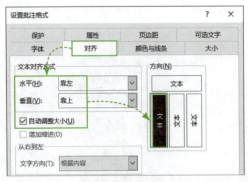
图 7-26

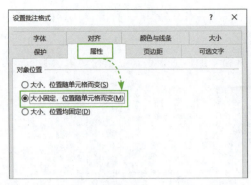
图 7-27

打开"对齐"选项卡，将文本对齐方式设置为水平靠左，垂直居中，勾选"自动调整大小"复选框，单击"确定"按钮即可，如图7-28所示。

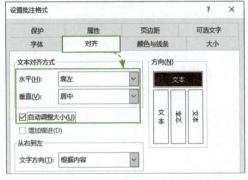
图 7-28

知识点拨

插入批注后，只有将光标移动到该单元格上时，才会显示批注，如果要批注一直显示，可以单击"批注"选项组中的"显示所有批注"按钮。

动手练 隐藏和显示工作表

扫码看视频

一个工作簿中一般会有多张工作表，如果用户不需要查看某张工作表时，可以将其隐藏，等到需要时再显示出来，如图7-29所示。

图 7-29

Step 01 选择需要隐藏的工作表，右击，从弹出的快捷菜单中选择"隐藏"命令，如图7-30所示，即可将该工作表隐藏起来。

Step 02 选择任意一张工作表，右击，从弹出的快捷菜单中选择"取消隐藏"命令，打开"取消隐藏"对话框，在"取消隐藏工作表"列表框中选择需要显示的工作表名称，单击"确定"按钮即可，如图7-31所示。

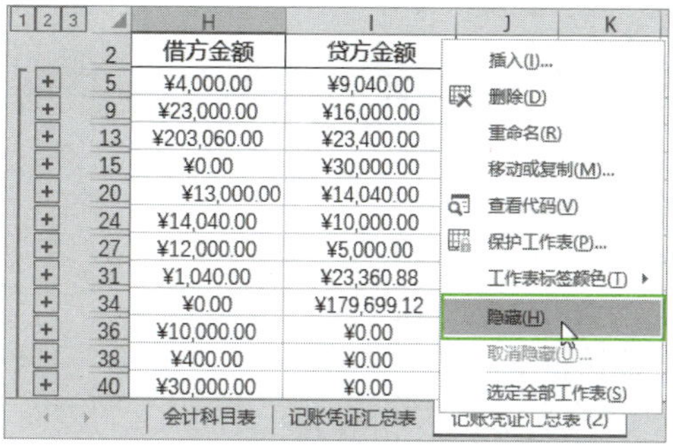

图 7-30

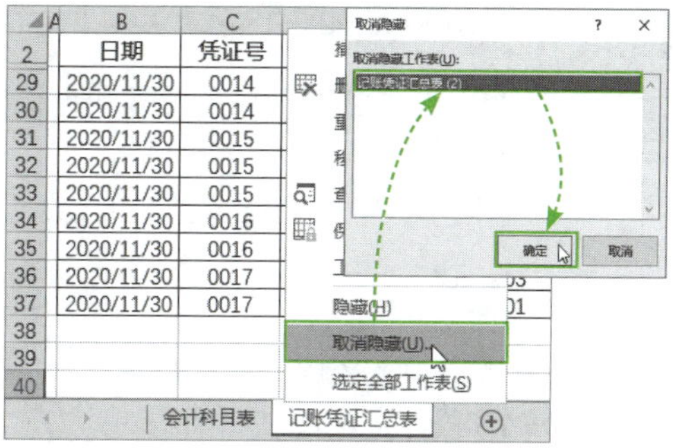

图 7-31

7.3 一些财务明细账表的编制

财务明细账表是将各个会计科目的明细数据汇总到一张表格中，以便财务人员可以随时查看明细账目的情况，是对总分类账的一种补充，如图7-32所示。

	B	C	D	E	F	G	H	I
1						账户：	1401	材料采购
2	凭证号	摘要	科目代码	科目名称	期初余额	本期借方发生额	本期贷方发生额	期末余额
3					¥56,200.00			
4	0002	采购打印机	1401	材料采购		¥5,000.00	¥0.00	¥61,200.00
5	0003	商品入库	1401	材料采购		¥0.00	¥5,000.00	¥56,200.00
6	0004	采购电脑	1401	材料采购		¥8,000.00	¥0.00	¥64,200.00
7	0005	商品入库	1401	材料采购		¥0.00	¥9,040.00	¥55,160.00
8	000	0	0			¥0.00	¥0.00	¥55,160.00
9	000	0	0			¥0.00	¥0.00	¥55,160.00

记账凭证汇总表 | 财务总账表 | 会计科目明细账表

图 7-32

7.3.1 相关函数介绍

编制财务明细账表需要用到SMALL函数、ISNUMBER函数、ROW函数、FIND函数，下面介绍这几个函数的语法和功能。

1. SMALL 函数

SMALL函数用来返回数据集中第k个最小值，使用此函数可以返回数据集中特定位置上的数值。该函数的语法格式为：

SMALL(array,k)

参数array表示需要找到第k个最小值的数组或数字型数据区域，参数k表示要返回的数据在数组和数据区域里的位置（从小到大）。

2. ISNUMBER 函数

ISNUMBER函数用来检查某个值是否为数字并且返回TRUE或FALSE。该函数的语法格式为：

ISNUMBER(value)

参数value表示要检验的值，该值可以是空白、逻辑值、错误值、文本、数字、引用值，或引用要检验的以上任意值的名称。

如果返回值为数字，则返回TRUE，否则返回FALSE。

3. ROW 函数

ROW函数用来返回引用的行号。该函数的语法格式为：

ROW([reference])

参数reference表示需要得到其行号的单元格或单元格区域。若省略参数reference，则表示是对函数ROW所在单元格的引用。

4. FIND 函数

FIND函数以字符为单位，查找一个文本字符串在另一个文本字符串中出现的起始位置的编号。该函数的语法格式为：

FIND(find_text,within_text,[start_num])

参数find_text表示要查找的文本；参数within_text表示包含要查找文本的文本；参数start_num表示指定要从其开始搜索的字符，若省略，则假设其值为"1"。

7.3.2 编制会计科目明细账表

用户可以通过公式创建会计科目明细账表。首先新建一张"会计科目明细账表"工作表，输入相应的列标题，设置格式，然后适当地调整行高和列宽，构建表格框架，如图7-33所示。

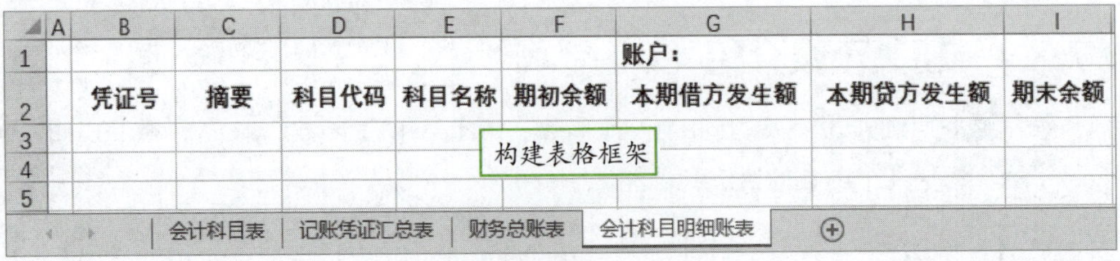

图 7-33

选择B列，按Ctrl+1组合键，打开"设置单元格格式"对话框，在"数字"选项卡中选择"自定义"选项，然后在右侧的"类型"文本框中输入"000#"，单击"确定"按钮，如图7-34所示。

打开"财务总账表"工作表，选择C4:C18单元格区域，打开"公式"选项卡，单击"定义名称"按钮，如图7-35所示。

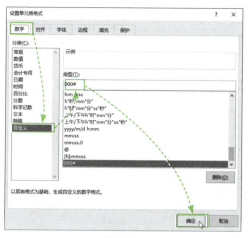
图 7-34

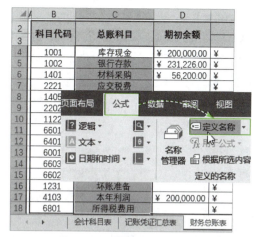
图 7-35

打开"新建名称"对话框,在"名称"文本框中输入"总账科目",单击"确定"按钮,如图7-36所示。打开"会计科目明细账表"工作表,选择I1单元格,在"数据"选项卡中单击"数据工具"选项组中的"数据验证"按钮,打开"数据验证"对话框,在"设置"选项卡中单击"允许"下拉按钮,从弹出的列表中选择"序列"选项,在"来源"文本框中输入"=总账科目",单击"确定"按钮,如图7-37所示。

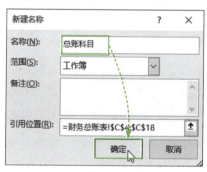
图 7-36

图 7-37

选择I1单元格,单击其右侧的下拉按钮,从弹出的列表中选择"库存现金"选项,如图7-38所示。然后选择H1单元格,输入公式"=INDEX(会计科目表!C:C,MATCH(I1,会计科目表!D:D, 0))",按回车键返回计算结果,如图7-39所示。

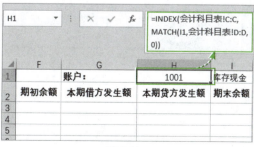
图 7-38　　　　　　　　图 7-39

选择F3单元格,输入公式"=VLOOKUP($H$1,财务总账表!B:D,3,0)",按回车键确认,即可导入该账户的期初余额,如图7-40所示。

选择B4单元格,输入公式"{=INDEX(记账凭证汇总表!C:C,SMALL(IF(ISNUMBER(FIND($H$1,记账凭证汇总表!$E$1:$E$500)),ROW(记账凭证汇总表!$E$1:$E$500),1000),ROW()-3))}",按Ctrl+Shift+Enter组合键确认,导入该账户的"凭证号"并将公式向下填充,如图7-41所示。

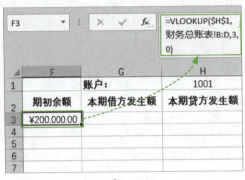

图7-40

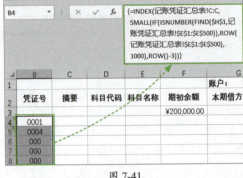

图7-41

选择C4单元格,输入公式"{=INDEX(记账凭证汇总表!D:D,SMALL(IF(ISNUMBER(FIND($H$1,记账凭证汇总表!$E$1:$E$500)),ROW(记账凭证汇总表!$E$1:$E$500),1000),ROW()-3))}",按Ctrl+Shift+Enter组合键确认,导入该账户的"摘要",然后将公式向下填充,如图7-42所示。

选择D4单元格,输入公式"{=INDEX(记账凭证汇总表!E:E,SMALL(IF(ISNUMBER(FIND($H$1,记账凭证汇总表!$E$1:$E$500)),ROW(记账凭证汇总表!$E$1:$E$500),1000),ROW()-3))}",按Ctrl+Shift+Enter组合键确认,导入该账户的"科目代码",然后将公式向下填充,如图7-43所示。

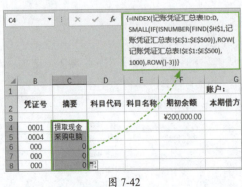

图7-42

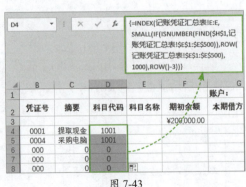

图7-43

选择E4单元格,输入公式"{=INDEX(记账凭证汇总表!F:F,SMALL(IF(ISNUMBER(FIND($H$1,记账凭证汇总表!$E$1:$E$500)),ROW(记账凭证汇总表!$E$1:$E$500),1000),ROW()-3))&" "&INDEX(记账凭证汇总表!G:G,SMALL(IF(ISNUMBER(FIND($H$1,记账

凭证汇总表!$E$1:$E$500)),ROW(记账凭证汇总表!$E$1:$E$500),1000),ROW()-3))}"，按Ctrl+Shift+Enter组合键确认，导入该账户的"科目名称"，将公式向下填充，如图7-44所示。

选择G4单元格，输入公式"{=INDEX(记账凭证汇总表!H:H,SMALL(IF(ISNUMBER(FIND($H$1,记账凭证汇总表!$E$1:$E$500)),ROW(记账凭证汇总表!$E$1:$E$500),1000),ROW()-3))}"，按Ctrl+Shift+Enter组合键确认，导入该账户的"本期借方发生额"，如图7-45所示。

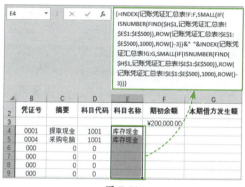

图 7-44　　　　　　　　　图 7-45

选择H4单元格，输入公式"{=INDEX(记账凭证汇总表!I:I,SMALL(IF(ISNUMBER(FIND($H$1,记账凭证汇总表!$E$1:$E$500)),ROW(记账凭证汇总表!$E$1:$E$500),1000),ROW()-3))}"，按Ctrl+Shift+Enter组合键确认，导入该账户的"本期贷方发生额"，如图7-46所示。

选择I4单元格，输入公式"=$F$3+SUM($G$4:G4)-SUM($H$4:H4)"，按回车键计算出期末余额，然后将公式向下填充，如图7-47所示。

图 7-46　　　　　　　　　图 7-47

在I1单元格的下拉列表中选择"材料采购"选项，如图7-48所示，即可显示相关信息。最后选择B2:I9单元格区域，为表格添加边框并为列标题添加合适的填充颜色即可，如图7-49所示。

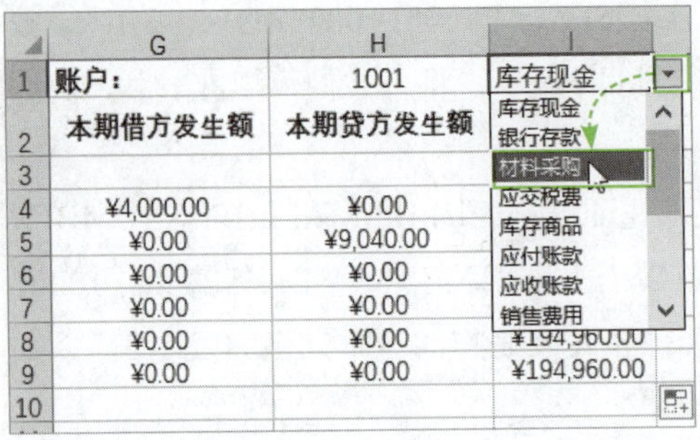

图 7-48

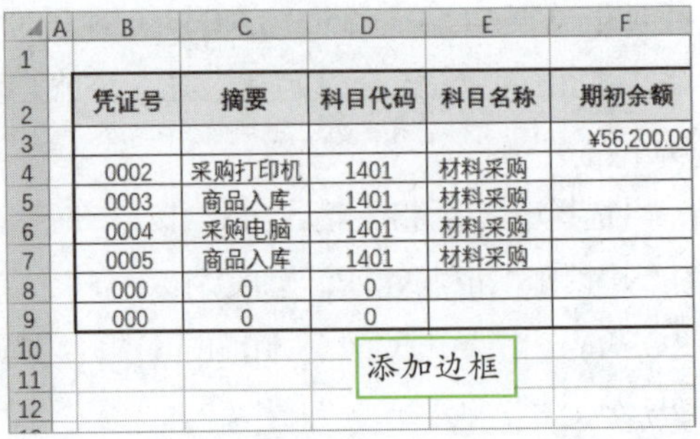

图 7-49

7.4 及时进行账务审核和保护

为保证财务报表中的数据准确性，需要对有关数据进行审核，为了防止重要数据被修改和泄露，还需要对表格中的数据进行保护。

7.4.1 账务的核对和平衡检验

对账是会计人员对账簿记录进行的核对工作，通过对账工作，检查财务总账表与明细账表数字是否相等，以做到账证相符、账账相符、账实相符。例如对库存现金的账务进行核对和平衡检验。

新建一张"账务核对"工作表，在其中输入相关内容，构建表格框架，如图7-50所示。

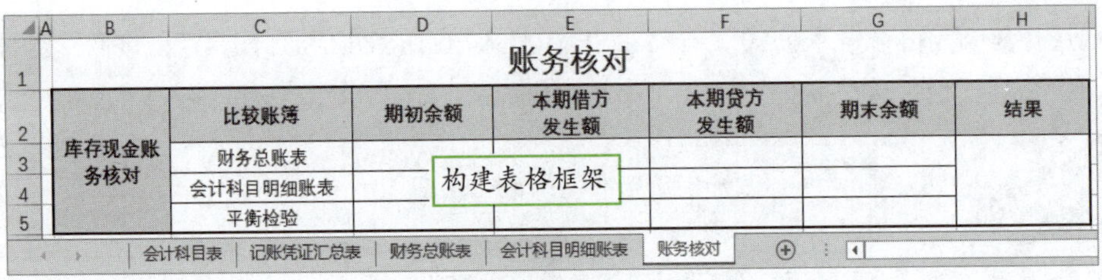

图 7-50

选择D3单元格，输入公式"=财务总账表!D4"，按回车键确认，引用"财务总账表"中"库存现金"科目的期初余额，然后将公式向右填充至G3单元格，如图7-51所示。

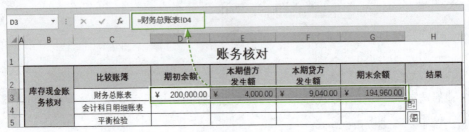

图 7-51

选择D4单元格，输入公式"=会计科目明细账表!F3"，按回车键确认，引用"会计科目明细账表"中"库存现金"科目的期初余额，如图7-52所示。

选择E4单元格，输入公式"=会计科目明细账表!G4+会计科目明细账表!G5"，按回车键计算出本期借方发生额，如图7-53所示。

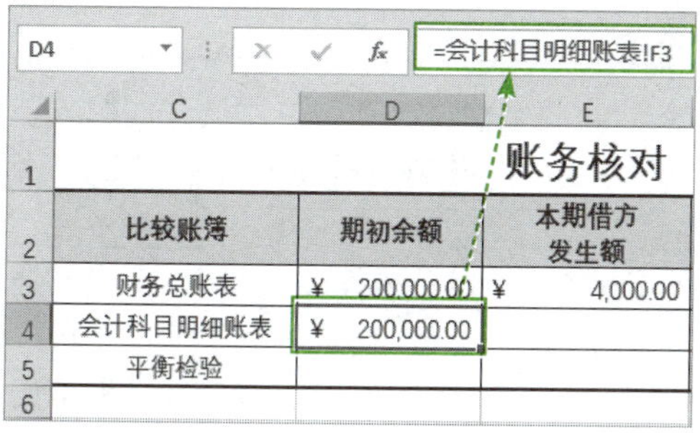

图7-52

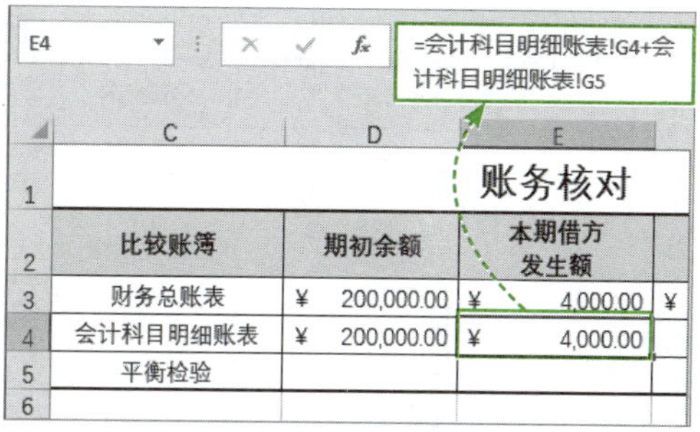

图7-53

选择F4单元格，输入公式"=SUM(会计科目明细账表!H4:H5)"，按回车键计算出本期贷方发生额，如图7-54所示。

选择G4单元格，输入公式"=会计科目明细账表!I5"，按回车键计算出期末余额，如图7-55所示。

图7-54

图7-55

选择D5单元格，输入公式"=IF(D3=D4,"平衡","不平衡")"，按回车键确认，然后将公式向右填充至G5单元格，判断出是否平衡，如图7-56所示。

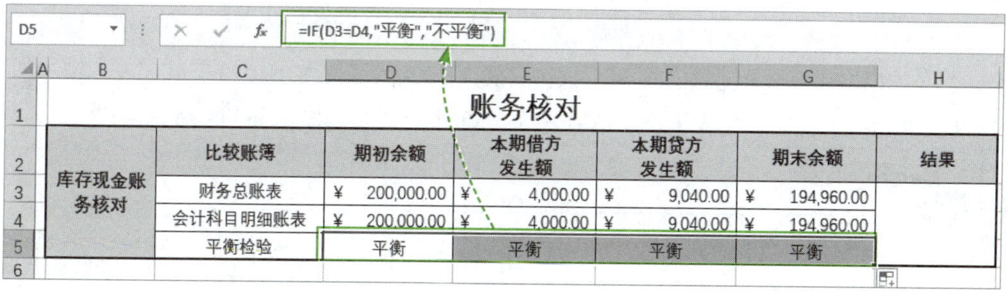

图7-56

选择H3单元格，输入公式"=IF(OR(D5="不平衡",E5="不平衡",F5="不平衡",G5="不平衡"),"账账不符","账账相符")"，按回车键确认，判断出账账相符，如图7-57所示。

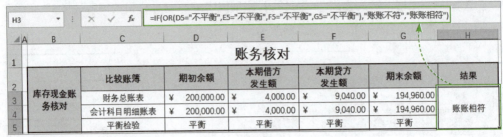

图 7-57

7.4.2 公式的审核

在会计报表中，用户往往会应用大量的公式和函数进行数据处理，此时，用户可以使用系统提供的功能对公式进行审核，以便快速找出公式错误所在。

1. 追踪引用单元格

打开"账务核对"工作表，选择H3单元格，在"公式"选项卡中单击"公式审核"选项组的"追踪引用单元格"按钮，如图7-58所示。在工作表中以箭头形式显示影响当前单元格公式计算值的单元格，表现出单元格间的引用关系，如图7-59所示。

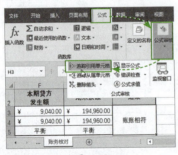

图 7-58

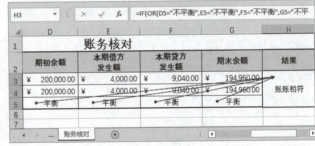

图 7-59

2. 追踪从属单元格

打开"账务核对"工作表，选择E3单元格，在"公式"选项卡中单击"公式审核"选项组的"追踪从属单元格"按钮，如图7-60所示。在工作表中以箭头形式指出受当前选择的单元格数据影响的单元格，表现出单元格间的从属关系，如图7-61所示。

> **知识点拨**
>
> 如果用户不再需要追踪单元格时，可以在"公式"选项卡中单击"删除箭头"按钮，即可将工作表中的箭头删除。

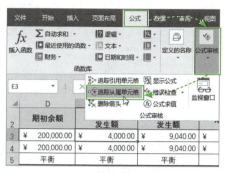

图 7-60　　　　　　　　　　图 7-61

3. 错误检查

选择表格中出错的单元格，这里选择D5单元格，在"公式"选项卡中单击"公式审核"选项组中的"错误检查"按钮，如图7-62所示。弹出"错误检查"对话框，从中显示了出错的公式和原因，如图7-63所示。

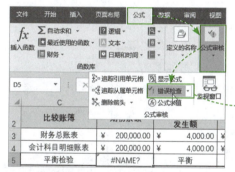

图 7-62　　　　　　　　　　图 7-63

> **知识点拨**
>
> 在"错误检查"对话框中，单击"选项"按钮，可以对错误检查的选项进行设置和规划；单击"关于此错误的帮助"按钮，可以打开该错误的帮助文件，查看出现该错误的原因及解决方案；单击"显示计算步骤"按钮，可以一步步查看该公式的计算过程，从中查找公式出错的具体位置；单击"忽略错误"按钮，可以忽略该单元格的错误；单击"在编辑栏中编辑"按钮，可以在编辑栏中对公式进行修改或编辑。

7.4.3　保护工作表

为防止他人随意修改报表中的数据，可对工作表进行保护，禁止修改表格中的数据。

打开"财务总账表"工作表，在"审阅"选项卡中单击"保护"选项组中的"保护工作表"按钮，如图7-64所示。打开"保护工作表"对话框，在"取消工作表保护时使用的密码"文本框中输入密码"123"，在"允许此工作表的所有用户进行"列表框中取消勾选所有复选框，单击"确定"按钮，如图7-65所示。弹出"确认密码"对话框，重新输入密码，单击"确定"按钮即可，如图7-66所示。此时，他人无法选中并修改工作表中的数据。

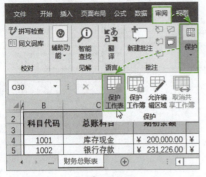

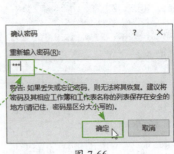

图 7-64　　　　　　　　　图 7-65　　　　　　　　　图 7-66

7.4.4 保护工作簿

用户可以为工作簿设置打开密码，只有输入正确的密码才能将其打开。

打开工作簿，单击"文件"按钮，选择"信息"选项，在"信息"界面中单击"保护工作簿"下拉按钮，从弹出的列表中选择"用密码进行加密"选项，如图7-67所示。打开"加密文档"对话框，在"密码"文本框中输入"123"，单击"确定"按钮，弹出"确认密码"对话框，重新输入密码"123"，单击"确定"按钮，如图7-68所示。

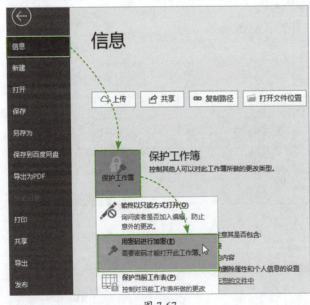

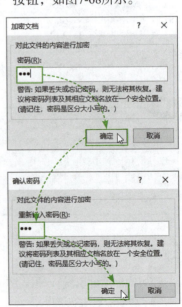

图 7-67　　　　　　　　　　　　　　　图 7-68

保存工作簿后，再次打开工作簿，弹出一个"密码"对话框，如图7-69所示，只有输入正确的密码，才能将该工作簿打开。

图 7-69

动手练 保护工作簿的结构

用户可以保护指定工作簿的结构，使工作簿的结构不能发生变化，即工作簿中的工作表不能被删除、重命名、移动或复制等，如图7-70所示。

图 7-70

打开工作簿，在"审阅"选项卡中单击"保护"选项组的"保护工作簿"按钮，如图7-71所示。打开"保护结构和窗口"对话框，在"密码"文本框中输入"123"，单击"确定"按钮，如图7-72所示。弹出"确认密码"对话框，在"重新输入密码"文本框中输入密码"123"，单击"确定"按钮，如图7-73所示。此时，用户在任意工作表上右击，在弹出的快捷菜单中，"插入""删除""重命名""移动"和"复制"等命令呈现为灰色不可用状态。

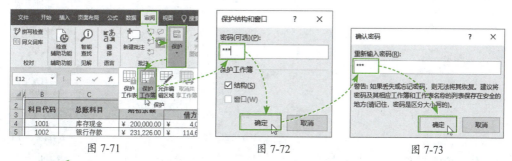

图 7-71　　　　　图 7-72　　　　　图 7-73

知识点拨

如果想要取消对工作簿的保护，则在"审阅"选项卡中再次单击"保护工作簿"按钮，弹出"撤销工作簿保护"对话框，在"密码"文本框中输入密码，单击"确定"按钮即可。

案例实战：保护财务报表中的计算公式

在财务报表中，涉及很多公式的使用，如果不希望别人看到公式，可以将单元格中的公式隐藏起来，如图7-74所示。

图 7-74

Step 01 打开"财务总账表"工作表，选择B4:G18单元格区域，按Ctrl+1组合键，打开"设置单元格格式"对话框，在"保护"选项卡中勾选"隐藏"复选框，如图7-75所示，单击"确定"按钮。

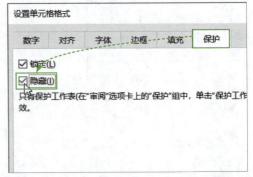

图 7-75

Step 02 打开"审阅"选项卡，单击"保护"选项组的"允许编辑区域"按钮，如图7-76所示。

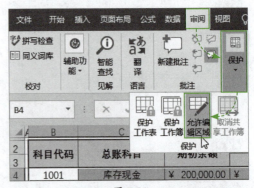

图 7-76

Step 03 打开"允许用户编辑区域"对话框，单击"新建"按钮，如图7-77所示。弹出"新区域"对话框，在"区域密码"文本框中输入"123"，单击"确定"按钮，打开"确认密码"对话框，在"重新输入密码"文本框中输入"123"，单击"确定"按钮，如图7-78所示。

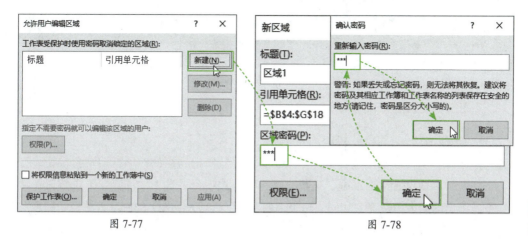

图 7-77　　　　　　　　　　　图 7-78

Step 04 返回"允许用户编辑区域"对话框,在"工作表受保护时使用密码取消锁定的区域"列表框中显示刚刚设置的区域,单击"保护工作表"按钮,如图7-79所示。

Step 05 打开"保护工作表"对话框,在"取消工作表保护时使用的密码"文本框中输入"123",在"允许此工作表的所有用户进行"列表框中勾选"选定锁定单元格"和"选定未锁定的单元格"复选框,单击"确定"按钮,如图7-80所示。弹出"确认密码"对话框,重新输入密码"123",单击"确定"按钮,如图7-81所示。

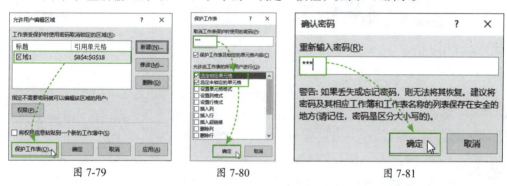

图 7-79　　　　　　　图 7-80　　　　　　　图 7-81

Step 06 如果用户修改已被保护的单元格中的内容,则会弹出"取消锁定区域"对话框,如图7-82所示。在"请输入密码以更改此单元格"文本框中输入正确的密码,单击"确定"按钮,才可以更改内容。

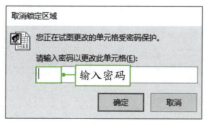

图 7-82

新手答疑

1. Q：如何删除工作表的背景图片？

A： 选择"页面布局"选项卡，在"页面设置"选项组中单击"删除背景"按钮即可，如图7-83所示。

2. Q：如何在打印时将批注打印出来？

A： 选择"页面布局"选项卡，单击"页面设置"选项组的对话框启动器按钮，打开"页面设置"对话框，选择"工作表"选项卡，选中"注释"下拉按钮，从弹出的列表中选择"如同工作表中的显示"选项，如图7-84所示，单击"确定"按钮即可。

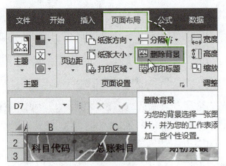

图 7-83

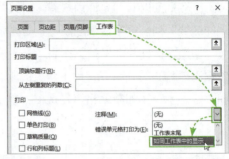

图 7-84

3. Q：如何进行公式求值？

A： 选择带有公式的单元格，选择"公式"选项卡，单击"公式审核"选项组的"公式求值"按钮，如图7-85所示。打开"公式求值"对话框，在"求值"文本框中显示整个公式，将公式中先进行计算的部分用下画线标出，单击"求值"按钮，如图7-86所示，可以查看下画线引用的值。

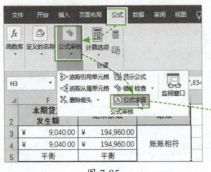

图 7-85

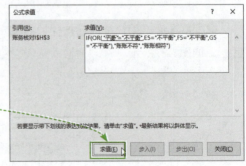

图 7-86

# 第 8 章
财务报表管理

　　财务报表主要包括资产负债表、利润表、现金流量表等，其中资产负债表为会计上相当重要的财务报表，用于呈现企业的经营状况。利润表是反映企业在一定会计期间经营成果的财务报表。现金流量表是反映企业在一定会计期间现金和现金等价物流入和流出的财务报表。

8.1 财务报表之资产负债表

资产负债表是反映企业在某一特定日期的全部资产、负债和所有者权益情况的财务报表，根据"资产=负债+所有者权益"这一平衡公式，依照一定的分类标准和一定的次序，将某一特定日期的资产、负债、所有者权益的具体项目予以适当地排列编制而成，如图8-1所示。

	资产负债表							
编制单位:	德胜有限公司		日期:	2020/12/31			单位:	元
资产	行次	年初余额	期末余额	负债和所有者权益	行次	年初余额		期末余额
流动资产:				流动负债:				
货币资金	1	¥151,244.50	¥78,151.37	短期借款	16	¥ -200,000.00	¥	-200,000.00
交易性金融资产	2			应付账款	17	¥ -	¥	-287,290.00
应收账款	3	¥104,000.00	¥565,220.00	应付职工薪酬	18	¥ -39,710.00	¥	-52,490.64
减: 坏账准备	4	¥0.00	¥3,340.00	应交税费	19	¥ -33,849.00	¥	-73,189.73
应收账款净额	5	¥104,000.00	¥561,880.00	其他应付款	20	¥ -	¥	-
其他应收款	6	¥0.00	(¥2,820.00)	流动负债合计	21	¥ -273,559.00	¥	-612,970.37
存货	7	¥375,500.00	¥352,500.00	非流动负债:				
流动资产合计	8	¥630,744.50	¥989,711.37	长期借款	22			
非流动资产:				非流动负债合计	23			
可供出售金融资产	9			负债合计	24	¥ -273,559.00	¥	-612,970.37
固定资产原值	10	¥105,800.00	¥105,800.00	所有者权益:				
减: 累计折旧	11	(¥42,729.15)	(¥44,732.46)	实收资本	25	¥ -400,000.00	¥	-400,000.00
固定资产净值	12	¥63,070.85	¥61,067.54	盈余公积	26			
无形资产	13			未分配利润	27	¥ -20,256.35	¥	-37,808.54
非流动资产合计	14	¥63,070.85	¥61,067.54	所有者权益合计	28	¥ -420,256.35	¥	-437,808.54
资产总计	15	¥693,815.35	¥1,050,778.91	负债和所有者权益合计	29	¥ -693,815.35	¥	-1,050,778.91

图 8-1

8.1.1 编制资产负债表

用户可以通过函数公式编制资产负债表。首先新建一张"资产负债表"工作表，在其中输入标题、行标题和列标题并设置其格式，构建表格框架，如图8-2所示。

	资产负债表						
编制单位:	德胜有限公司		日期:	2020/12/31		单位:	元
资产	行次	年初余额	期末余额	负债和所有者权益	行次	年初余额	期末余额
流动资产:				流动负债:			
货币资金	1	构建表格框架		短期借款	16		
交易性金融资产	2			应付账款	17		
应收账款	3			应付职工薪酬	18		
减: 坏账准备	4			应交税费	19		
应收账款净额	5			其他应付款	20		
其他应收款	6			流动负债合计	21		
存货	7			非流动负债:			
流动资产合计	8			长期借款	22		
非流动资产:				非流动负债合计	23		
可供出售金融资产	9			负债合计	24		
固定资产原值	10			所有者权益:			
减: 累计折旧	11			实收资本	25		

图 8-2

打开"财务总账表"工作表，选择B4:B24单元格区域，在"公式"选项卡中单击"定义名称"按钮，如图8-3所示。打开"新建名称"对话框，在"名称"文本框中输入"科目代码"，单击"确定"按钮，如图8-4所示。

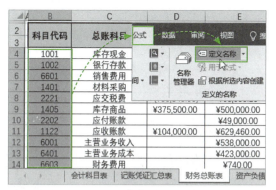
图 8-3

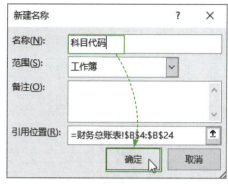
图 8-4

选择D4:D24单元格区域，打开"新建名称"对话框，在"名称"文本框中输入"年初余额"，单击"确定"按钮，如图8-5所示。选择G4:G24单元格区域，打开"新建名称"对话框，在"名称"文本框中输入"期末余额"，单击"确定"按钮，如图8-6所示。

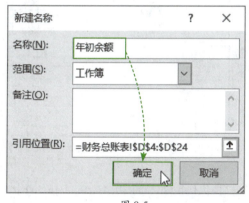
图 8-5

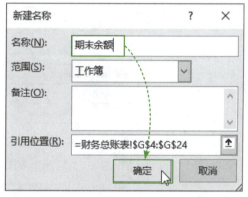
图 8-6

打开"资产负债表"工作表，选择D5单元格，输入公式"=SUMIF(科目代码,"1001",年初余额)+SUMIF(科目代码,"1002",年初余额)+SUMIF(科目代码,"1012",年初余额)"，按回车键计算出货币资金的年初余额，如图8-7所示。

知识点拨

货币资金=库存现金+银行存款+其他货币资金。

选择E5单元格，输入公式"=SUMIF(科目代码,"1001",期末余额)+SUMIF(科目代码,"1002",期末余额)+SUMIF(科目代码,"1012",期末余额)"，按回车键计算出货币资金的期末余额，如图8-8所示。

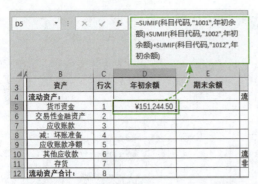

图 8-7　　　　　　　　　　　　图 8-8

选择D7单元格，输入公式"=SUMIF(科目代码,"1122",年初余额)"，按回车键计算出应收账款的年初余额，如图8-9所示。选择E7单元格，输入公式"=SUMIF(科目代码,"1122",期末余额)"，按回车键计算出应收账款的期末余额，如图8-10所示。

图 8-9　　　　　　　　　　　　图 8-10

选择D8单元格，输入公式"=ABS(SUMIF(科目代码,"1231",年初余额))"，按回车键计算出坏账准备年初余额，如图8-11所示。选择E8单元格，输入公式"=ABS(SUMIF(科目代码,"1231",期末余额))"，按回车键计算出坏账准备期末余额，如图8-12所示。

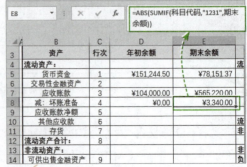

图 8-11　　　　　　　　　　　　图 8-12

选择D9单元格，输入公式“=D7-D8”，按回车键计算出应收账款净额年初余额，如图8-13所示。选择E9单元格，输入公式“=E7-E8”，按回车键计算出应收账款净额期末余额，如图8-14所示。

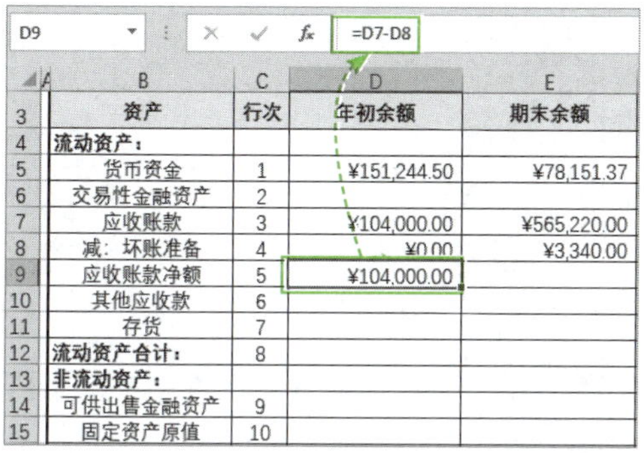

D9　=D7-D8

	B	C	D	E
3	资产	行次	年初余额	期末余额
4	流动资产：			
5	货币资金	1	¥151,244.50	¥78,151.37
6	交易性金融资产	2		
7	应收账款	3	¥104,000.00	¥565,220.00
8	减：坏账准备	4	¥0.00	¥3,340.00
9	应收账款净额	5	¥104,000.00	
10	其他应收款	6		
11	存货	7		
12	流动资产合计：	8		
13	非流动资产：			
14	可供出售金融资产	9		
15	固定资产原值	10		

图 8-13

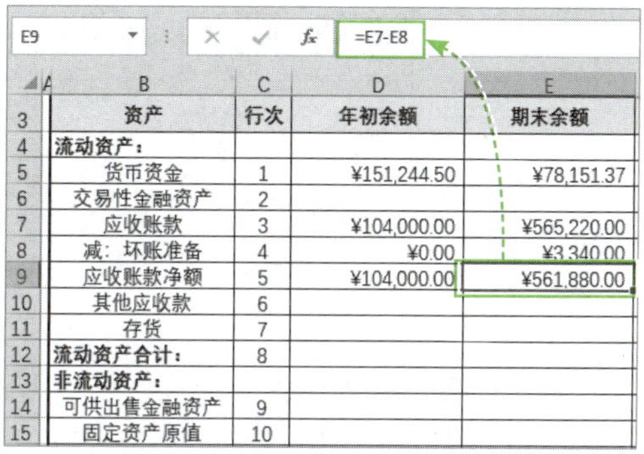

E9　=E7-E8

	B	C	D	E
3	资产	行次	年初余额	期末余额
4	流动资产：			
5	货币资金	1	¥151,244.50	¥78,151.37
6	交易性金融资产	2		
7	应收账款	3	¥104,000.00	¥565,220.00
8	减：坏账准备	4	¥0.00	¥3,340.00
9	应收账款净额	5	¥104,000.00	¥561,880.00
10	其他应收款	6		
11	存货	7		
12	流动资产合计：	8		
13	非流动资产：			
14	可供出售金融资产	9		
15	固定资产原值	10		

图 8-14

选择D10单元格，输入公式“=SUMIF(科目代码,"1221",年初余额)”，按回车键计算出其他应收款年初余额，如图8-15所示。选择E10单元格，输入公式“=SUMIF(科目代码,"1221",期末余额)”，按回车键计算出其他应收款期末余额，如图8-16所示。

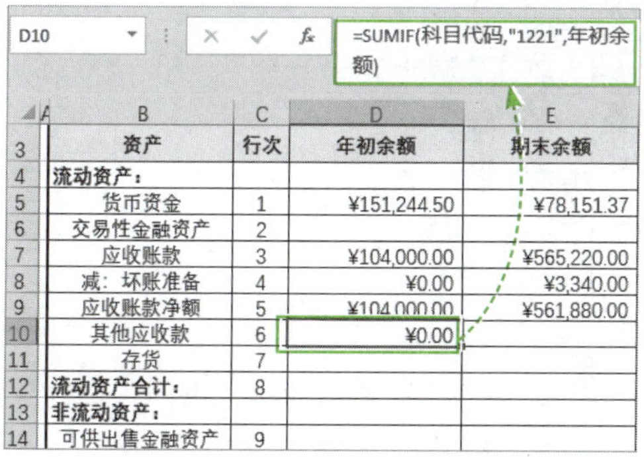

D10　=SUMIF(科目代码,"1221",年初余额)

	B	C	D	E
3	资产	行次	年初余额	期末余额
4	流动资产：			
5	货币资金	1	¥151,244.50	¥78,151.37
6	交易性金融资产	2		
7	应收账款	3	¥104,000.00	¥565,220.00
8	减：坏账准备	4	¥0.00	¥3,340.00
9	应收账款净额	5	¥104,000.00	¥561,880.00
10	其他应收款	6	¥0.00	
11	存货	7		
12	流动资产合计：	8		
13	非流动资产：			
14	可供出售金融资产	9		

图 8-15

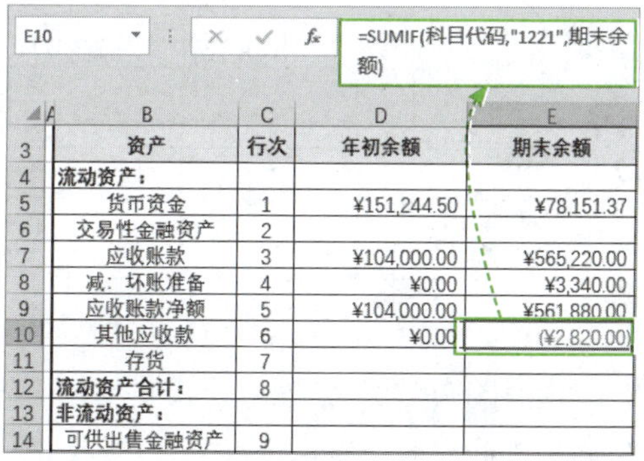

E10　=SUMIF(科目代码,"1221",期末余额)

	B	C	D	E
3	资产	行次	年初余额	期末余额
4	流动资产：			
5	货币资金	1	¥151,244.50	¥78,151.37
6	交易性金融资产	2		
7	应收账款	3	¥104,000.00	¥565,220.00
8	减：坏账准备	4	¥0.00	¥3,340.00
9	应收账款净额	5	¥104,000.00	¥561,880.00
10	其他应收款	6	¥0.00	(¥2,820.00)
11	存货	7		
12	流动资产合计：	8		
13	非流动资产：			
14	可供出售金融资产	9		

图 8-16

选择D11单元格，输入公式“=SUMIF(科目代码,"1401",年初余额)+SUMIF(科目代码,"1403",年初余额)+SUMIF(科目代码,"1405",年初余额)”，按回车键计算出存货年初余额，如图8-17所示。

知识点拨

存货=材料采购+原材料+库存商品。

选择E11单元格，输入公式“=SUMIF(科目代码,"1401",期末余额)+SUMIF(科目代码,"1403",期末余额)+SUMIF(科目代码,"1405",期末余额)”，按回车键计算出存货期末余额，如图8-18所示。

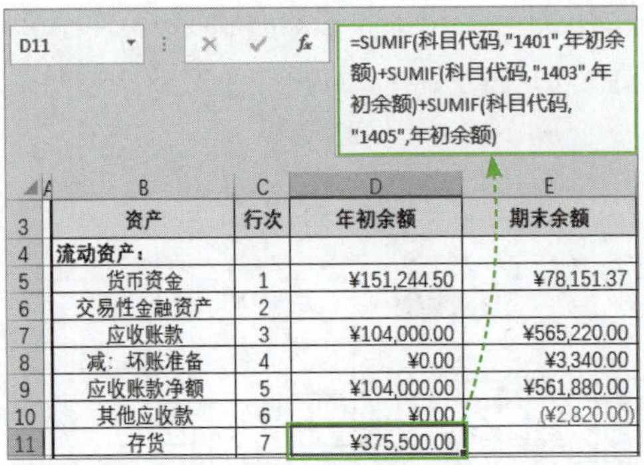

图 8-17

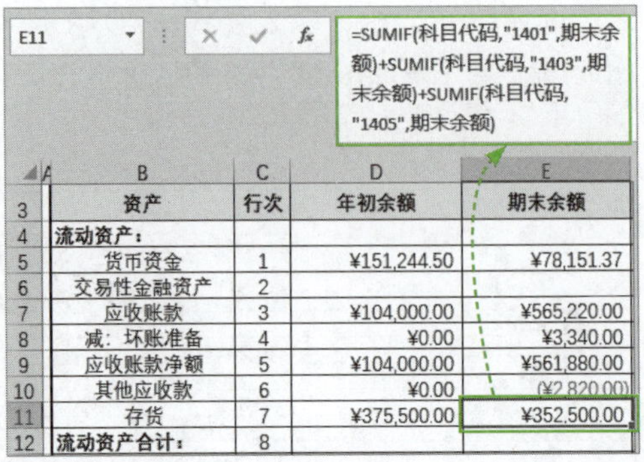

图 8-18

选择D12单元格,输入公式"=D5+D9+D10+D11",按回车键计算出流动资产年初余额合计,如图8-19所示。选择E12单元格,输入公式"=E5+E9+E10+E11",按回车键计算出流动资产期末余额合计,如图8-20所示。

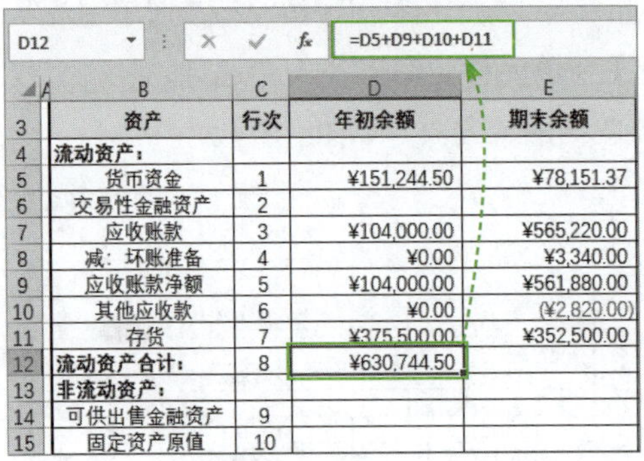

图 8-19

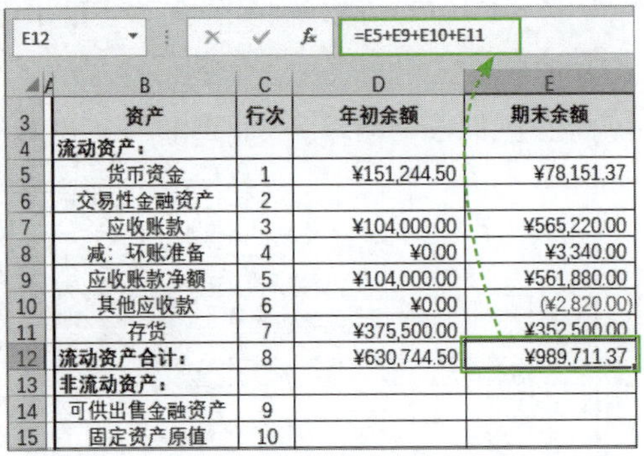

图 8-20

选择D15单元格,输入公式"=SUMIF(科目代码,"1601",年初余额)",按回车键计算出固定资产原值的年初余额,如图8-21所示。选择E15单元格,输入公式"=SUMIF(科目代码,"1601",期末余额)",按回车键计算出固定资产原值的期末余额,如图8-22所示。

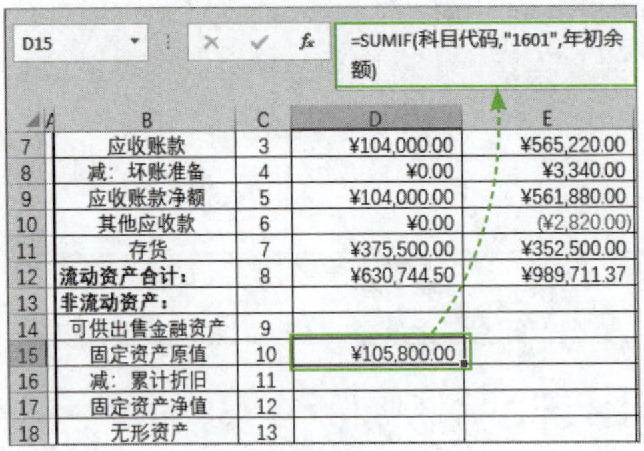

图 8-21

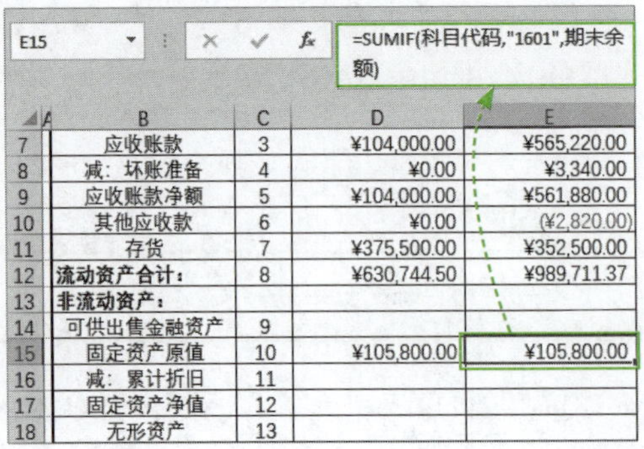

图 8-22

选择D16单元格，输入公式“=SUMIF(科目代码,"1602",年初余额)”，按回车键计算出累计折旧的年初余额，如图8-23所示。选择E16单元格，输入公式“=SUMIF(科目代码,"1602",期末余额)”，按回车键计算出累计折旧的期末余额，如图8-24所示。

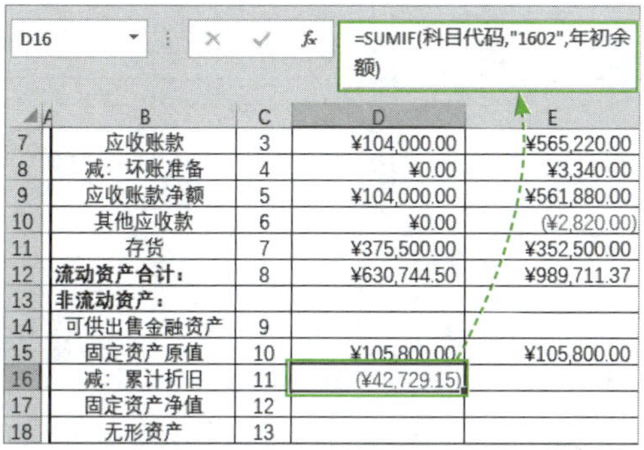

D16　=SUMIF(科目代码,"1602",年初余额)

	B	C	D	E
7	应收账款	3	¥104,000.00	¥565,220.00
8	减：坏账准备	4	¥0.00	¥3,340.00
9	应收账款净额	5	¥104,000.00	¥561,880.00
10	其他应收款	6	¥0.00	(¥2,820.00)
11	存货	7	¥375,500.00	¥352,500.00
12	流动资产合计：	8	¥630,744.50	¥989,711.37
13	非流动资产：			
14	可供出售金融资产	9		
15	固定资产原值	10	¥105,800.00	¥105,800.00
16	减：累计折旧	11	(¥42,729.15)	
17	固定资产净值	12		
18	无形资产	13		

图 8-23

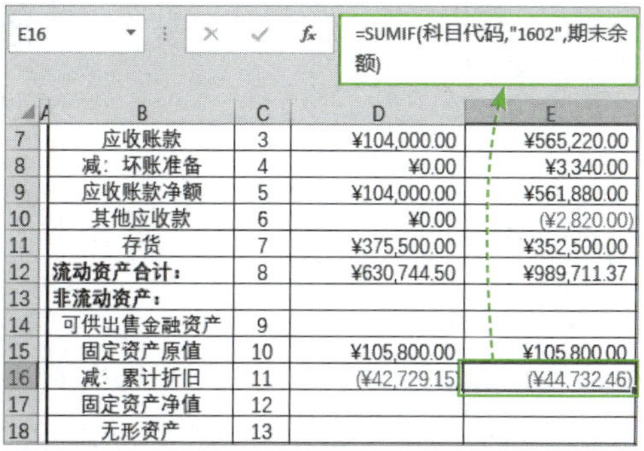

E16　=SUMIF(科目代码,"1602",期末余额)

	B	C	D	E
7	应收账款	3	¥104,000.00	¥565,220.00
8	减：坏账准备	4	¥0.00	¥3,340.00
9	应收账款净额	5	¥104,000.00	¥561,880.00
10	其他应收款	6	¥0.00	(¥2,820.00)
11	存货	7	¥375,500.00	¥352,500.00
12	流动资产合计：	8	¥630,744.50	¥989,711.37
13	非流动资产：			
14	可供出售金融资产	9		
15	固定资产原值	10	¥105,800.00	¥105,800.00
16	减：累计折旧	11	(¥42,729.15)	(¥44,732.46)
17	固定资产净值	12		
18	无形资产	13		

图 8-24

在D17单元格中输入公式“=D15+D16”，按回车键确认，在E17单元格中输入公式“=E15+E16”，按回车键确认，如图8-25所示。

在D19单元格中输入公式“=D17”，按回车键确认，在E19单元格中输入公式“=E17”，按回车键确认，如图8-26所示。

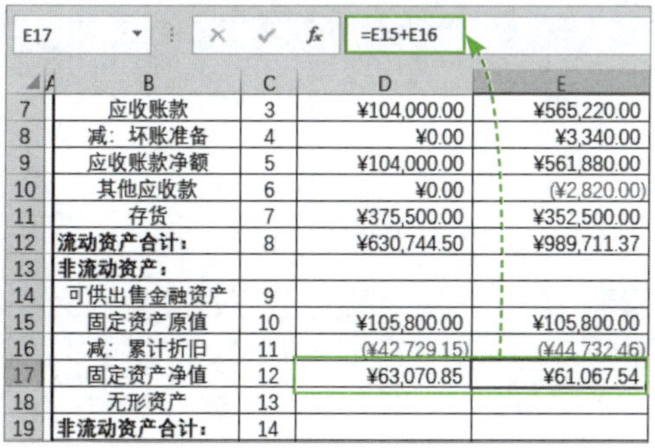

E17　=E15+E16

	B	C	D	E
7	应收账款	3	¥104,000.00	¥565,220.00
8	减：坏账准备	4	¥0.00	¥3,340.00
9	应收账款净额	5	¥104,000.00	¥561,880.00
10	其他应收款	6	¥0.00	(¥2,820.00)
11	存货	7	¥375,500.00	¥352,500.00
12	流动资产合计：	8	¥630,744.50	¥989,711.37
13	非流动资产：			
14	可供出售金融资产	9		
15	固定资产原值	10	¥105,800.00	¥105,800.00
16	减：累计折旧	11	(¥42,729.15)	(¥44,732.46)
17	固定资产净值	12	¥63,070.85	¥61,067.54
18	无形资产	13		
19	非流动资产合计：	14		

图 8-25

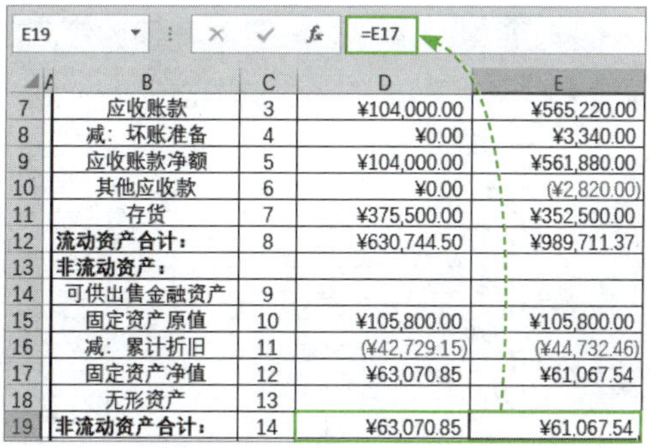

E19　=E17

	B	C	D	E
7	应收账款	3	¥104,000.00	¥565,220.00
8	减：坏账准备	4	¥0.00	¥3,340.00
9	应收账款净额	5	¥104,000.00	¥561,880.00
10	其他应收款	6	¥0.00	(¥2,820.00)
11	存货	7	¥375,500.00	¥352,500.00
12	流动资产合计：	8	¥630,744.50	¥989,711.37
13	非流动资产：			
14	可供出售金融资产	9		
15	固定资产原值	10	¥105,800.00	¥105,800.00
16	减：累计折旧	11	(¥42,729.15)	(¥44,732.46)
17	固定资产净值	12	¥63,070.85	¥61,067.54
18	无形资产	13		
19	非流动资产合计：	14	¥63,070.85	¥61,067.54

图 8-26

在D20单元格中输入公式“=D12+D19”，按回车键确认，在E20单元格中输入公式“=E12+E19”，按回车键确认，如图8-27所示。

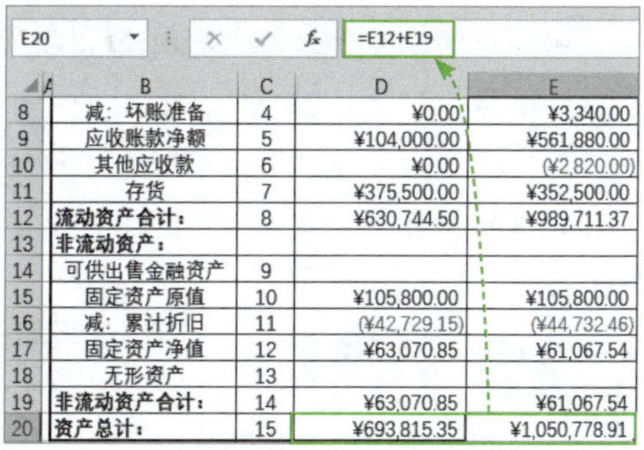

E20　=E12+E19

	B	C	D	E
8	减：坏账准备	4	¥0.00	¥3,340.00
9	应收账款净额	5	¥104,000.00	¥561,880.00
10	其他应收款	6	¥0.00	(¥2,820.00)
11	存货	7	¥375,500.00	¥352,500.00
12	流动资产合计：	8	¥630,744.50	¥989,711.37
13	非流动资产：			
14	可供出售金融资产	9		
15	固定资产原值	10	¥105,800.00	¥105,800.00
16	减：累计折旧	11	(¥42,729.15)	(¥44,732.46)
17	固定资产净值	12	¥63,070.85	¥61,067.54
18	无形资产	13		
19	非流动资产合计：	14	¥63,070.85	¥61,067.54
20	资产总计：	15	¥693,815.35	¥1,050,778.91

图 8-27

在H5单元格中输入公式“=SUMIF(科目代码,"2001",年初余额)”，按回车键确认，在I5单元格中输入公式“=SUMIF(科目代码,"2001",期末余额)”，按回车键确认，如图8-28所示。

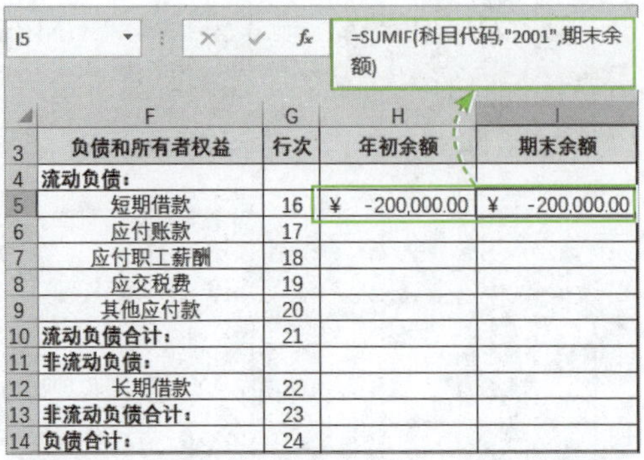
I5　=SUMIF(科目代码,"2001",期末余额)

3	负债和所有者权益	行次	年初余额	期末余额
4	流动负债：			
5	短期借款	16	¥ -200,000.00	¥ -200,000.00
6	应付账款	17		
7	应付职工薪酬	18		
8	应交税费	19		
9	其他应付款	20		
10	流动负债合计：	21		
11	非流动负债：			
12	长期借款	22		
13	非流动负债合计：	23		
14	负债合计：	24		

图 8-28

在H6单元格中输入公式“=SUMIF(科目代码,"2202",年初余额)”，按回车键确认，在I6单元格中输入公式“=SUMIF(科目代码,"2202",期末余额)”，按回车键确认，如图8-29所示。

在H7单元格中输入公式“=SUMIF(科目代码,"2211",年初余额)”，按回车键确认，在I7单元格中输入公式“=SUMIF(科目代码,"2211",期末余额)”，按回车键确认，如图8-30所示。

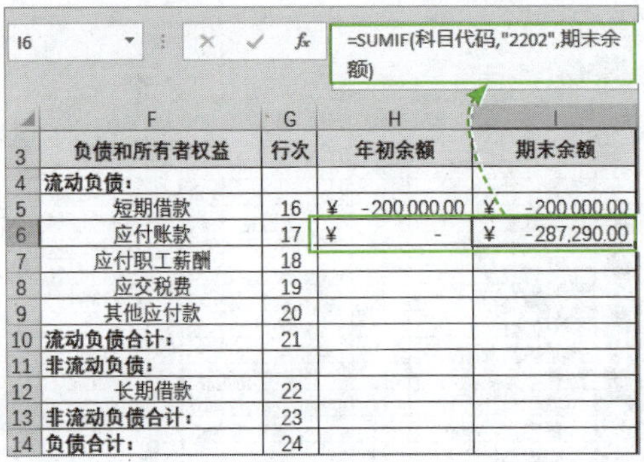
I6　=SUMIF(科目代码,"2202",期末余额)

3	负债和所有者权益	行次	年初余额	期末余额
4	流动负债：			
5	短期借款	16	¥ -200,000.00	¥ -200,000.00
6	应付账款	17	¥ -	¥ -287,290.00
7	应付职工薪酬	18		
8	应交税费	19		
9	其他应付款	20		
10	流动负债合计：	21		
11	非流动负债：			
12	长期借款	22		
13	非流动负债合计：	23		
14	负债合计：	24		

图 8-29

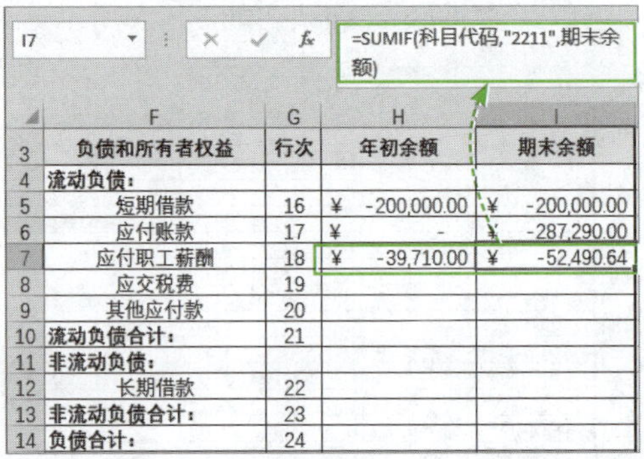
I7　=SUMIF(科目代码,"2211",期末余额)

3	负债和所有者权益	行次	年初余额	期末余额
4	流动负债：			
5	短期借款	16	¥ -200,000.00	¥ -200,000.00
6	应付账款	17	¥ -	¥ -287,290.00
7	应付职工薪酬	18	¥ -39,710.00	¥ -52,490.64
8	应交税费	19		
9	其他应付款	20		
10	流动负债合计：	21		
11	非流动负债：			
12	长期借款	22		
13	非流动负债合计：	23		
14	负债合计：	24		

图 8-30

在H8单元格中输入公式“=SUMIF(科目代码,"2221",年初余额)”，按回车键确认，在I8单元格中输入公式“=SUMIF(科目代码,"2221",期末余额)”，按回车键确认，如图8-31所示。

在H9单元格中输入公式“=SUMIF(科目代码,"2241",年初余额)”，按回车键确认，在I9单元格中输入公式“=SUMIF(科目代码,"2241",期末余额)”，按回车键确认，如图8-32所示。

知识点拨

资产负债表的编制格式有账户式、报告式和财务状况式三种。其中，账户式资产负债表分为左右两方，左方列示资产项目，右方列示负债及所有者权益项目，左、右两方的合计数保持平衡。

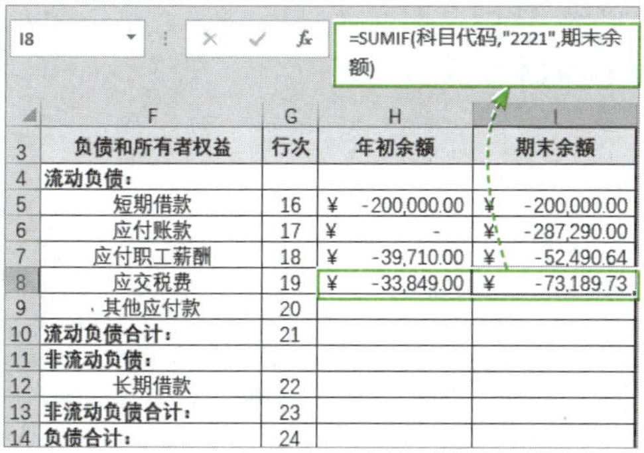

I8 =SUMIF(科目代码,"2221",期末余额)

	F	G	H	I
3	负债和所有者权益	行次	年初余额	期末余额
4	流动负债：			
5	短期借款	16	¥ -200,000.00	¥ -200,000.00
6	应付账款	17	¥ -	¥ -287,290.00
7	应付职工薪酬	18	¥ -39,710.00	¥ -52,490.64
8	应交税费	19	¥ -33,849.00	¥ -73,189.73
9	其他应付款	20		
10	流动负债合计：	21		
11	非流动负债：			
12	长期借款	22		
13	非流动负债合计：	23		
14	负债合计：	24		

图 8-31

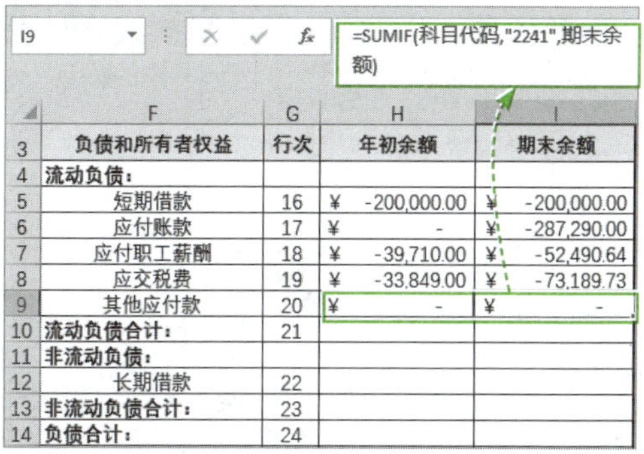

I9 =SUMIF(科目代码,"2241",期末余额)

	F	G	H	I
3	负债和所有者权益	行次	年初余额	期末余额
4	流动负债：			
5	短期借款	16	¥ -200,000.00	¥ -200,000.00
6	应付账款	17	¥ -	¥ -287,290.00
7	应付职工薪酬	18	¥ -39,710.00	¥ -52,490.64
8	应交税费	19	¥ -33,849.00	¥ -73,189.73
9	其他应付款	20	¥ -	¥ -
10	流动负债合计：	21		
11	非流动负债：			
12	长期借款	22		
13	非流动负债合计：	23		
14	负债合计：	24		

图 8-32

在H10单元格中输入公式“=SUM(H5:H9)”，按回车键确认，在I10单元格中输入公式“=SUM(I5:I9)”，按回车键确认，如图8-33所示。

在H14单元格中输入公式“=H10”，按回车键确认，在I14单元格中输入公式“=I10”，按回车键确认，如图8-34所示。

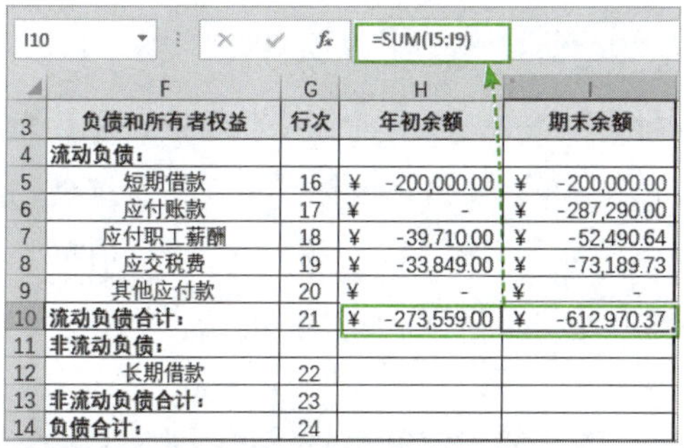

I10 =SUM(I5:I9)

	F	G	H	I
3	负债和所有者权益	行次	年初余额	期末余额
4	流动负债：			
5	短期借款	16	¥ -200,000.00	¥ -200,000.00
6	应付账款	17	¥ -	¥ -287,290.00
7	应付职工薪酬	18	¥ -39,710.00	¥ -52,490.64
8	应交税费	19	¥ -33,849.00	¥ -73,189.73
9	其他应付款	20	¥ -	¥ -
10	流动负债合计：	21	¥ -273,559.00	¥ -612,970.37
11	非流动负债：			
12	长期借款	22		
13	非流动负债合计：	23		
14	负债合计：	24		

图 8-33

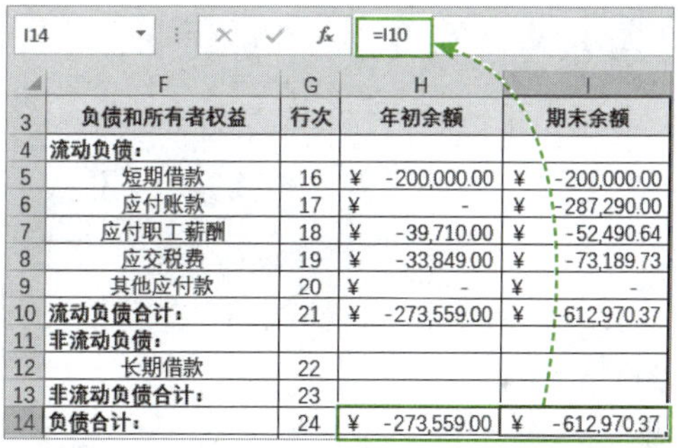

I14 =I10

	F	G	H	I
3	负债和所有者权益	行次	年初余额	期末余额
4	流动负债：			
5	短期借款	16	¥ -200,000.00	¥ -200,000.00
6	应付账款	17	¥ -	¥ -287,290.00
7	应付职工薪酬	18	¥ -39,710.00	¥ -52,490.64
8	应交税费	19	¥ -33,849.00	¥ -73,189.73
9	其他应付款	20	¥ -	¥ -
10	流动负债合计：	21	¥ -273,559.00	¥ -612,970.37
11	非流动负债：			
12	长期借款	22		
13	非流动负债合计：	23		
14	负债合计：	24	¥ -273,559.00	¥ -612,970.37

图 8-34

在H16单元格中输入公式“=SUMIF(科目代码,"4001",年初余额)”，按回车键确认，在I16单元格中输入公式“=SUMIF(科目代码,"4001",期末余额)”，按回车键确认，如图8-35所示。

在H18单元格中输入公式“=SUMIF(科目代码,"4103",年初余额)”，按回车键确认，在I18单元格中输入公式“=SUMIF(科目代码,"4103",期末余额)”，按回车键确认，如图8-36所示。

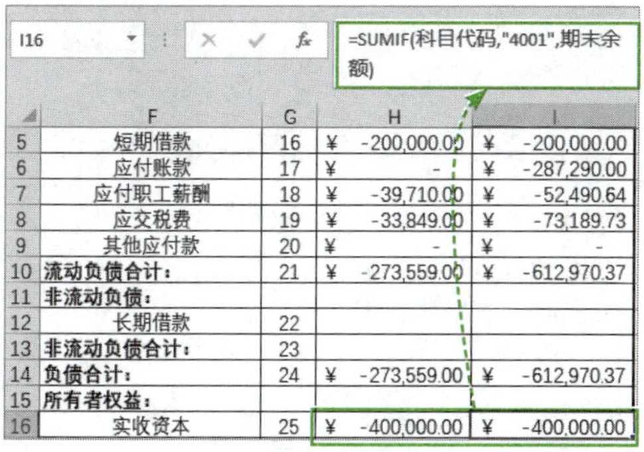

I16 =SUMIF(科目代码,"4001",期末余额)

	F	G	H	I
5	短期借款	16	¥ -200,000.00	¥ -200,000.00
6	应付账款	17	¥ -	¥ -287,290.00
7	应付职工薪酬	18	¥ -39,710.00	¥ -52,490.64
8	应交税费	19	¥ -33,849.00	¥ -73,189.73
9	其他应付款	20	¥ -	¥ -
10	流动负债合计：	21	¥ -273,559.00	¥ -612,970.37
11	非流动负债：			
12	长期借款	22		
13	非流动负债合计：	23		
14	负债合计：	24	¥ -273,559.00	¥ -612,970.37
15	所有者权益：			
16	实收资本	25	¥ -400,000.00	¥ -400,000.00

图 8-35

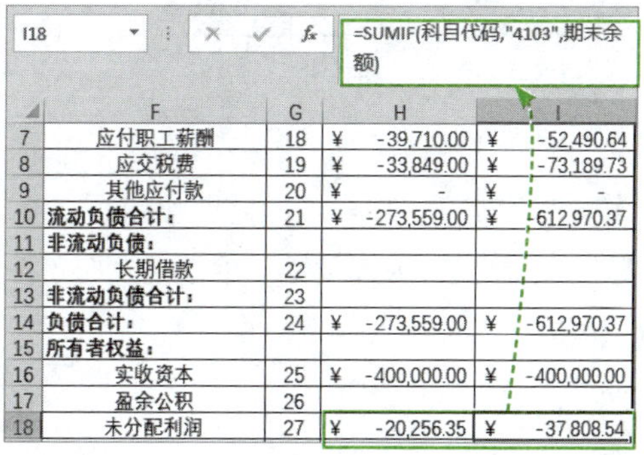

I18 =SUMIF(科目代码,"4103",期末余额)

	F	G	H	I
7	应付职工薪酬	18	¥ -39,710.00	¥ -52,490.64
8	应交税费	19	¥ -33,849.00	¥ -73,189.73
9	其他应付款	20	¥ -	¥ -
10	流动负债合计：	21	¥ -273,559.00	¥ -612,970.37
11	非流动负债：			
12	长期借款	22		
13	非流动负债合计：	23		
14	负债合计：	24	¥ -273,559.00	¥ -612,970.37
15	所有者权益：			
16	实收资本	25	¥ -400,000.00	¥ -400,000.00
17	盈余公积	26		
18	未分配利润	27	¥ -20,256.35	¥ -37,808.54

图 8-36

在H19单元格中输入公式"=SUM(H16:H18)",按回车键确认,在I19单元格中输入公式"=SUM(I16:I18)",按回车键确认,如图8-37所示。

在H20单元格中输入公式"=H19+H14",按回车键确认,在I20单元格中输入公式"=I19+I10",按回车键确认,如图8-38所示。

图 8-37　　　　　　　　　　　　图 8-38

8.1.2 发布资产负债表

用户可以将资产负债表发布到网上,以供相关人员进行浏览,只需要将其保存为网页格式。打开"资产负债表"工作表,单击"文件"按钮,选择"另存为"选项,在"另存为"界面中单击"浏览"按钮,如图8-39所示。打开"另存为"对话框,单击"保存类型"下拉按钮,从弹出的列表中选择"网页(*.htm或*.html)"选项,如图8-40所示。

图 8-39

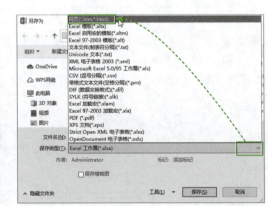

图 8-40

单击"更改标题"按钮,打开"输入文字"对话框,在"页标题"文本框中输入"资产负债表",单击"确定"按钮,如图8-41所示。返回"另存为"对话框,选中"选择(E):工作表"单选按钮,单击"发布"按钮,如图8-42所示。

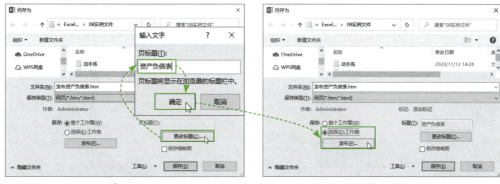

图 8-41　　　　　　　　　　　　　图 8-42

弹出"发布为网页"对话框，勾选"在浏览器中打开已发布网页"复选框，单击"发布"按钮，如图8-43所示，即可弹出网页格式的资产负债表，如图8-44所示。

图 8-43　　　　　　　　　　　　　图 8-44

将资产负债表导出为PDF

将资产负债表导出为PDF格式，既方便查看，又可以防止他人随意修改表格中的数据，如图8-45所示。

扫码看视频

图 8-45

第8章　财务报表管理

打开"资产负债表"工作表,单击"文件"按钮,选择"导出"选项,在"导出"界面中选择"创建PDF/XPS文档"选项,单击右侧的"创建PDF/XPS"按钮,如图8-46所示。打开"发布为PDF或XPS"对话框,选择保存位置后单击"发布"按钮即可,如图8-47所示。

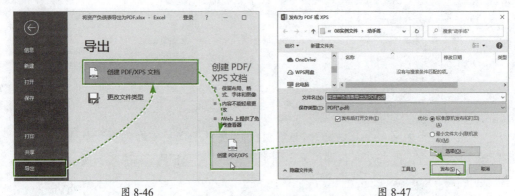

图 8-46　　　　　　　　　　　　　图 8-47

8.2　财务报表之利润表

利润表是反映企业在一定会计期间经营成果的财务报表。其揭示了企业在某一特定时期实现的各种收入,发生的各种费用、成本或支出,以及企业实现的利润或发生的亏损情况,如图8-48所示。

	B	C	D	E
1	利　润　表			
2	编制单位:德胜有限公司	时间:	2020/12/30	单位:元
3	项　　目	行次	本月数	本年累计数
4	一、主营业务收入	1	538000	538000
5	减:主营业务成本	2	423000	423000
6	营业税金及附加	3	0	0
7	二、主营业利润(亏损以"-"号填列)	4	115000	115000
8	加:其他业务利润(亏损以"-"号填列)	5	0	0
9	减:销售费用	6	9000	9000
10	管理费用	7	81857.08	81857.08
11	财务费用	8	740	740
12	三、营业利润(亏损以"-"号填列)	9	23402.92	23402.92
13	加:投资收益(损失以"-"号填列)	10	0	0
14	补贴收入	11	0	0
15	营业外收入	12	0	0
16	减:营业外支出	13	0	0
17	四、利润总额(亏损总额以"-"号填列)	14	23402.92	23402.92
18	减:所得税费用	15	5850.73	5850.73
19	五、净利润(净亏损以"-"号填列)	16	17552.19	17552.19

图 8-48

8.2.1　编制利润表

利润表是根据"收入-费用=利润"的基本关系来编制的,其具体内容取决于收入、费用、利润等会计要素及内容。

首先新建一张"利润表"工作表，输入标题、行标题和列标题并设置格式，构建表格框架，如图8-49所示。

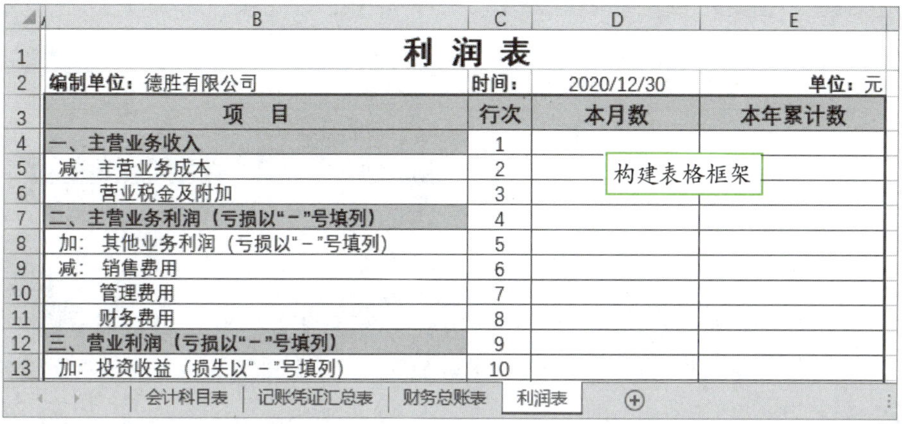

图 8-49

选择D4单元格，输入公式"=SUMIF(财务总账表!$B$4:$B$24,"6001",财务总账表!$F$4:$F$24)"，按回车键计算出"主营业务收入"的"本月数"，如图8-50所示。

选择D5单元格，输入公式"=SUMIF(财务总账表!$B$4:$B$24,"6401",财务总账表!$E$4:$E$24)"，按回车键计算出"主营业务成本"的"本月数"，如图8-51所示。

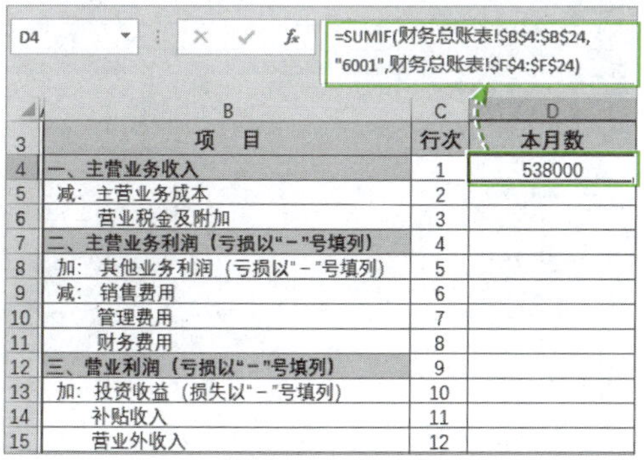

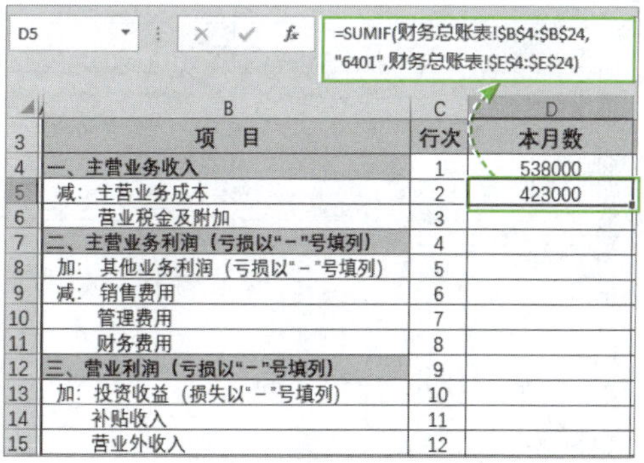

图 8-50

图 8-51

选择D6单元格，输入公式"=SUMIF(财务总账表!$B$4:$B$24,"6403",财务总账表!$E$4:$E$24)"，按回车键计算出"营业税金及附加"的"本月数"，如图8-52所示。

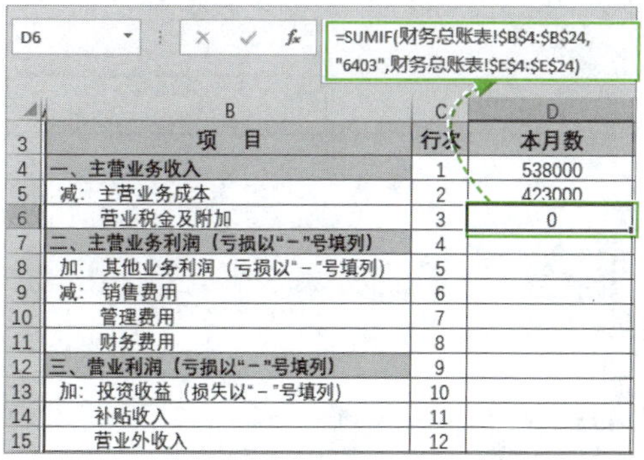

图 8-52

选择D7单元格，输入公式"=D4-D5-D6"，按回车键计算出"主营业务利润"的"本月数"，如图8-53所示。

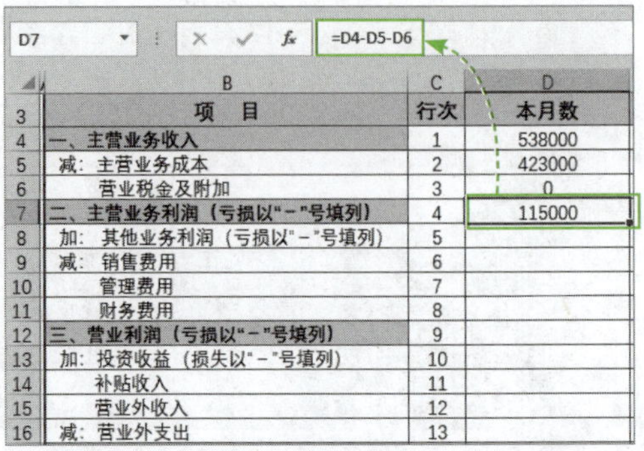

图 8-53

由于本例中没有涉及"其他业务利润"，所以在D8单元格中输入0。然后选择D9单元格，输入公式"=SUMIF(财务总账表!$B$4:$B$24,"6601",财务总账表!$E$4:$E$24)"，按回车键计算出"销售费用"的"本月数"，如图8-54所示。

选择D10单元格，输入公式"=SUMIF(财务总账表!$B$4:$B$24,"6602",财务总账表!$E$4:$E$24)"，按回车键计算出"管理费用"的"本月数"，如图8-55所示。

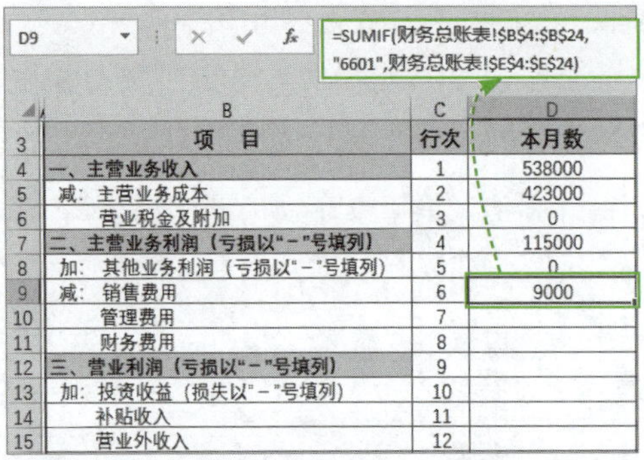

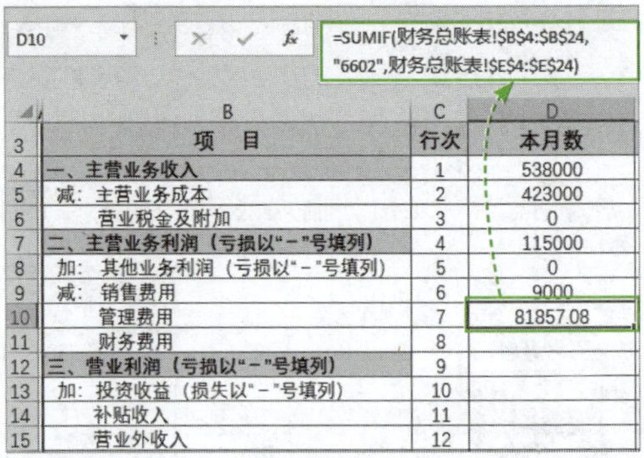

图 8-54　　　　　　　　　　　　图 8-55

选择D11单元格，输入公式"=SUMIF(财务总账表!$B$4:$B$24,"6603",财务总账表!$E$4:$E$24)"，按回车键计算出"财务费用"的"本月数"，如图8-56所示。

选择D12单元格，输入公式"=D7+D8-D9-D10-D11"，按回车键计算出"营业利润"的"本月数"，如图8-57所示。

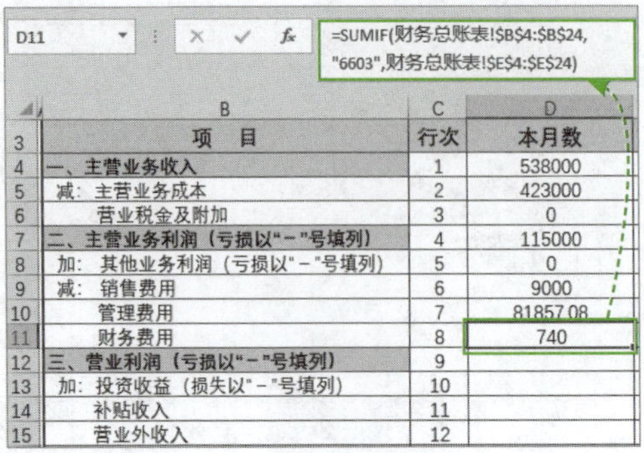

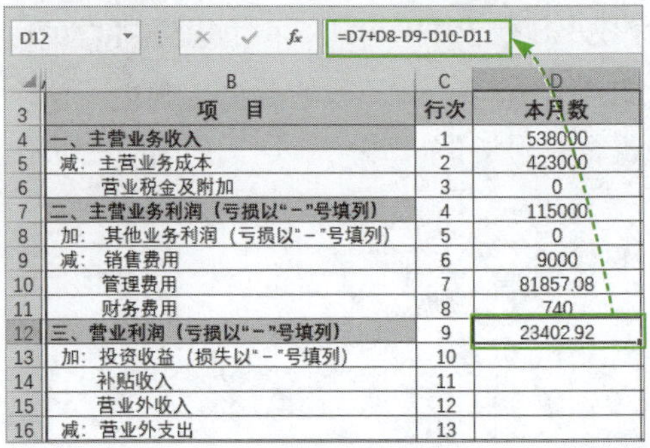

图 8-56　　　　　　　　　　　　图 8-57

由于本例中没有涉及"投资收益""补贴收入""营业外收入"和"营业外支出"，因此在D13、D14、D15和D16单元格中输入"0"，然后选择D17单元格，输入公式"=D12+D13+D14+D15-D16"，按回车键计算出"利润总额"的"本月数"，如图8-58所示。

选择D18单元格，输入公式"=SUMIF(财务总账表!$B$4:$B$24,"6801",财务总账表!$E$4:$E$24)"，按回车键计算出"所得税费用"的"本月数"，如图8-59所示。

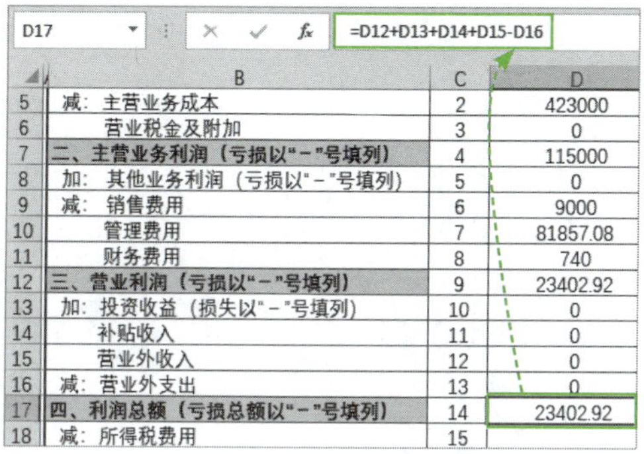

图 8-58

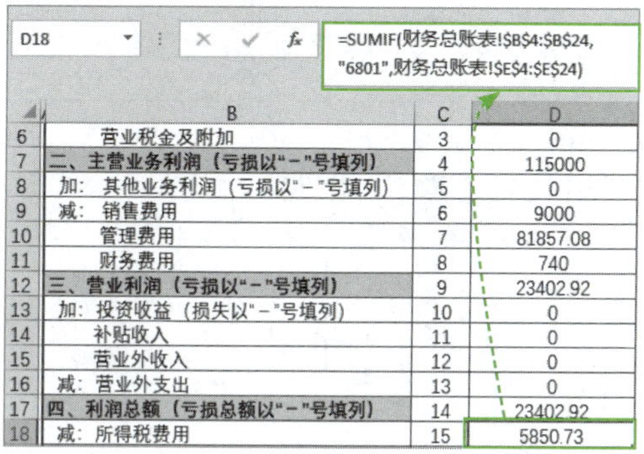

图 8-59

选择D19单元格，输入公式"=D17-D18"，按回车键计算出"净利润"的"本月数"，如图8-60所示。

选择E4单元格，输入公式"=D4"，按回车键计算出"本年累计数"，将公式向下填充，如图8-61所示。

> **知识点拨**
>
> "本年累计数"的计算公式为"本年累计数=上一期本年累计数+本月数"，但本例中没有涉及上一期的"本年累计数"，因此"本年累计数=本月数"。

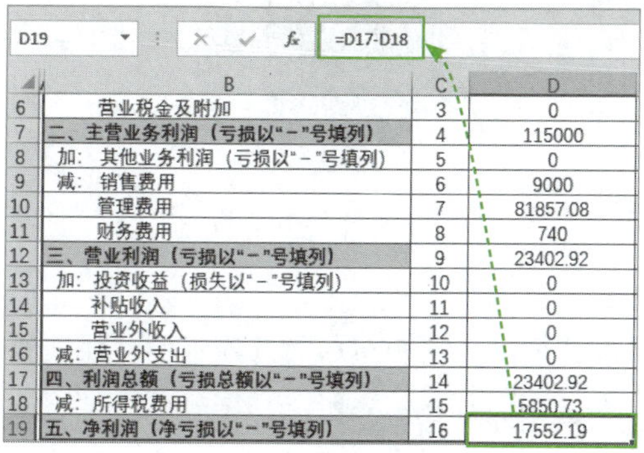

图 8-60

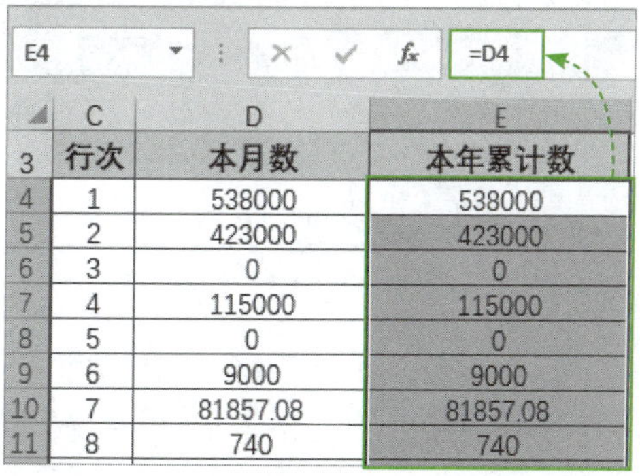

图 8-61

8.2.2 分析利润表

用户可以将利润表中的收入和费用提取出来，创建收入与费用统计表，然后使用图表进行分析。

首先新建一张"收入与费用统计表"工作表，在其中输入相关信息，构建表格框架，如图8-62所示。

选择C3单元格，输入公式"=利润表!D4"，按回车键确认，引用"利润表"中的主营业务收入，如图8-63所示。

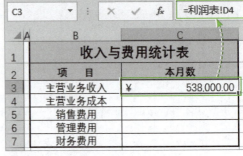

图 8-62　　　　　　　　　　图 8-63

按照同样的方法引用其他数据。然后选择B2:C7单元格区域，打开"插入"选项卡，单击"图表"选项组的"插入饼图或圆环图"下拉按钮，从弹出的列表中选择"饼图"选项，如图8-64所示，即可插入一个饼图，将图表标题更改为"收入与费用统计图表"并设置字体格式，如图8-65所示。

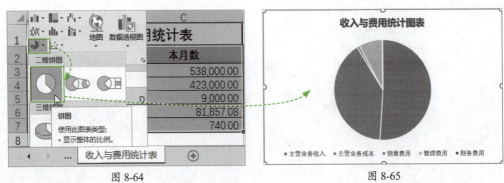

图 8-64　　　　　　　　　　图 8-65

选择图表，打开"图表工具-设计"选项卡，单击"图表布局"选项组的"快速布局"下拉按钮，从弹出的列表中选择"布局1"选项，如图8-66所示。接着单击"更改颜色"下拉按钮，从弹出的列表中选择"彩色调色板4"选项，如图8-67所示。

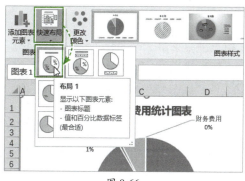
图 8-66

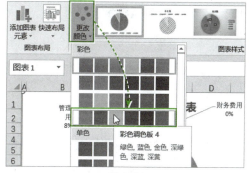
图 8-67

最后根据需要调整图表大小，适当调整数据标签的位置即可，如图8-68所示。

图 8-68

8.3 财务报表之现金流量表

现金流量表是反映企业在一定会计期间现金和现金等价物流入和流出的财务报表，是预测企业未来现金流量的依据，如图8-69所示。

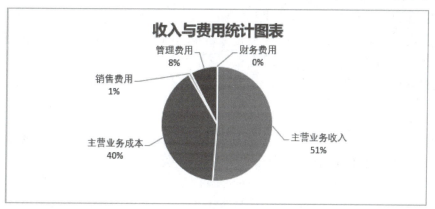
图 8-69

8.3.1 认识现金流量表

现金流量表是非常重要的财务报表之一，用户可以采用工作底稿法和T形账户法来编制现金流量表。

1. 工作底稿法

使用工作底稿法编制现金流量表，就是以工作底稿为手段，以损益表和资产负债表数据为基础，对每一个项目进行分析并编制调整分录，从而编制出现金流量表。采用工作底稿法编制现金流量表的程序如下。

Step 01 将资产负债表的期初数和期末数记入工作底稿的期初数栏和期末数栏。

Step 02 对当期业务进行分析并编制调整分录。

Step 03 将调整分录记入工作底稿中的相应部分。

Step 04 核对调整分录，借贷合计应当相等，资产负债表项目期初数加减调整分录中的借贷金额以后，应当等于期末数。

Step 05 根据工作底稿中的现金流量表项目部分编制正式的现金流量表。

2. T形账户法

使用T形账户法，就是以T形账户为手段，以损益表和资产负债表数据为基础，对每一个项目进行分析并编制出调整分录，从而编制出现金流量表。采用T形账户法编制现金流量表的程序如下。

Step 01 为所有的非现金项目分别开设T形账户，将各自的期末期初变动数计入各账户。

Step 02 开设一个大的"现金及现金等价物"T形账户，每边分为经营活动、投资活动和筹资活动三部分，左边记现金流入，右边记现金流出，与其他账户一样，计入期末期初变动数。

Step 03 以损益表项目为基础，结合资产负债表分析每一个非现金项目的增减变动并据此编制调整分录。

Step 04 将调整分录计入各T形账户并进行核对，该账户借贷相抵后的余额与原先计入的期末期初变动数应当一致。

Step 05 根据大的"现金及现金等价物"T形账户编制正式的现金流量表。

8.3.2 编制现金流量表

通过工作底稿法或T形账户法编制现金流量表，将数据输入现金流量表后，还需要对现金流量表进行适当调整，对其中的数据进行计算。

首先新建一张"现金流量表"工作表，在其中输入标题、列标题、项目名称、金额等基本数据并进行格式设置，为其添加边框，如图8-70所示。

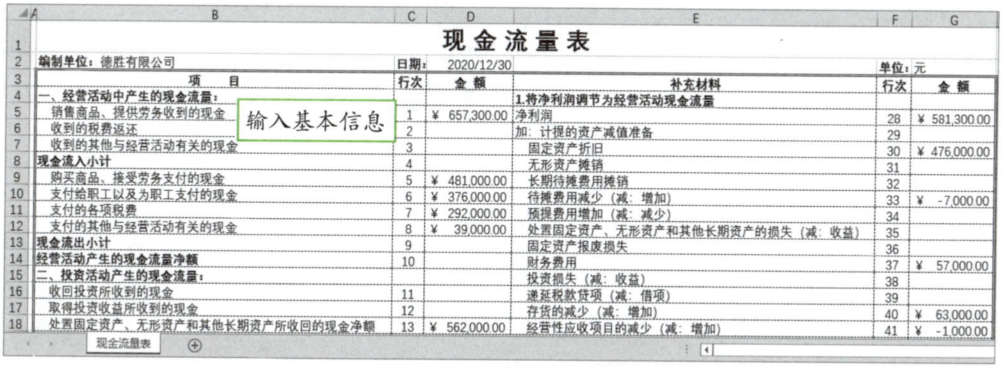

图 8-70

选择表格中所有小计和现金流量净额所在的单元格，在"开始"选项卡中单击"填充颜色"下拉按钮，从弹出的列表中选择合适的颜色，这里选择"白色，背景1，深色15%"选项，如图8-71所示。

选择D8单元格，输入公式"=SUM(D5:D7)"，按回车键计算出经营活动中现金流入小计，如图8-72所示。

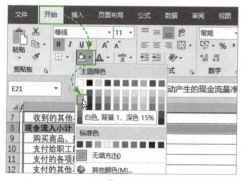

图 8-71

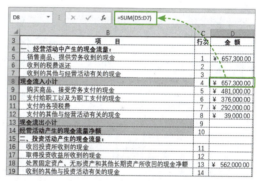

图 8-72

选择D13单元格，输入公式"=SUM(D9:D12)"，按回车键确认，选择D14单元格，输入公式"=D8-D13"，按回车键计算出经营活动产生的现金流量净额，如图8-73所示。

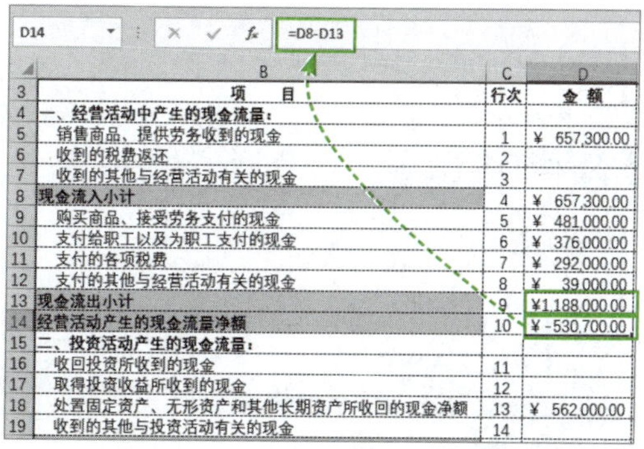

图 8-73

183

选择D20单元格，输入公式"=SUM(D16:D18)"，按回车键确认，选择D21单元格，输入公式"=D20"，按回车键确认，如图8-74所示。

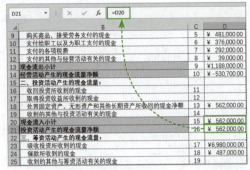

图 8-74

选择D26单元格，输入公式"=SUM(D23:D25)"，按回车键确认，选择D30单元格，输入公式"=SUM(D27:D29)"，按回车键确认，如图8-75所示。

选择D31单元格，输入公式"=D26-D30"，按回车键确认，选择D33单元格，输入公式"=D14+D21+D31"，按回车键确认，如图8-76所示。

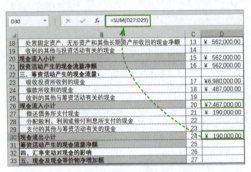

图 8-75

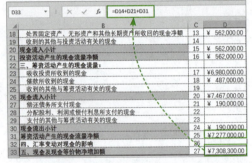

图 8-76

选择G21单元格，输入公式"=SUM(G5:G20)"，按回车键确认，如图8-77所示。选择G33单元格，输入公式"=G21+G29-G30"，按回车键确认，如图8-78所示。

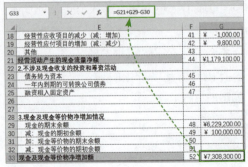

图 8-77　　　　　　　　　　图 8-78

动手练 分析现金流量趋势

用户可以通过使用趋势线性方程来对现金流量的趋势进行分析,从而预测未来可能出现的结果。

趋势线性方程的公式为,$Y=m+nX$,其中m和n为常数,$m=\sum Y/a$(a表示时期数的个数),$n=\sum XY/\sum X^2$。X表示时期系统的值,且$\Delta X=0$,随着时期的奇偶性不同,X的值不同。

	第一年	第二年	第三年	第四年
时期为奇数时,X的值	-2	-1	0	1
时期为偶数时,X的值	-3	-1	1	3

例如,已知2017~2020年经营活动中的现金流量,使用线性方程预测2021年和2022年经营活动中的现金流量情况。

Step 01 新建一张"现金流量趋势分析"工作表,在工作表中构建三个表格,分别是趋势分析表、趋势预测和预测前提,设置其格式,添加边框,如图8-79所示。

图 8-79

Step 02 选择J3:J6单元格区域,按Ctrl+C组合键进行复制,然后选择D3单元格,在"开始"选项卡中单击"粘贴"下拉按钮,从弹出的列表中选择"粘贴"选项,如图8-80所示。

图 8-80

注意事项 因为时期数为偶数,因此X的值分别是-3、-1、1、3。

Step 03 选择E3单元格,输入公式"=C3*D3",按回车键计算出XY值,将公式向下填充,如图8-81所示。

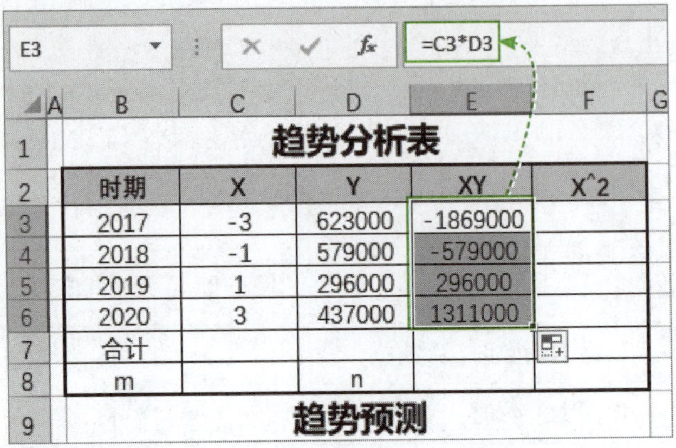

图 8-81

Step 04 选择F3单元格,输入公式"=C3^2",按回车键计算出X^2的值,将公式向下填充,如图8-82所示。

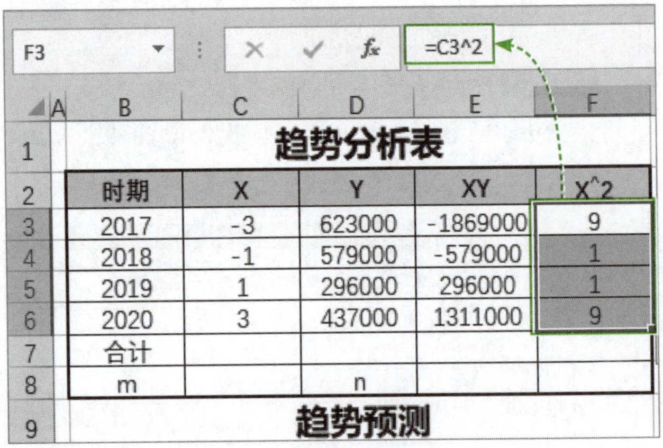

图 8-82

Step 05 选择C7单元格,输入公式"=SUM(C3:C6)",按回车键确认,将公式向右填充,如图8-83所示。

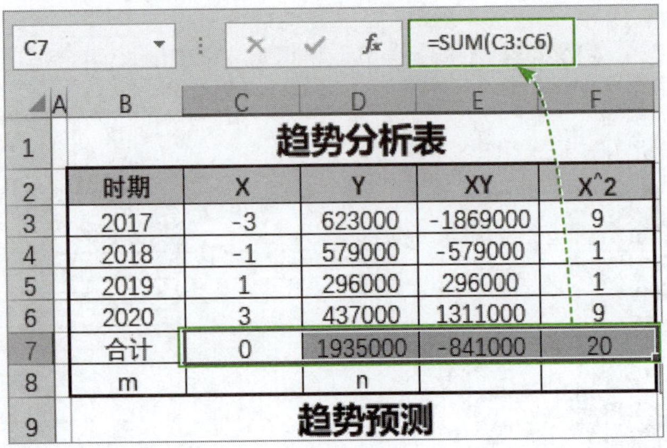

图 8-83

Step 06 选择C8单元格，输入公式“=D7/4”，按回车键计算出m的值，如图8-84所示。

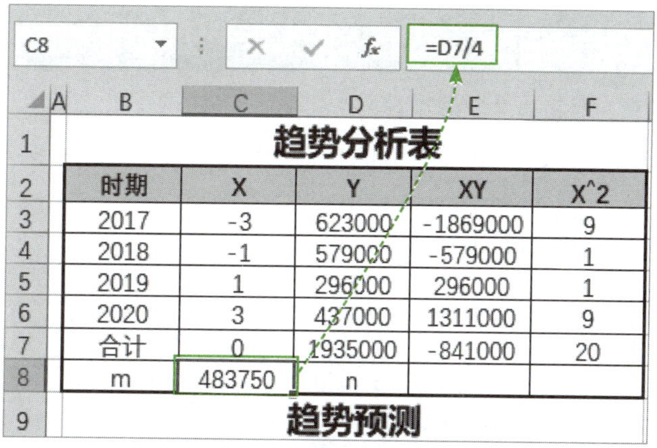

趋势分析表				
时期	X	Y	XY	X^2
2017	-3	623000	-1869000	9
2018	-1	579000	-579000	1
2019	1	296000	296000	1
2020	3	437000	1311000	9
合计	0	1935000	-841000	20
m	483750	n		
趋势预测				

图 8-84

Step 07 选择E8单元格，输入公式“=E7/F7”，按回车键计算出n的值，如图8-85所示。

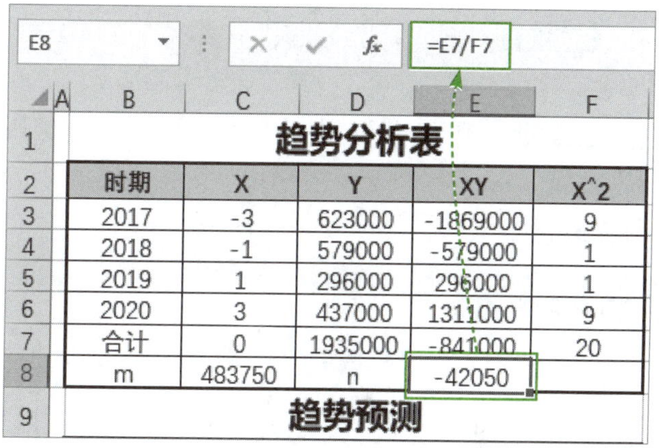

趋势分析表				
时期	X	Y	XY	X^2
2017	-3	623000	-1869000	9
2018	-1	579000	-579000	1
2019	1	296000	296000	1
2020	3	437000	1311000	9
合计	0	1935000	-841000	20
m	483750	n	-42050	
趋势预测				

图 8-85

Step 08 在C10和C11单元格中分别输入“5”和“7”，然后选择D10单元格，输入公式“=$C$8+$E$8*C10”，按回车键确认，将公式向下填充，预测2021年和2022年现金流量净额，如图8-86所示。

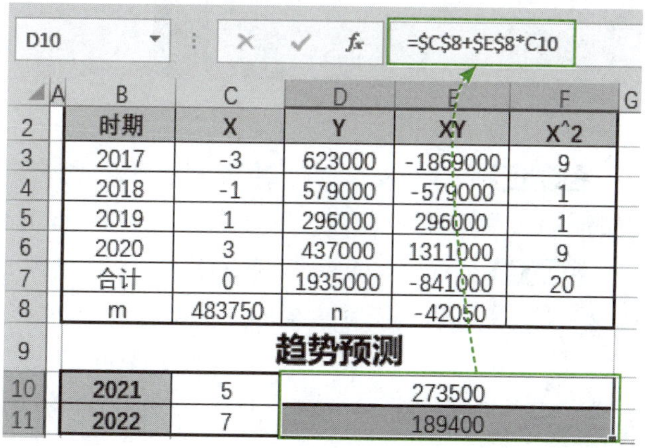

时期	X	Y	XY	X^2
2017	-3	623000	-1869000	9
2018	-1	579000	-579000	1
2019	1	296000	296000	1
2020	3	437000	1311000	9
合计	0	1935000	-841000	20
m	483750	n	-42050	
趋势预测				
2021	5	273500		
2022	7	189400		

图 8-86

案例实战：为资产负债表添加超链接

资产负债表中含有大量数据，有的数据是直接引用其他表格中的数据，为了显示这些数据的来源，用户可以为其添加超链接，如图8-87所示。

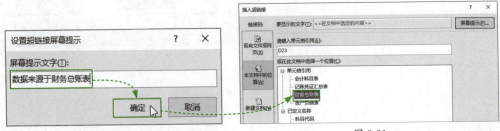

图 8-87

Step 01 打开"资产负债表"工作表，选择H5单元格，打开"插入"选项卡，单击"链接"选项组的"链接"按钮，如图8-88所示。

Step 02 打开"插入超链接"对话框，在"链接到"选项中选择"本文档中的位置"选项，在"请键入单元格引用"文本框中输入"D23"，单击"屏幕提示"按钮，如图8-89所示。

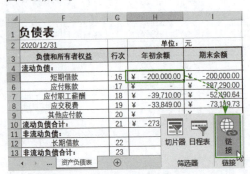

图 8-88

图 8-89

Step 03 弹出"设置超链接屏幕提示"对话框，在"屏幕提示文字"文本框中输入"数据来源于财务总账表"，单击"确定"按钮，如图8-90所示。

Step 04 返回"插入超链接"对话框，在"或在此文档中选择一个位置"列表框中选择"财务总账表"选项，如图8-91所示，单击"确定"按钮。

图 8-90

图 8-91

Step 05 此时，选中的单元格中的数据显示下画线，将光标指向该超链接时，在下方会显示屏幕提示信息，如图8-92所示。

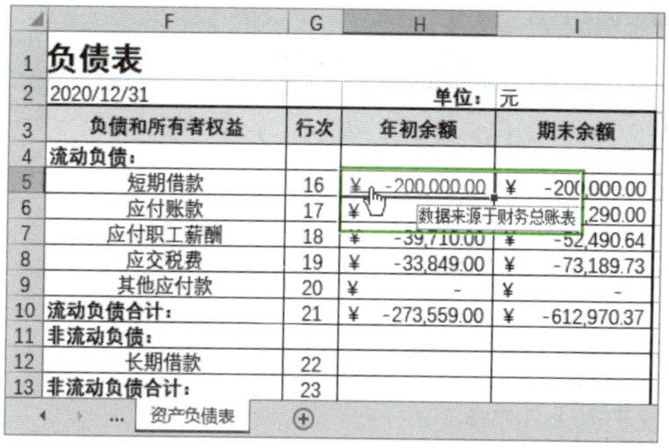

图 8-92

Step 06 单击该超链接，即可链接到当前工作簿中的财务总账表的"D23"单元格，如图8-93所示。

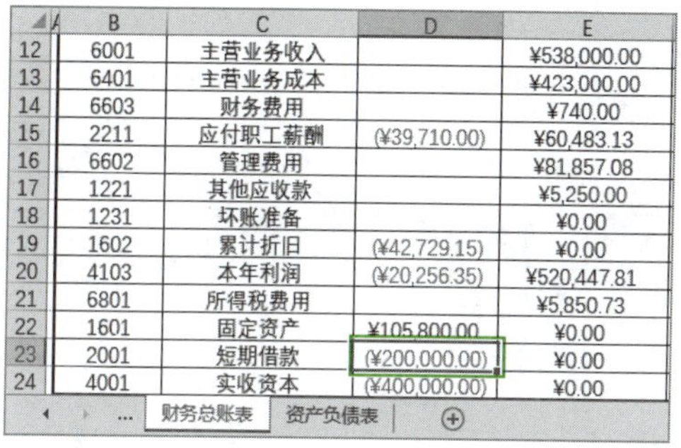

图 8-93

Step 07 如果用户需要修改超链接，则可以在超链接上右击，从弹出的快捷菜单中选择"编辑超链接"命令，如图8-94所示。打开"编辑超链接"对话框，如图8-95所示，从中进行相关修改操作即可。

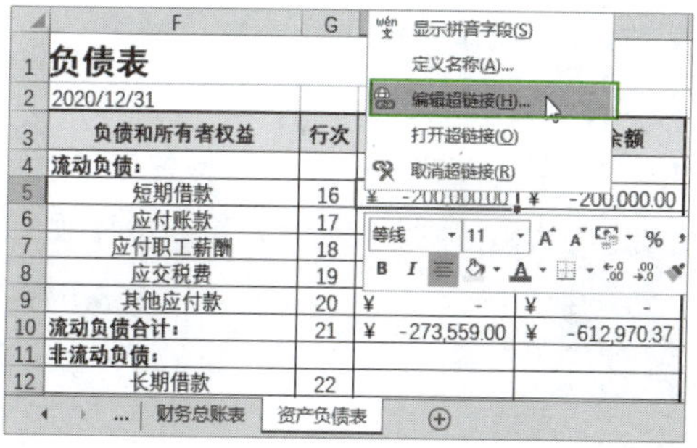

图 8-94

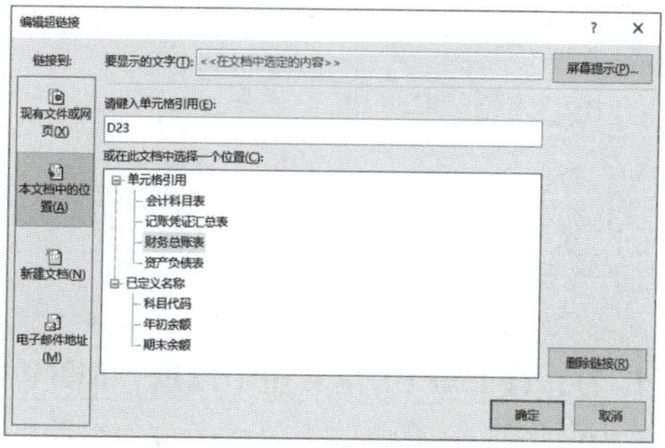

图 8-95

新手答疑

1. Q：如何删除超链接？

  A：选择设置了超链接的单元格，右击，从弹出的快捷菜单中选择"取消超链接"命令即可，如图8-96所示。

2. Q：如何删除定义的名称？

  A：选择"公式"选项卡，单击"定义的名称"选项组的"名称管理器"按钮，打开"名称管理器"对话框，选择需要删除的名称，单击"删除"按钮即可，如图8-97所示。

图 8-96

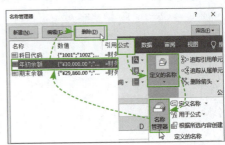
图 8-97

3. Q：如何更改图表的数据区域？

  A：选择图表，选择"图表工具-设计"选项卡，单击"数据"选项组的"选择数据"按钮，打开"选择数据源"对话框，单击"图表数据区域"右侧的折叠按钮，如图8-98所示。重新选择数据区域，单击"确定"按钮即可。

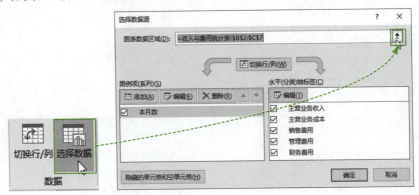
图 8-98

4. Q：在Excel单元格中出现"#DIV/0"错误信息是什么意思？

  A：若输入的公式中除数为0，或者在公式中除数使用了空白的单元格，或包含0值的单元格的引用，就会出现错误信息"#DIV/0"，只要修改单元格引用，使公式中除数不为0或空单元格即可。

第9章
常用表格管理

使用Excel不仅可以制作各种财务报表，还可以通过筛选、汇总、图表等功能，帮助用户分析表格中的数据。前面介绍了资产负债表、利润表、现金流量表等财务报表，其实在企业经营管理中还会用到银行存款日记账、销售业绩报表、生产预算表等一些常用表格。

9.1 银行存款日记账

银行存款日记账是由出纳人员根据审核无误的银行存款收付凭证，按照经济业务事项发生的时间先后顺序，逐日逐笔地进行登记的账簿。银行存款日记账必须采用订本式账簿，其账页格式一般采用"借方""贷方"和"余额"三栏式，如图9-1所示。

	A	B	C	D	E	F	G	H
1	日期	凭证		摘要	对方科目	借方	贷方	余额
2	2020/9/1			期初余额				¥ 600,000.00
3	2020/9/1	银收1		销售产品	主营业务收入	¥ 7,000.00		¥ 607,000.00
4	2020/9/2	银付1		付所得税	应交税费		¥ 25,400.00	¥ 581,600.00
5	2020/9/4	银付2		提现	库存现金		¥ 3,000.00	¥ 578,600.00
6	2020/9/8	银付3		偿还借款	短期借款		¥ 100,000.00	¥ 478,600.00
7	2020/9/15	银付4		偿还利息	财务费用		¥ 2,500.00	¥ 476,100.00
8	2020/9/20	银付5		提现	库存现金		¥ 50,000.00	¥ 426,100.00
9	2020/9/25	银付6		付广告费	销售费用		¥ 1,500.00	¥ 424,600.00
10	**本月合计**					¥ 7,000.00	¥ 182,400.00	¥ 424,600.00

图 9-1

9.1.1 创建银行存款日记账

创建"三栏式"银行存款日记账，首先需要新建一张"银行存款日记账"工作表，在其中输入列标题，构建表格框架，如图9-2所示。

	A	B	C	D	E	F	G	H
1		日期	凭证	摘要	对方科目	借方	贷方	余额
2								
3					构建表格框架			
4								
5								
6								
7								
8								
9								
10		本月合计						

图 9-2

选择F2:H10单元格区域，在"开始"选项卡中单击"数字格式"下拉按钮，从弹出的列表中选择"会计专用"选项，如图9-3所示。然后输入日期、凭证、摘要、对方科目、借方金额、贷方金额和期初余额，如图9-4所示。

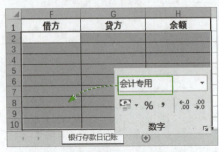

图 9-3

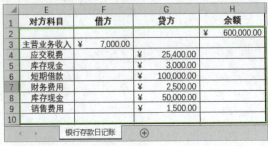

图 9-4

选择H3单元格，输入公式"=H2+F3-G3"，如图9-5所示。按回车键计算出"余额"，然后将公式向下填充，如图9-6所示。

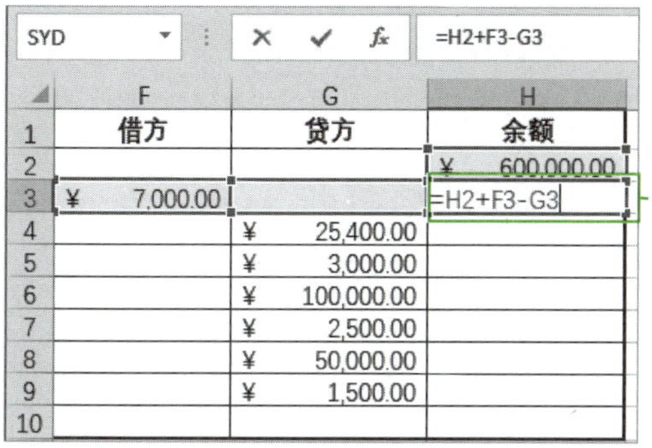

图9-5

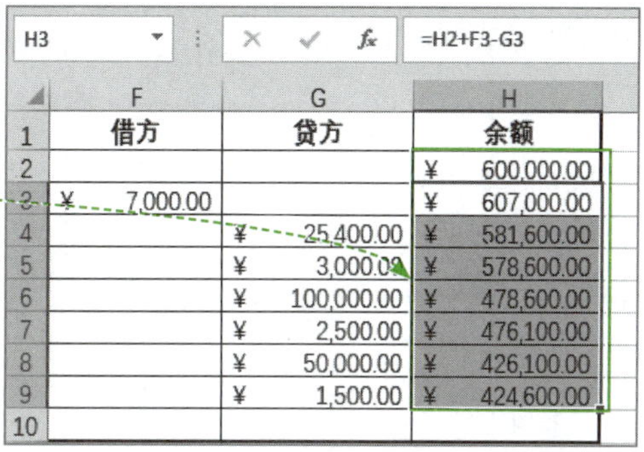

图9-6

选择F10单元格，输入公式"=SUM(F3:F9)"，如图9-7所示。按回车键计算出借方合计金额，然后将公式向右填充，如图9-8所示。

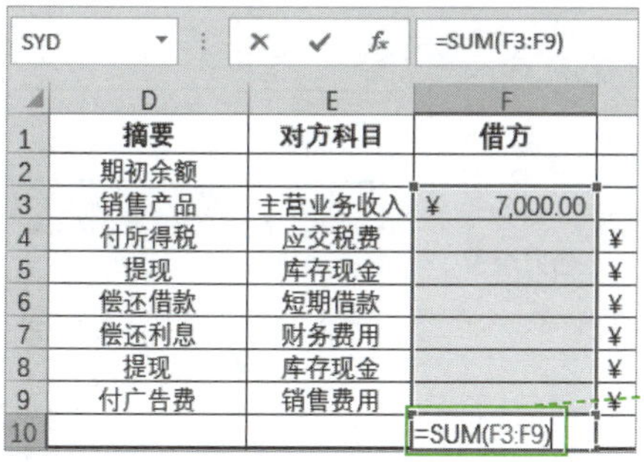

图9-7

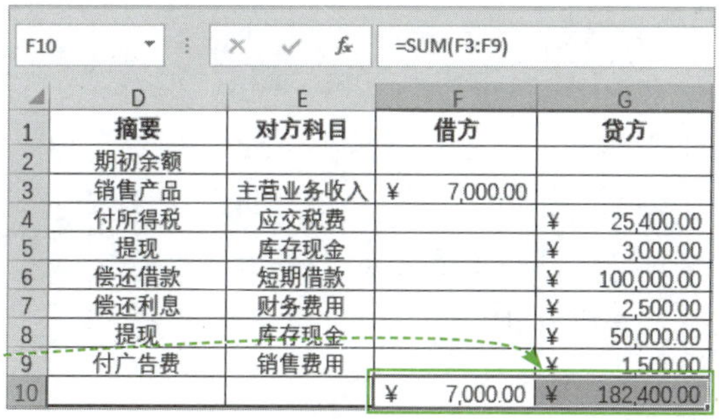

图9-8

选择H10单元格，输入公式"=H2+F10-G10"，按回车键计算出合计余额，如图9-9所示。选择第1行，打开"视图"选项卡，单击"冻结窗格"下拉按钮，从弹出的列表中选择"冻结首行"选项，如图9-10所示。此时，滚动工作表时，表格的首行一直保持可见。

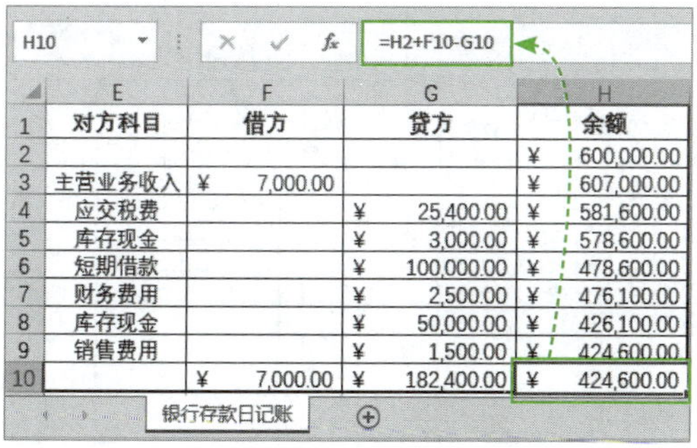

图9-9

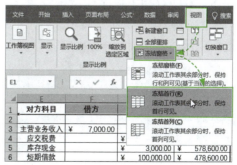

图9-10

9.1.2 汇总银行存款日记账

由于一家企业可能同时与多家银行进行合作，这样就造成了多张银行存款日记账。为了汇总不同银行的数据，用户可以根据需要创建银行存款日记账汇总表。

首先新建一张"银行存款日记账汇总表"工作表，在工作表中输入列标题，设置格式，为表格添加边框，构建表格框架，如图9-11所示。

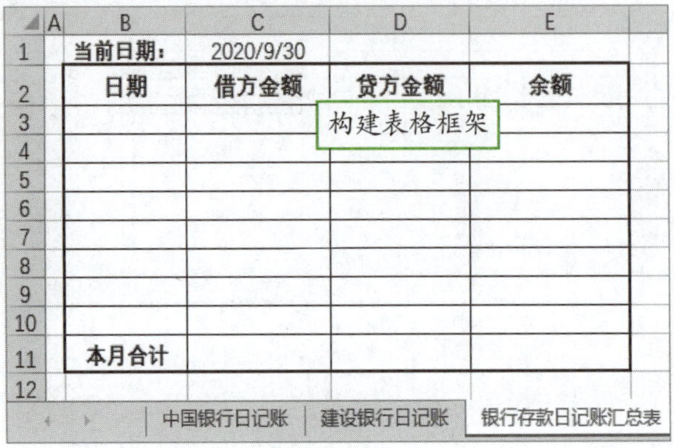

图 9-11

在工作表中输入日期，然后选择E3单元格，输入公式"=中国银行日记账!H2+建设银行日记账!H2"，按回车键计算出期初余额，如图9-12所示。

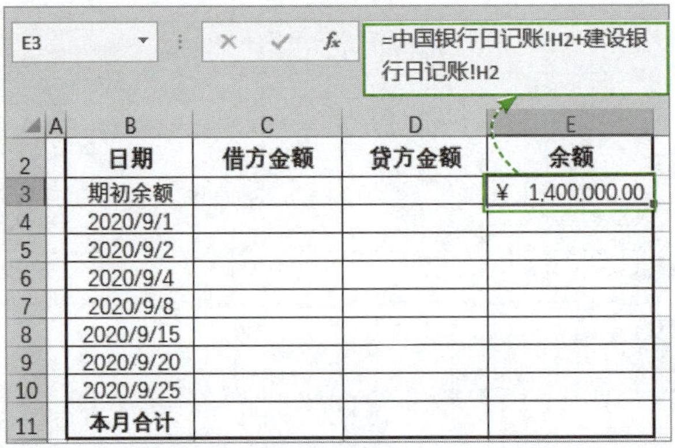

图 9-12

选择C4单元格，输入公式"=SUMIF(中国银行日记账!$B$3:$B$9,B4,中国银行日记账!$F$3:$F$9)+SUMIF(建设银行日记账!$B$3:$B$9,B4,建设银行日记账!$F$3:$F$9)"，按回车键确认并将公式向下填充，计算出借方金额，如图9-13所示。

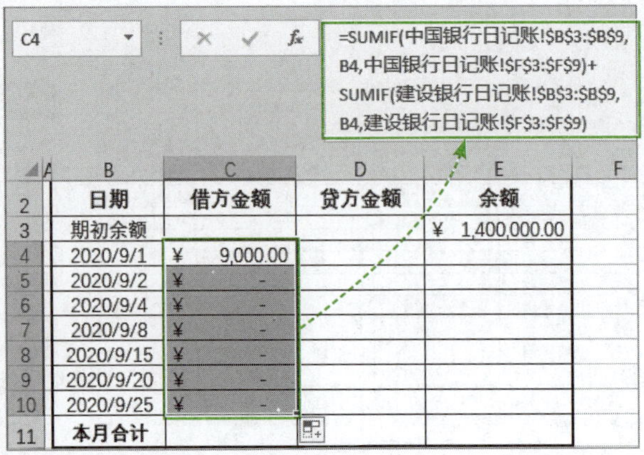

图 9-13

选择D4单元格，输入公式"=SUMIF(中国银行日记账!$B$3:$B$9,B4,中国银行日记账!$G$3:$G$9)+SUMIF(建设银行日记账!$B$3:$B$9,B4,建设银行日记账!$G$3:$G$9)"，按回车键确认并将公式向下填充，计算出贷方金额，如图9-14所示。

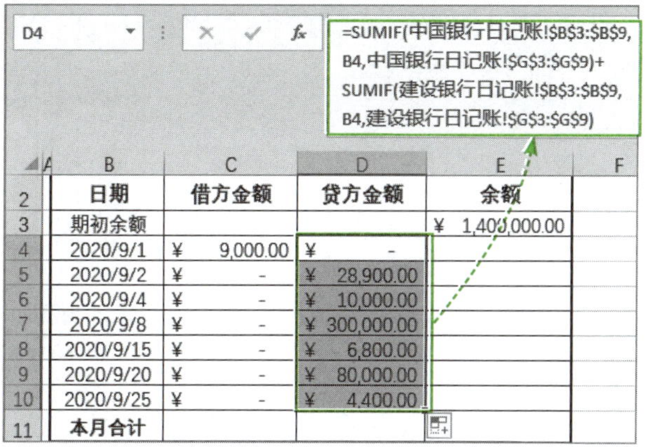

图 9-14

选择E4单元格，输入公式"=E3+C4-D4"，按回车键确认并将公式向下填充，如图9-15所示。

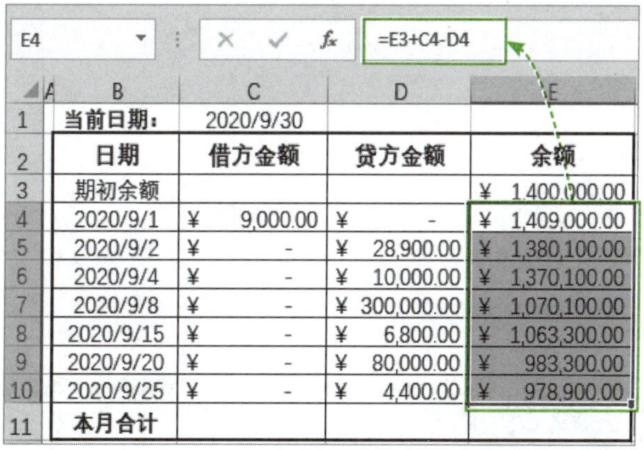

图 9-15

选择C11单元格，输入公式"=SUM(C4:C10)"，按回车键确认并将公式向右填充，如图9-16所示。

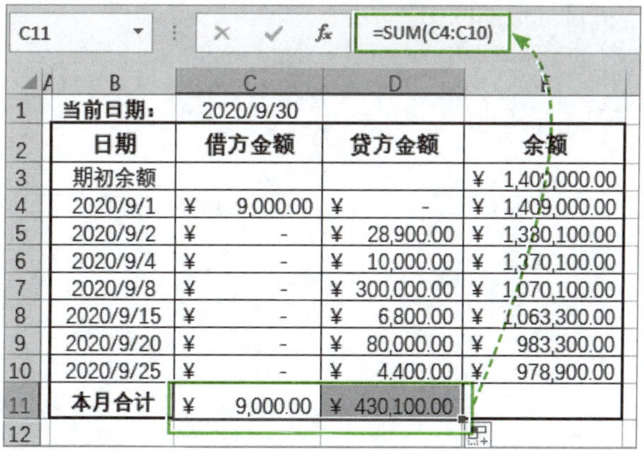

图 9-16

第9章 常用表格管理

195

选择E11单元格，输入公式“=E3+C11-D11”，如图9-17所示。

SYD | =E3+C11-D11

	B	C	D	E
1	当前日期：	2020/9/30		
2	日期	借方金额	贷方金额	余额
3	期初余额			¥ 1,400,000.00
4	2020/9/1	¥ 9,000.00	¥ -	¥ 1,409,000.00
5	2020/9/2	¥ -	¥ 28,900.00	¥ 1,380,100.00
6	2020/9/4	¥ -	¥ 10,000.00	¥ 1,370,100.00
7	2020/9/8	¥ -	¥ 300,000.00	¥ 1,070,100.00
8	2020/9/15	¥ -	¥ 6,800.00	¥ 1,063,300.00
9	2020/9/20	¥ -	¥ 80,000.00	¥ 983,300.00
10	2020/9/25	¥ -	¥ 4,400.00	¥ 978,900.00
11	本月合计	¥ 9,000.00	¥ 430,100.00	=E3+C11-D11

图 9-17

按回车键计算出结果，如图9-18所示。

E11 | =E3+C11-D11

	B	C	D	E
1	当前日期：	2020/9/30		
2	日期	借方金额	贷方金额	余额
3	期初余额			¥ 1,400,000.00
4	2020/9/1	¥ 9,000.00	¥ -	¥ 1,409,000.00
5	2020/9/2	¥ -	¥ 28,900.00	¥ 1,380,100.00
6	2020/9/4	¥ -	¥ 10,000.00	¥ 1,370,100.00
7	2020/9/8	¥ -	¥ 300,000.00	¥ 1,070,100.00
8	2020/9/15	¥ -	¥ 6,800.00	¥ 1,063,300.00
9	2020/9/20	¥ -	¥ 80,000.00	¥ 983,300.00
10	2020/9/25	¥ -	¥ 4,400.00	¥ 978,900.00
11	本月合计	¥ 9,000.00	¥ 430,100.00	¥ 978,900.00

图 9-18

9.2 销售业绩报表

销售业绩报表是企业管理人员与基层销售员之间的重要沟通渠道，其主要记录了销售人员或产品的销售情况，如图9-19所示。

	B	C	D	E	F	G	H	I
1	店铺	1月	2月	3月	4月	5月	6月	合计
2	店铺1	25,252.00	11,522.00	56,363.00	15,255.00	48,756.00	54,896.00	212,044.00
3	店铺2	16,526.00	15,365.00	25,252.00	16,631.00	23,648.00	14,587.00	112,009.00
4	店铺3	15,636.00	25,252.00	26,266.00	35,261.00	32,015.00	84,521.00	218,951.00
5	店铺4	56,363.00	52,536.00	26,251.00	11,566.00	23,581.00	14,582.00	184,879.00
6	店铺5	26,364.00	25,523.00	52,521.00	52,525.00	12,589.00	54,213.00	223,735.00
7	店铺6	52,646.00	45,665.00	21,933.00	15,516.00	32,569.00	21,568.00	189,897.00
8	店铺7	15,363.00	15,255.00	45,363.00	15,541.00	87,546.00	20,369.00	199,437.00

上半年店铺销售业绩报表

图 9-19

9.2.1 创建销售业绩报表

企业通过编制销售业绩报表，对各店铺的销售情况进行统计分析。首先新建一张“上半年店铺销售业绩报表”工作表，在其中输入列标题和行标题并设置格式，为表格添加边框，构建表格框架，如图9-20所示。

图 9-20

选择C2:I8单元格区域，按Ctrl+1组合键，打开"设置单元格格式"对话框，在"数字"选项卡中选择"会计专用"选项，在右侧单击"货币符号"下拉按钮，从弹出的列表中选择"无"选项，单击"确定"按钮，如图9-21所示。

输入1～6月份的销售金额，然后选择I2单元格，输入公式"=SUM(C2:H2)"，按回车键确认并将公式向下填充，计算出合计金额，如图9-22所示。

图 9-21

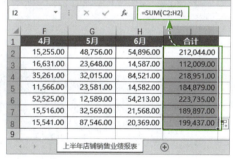

图 9-22

9.2.2 利用图表辅助分析

用户可以使用迷你图进行销售数据的趋势分析，或者使用饼图进一步分析销售数据。

1. 创建迷你图

打开"上半年店铺销售业绩报表"工作表，在表格中输入"迷你图"列标题并重新设置边框，然后选择J2单元格，打开"插入"选项卡，单击"迷你图"选项组的"折线"按钮，如图9-23所示。打开"创建迷你图"对话框，将"数据范围"设置为"C2:H2"，单击"确定"按钮，如图9-24所示。

图 9-23

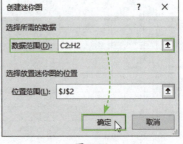
图 9-24

选择J2单元格，将光标移至该单元格右下角，如图9-25所示。当光标变成+形时，按住左键不放，向下拖动光标填充迷你图，如图9-26所示。

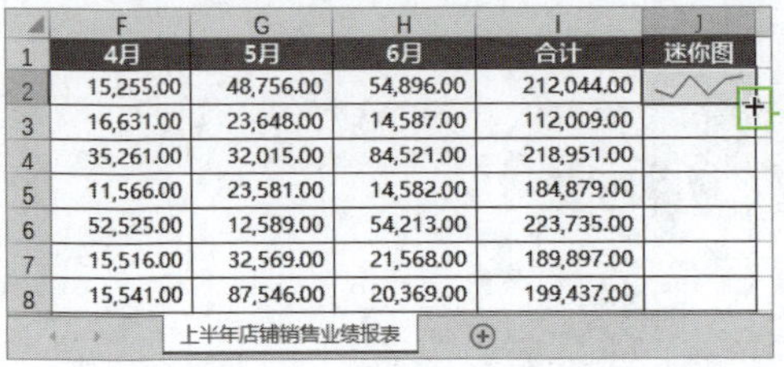

图 9-25

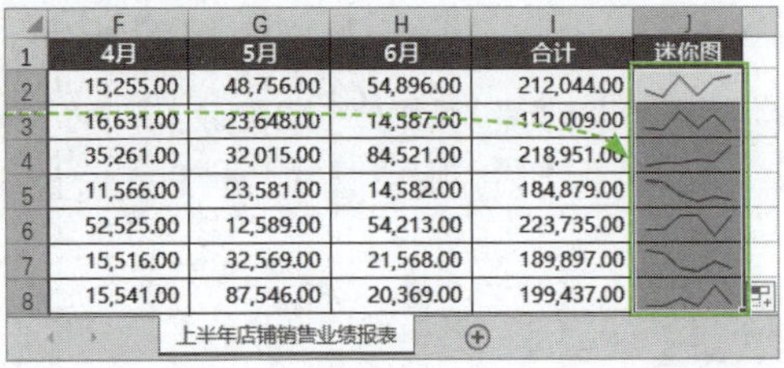

图 9-26

选择迷你图，选择"迷你图工具-设计"选项卡，在"显示"选项组中勾选"高点"和"低点"复选框，即可在迷你图中显示高点和低点，如图9-27所示。在"样式"选项组中单击"其他"下拉按钮，从弹出的列表中选择合适的样式，即可快速更改迷你图的样式，如图9-28所示。

图 9-27

图 9-28

知识点拨

如果用户需要将迷你图删除，则选择迷你图后，在"设计"选项卡中单击"组合"选项组的"清除"下拉按钮，从弹出的列表中可以选择"清除所选的迷你图"或"清除所选的迷你图组"选项即可。

2. 创建饼图

选择B2:B8和I2:I8单元格区域,在"插入"选项卡中单击"图表"选项组的"推荐的图表"按钮,如图9-29所示。打开"插入图表"对话框,选择"所有图表"选项卡,然后选择"饼图"选项,在右侧选择"三维饼图"选项,单击"确定"按钮,如图9-30所示。

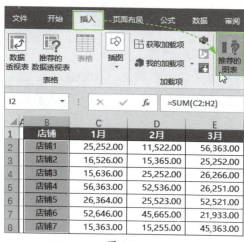

图 9-29　　　　　　　　　　图 9-30

选择饼图,将"图表标题"更改为"店铺销售总业绩",如图9-31所示。然后选择"图表工具-设计"选项卡,单击"图表布局"选项组的"添加图表元素"下拉按钮,从弹出的列表中选择"数据标签"选项,从其级联菜单中选择"数据标签外"选项,如图9-32所示。

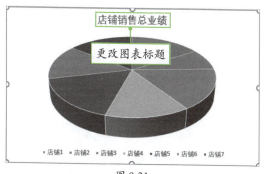 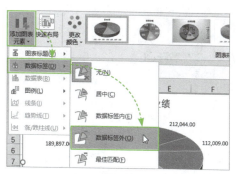

图 9-31　　　　　　　　　　图 9-32

在"图表样式"选项组中单击"更改颜色"下拉按钮,从弹出的列表中选择合适的颜色,如图9-33所示。在"图表样式"选项组中单击"其他"下拉按钮,从弹出的列表中选择合适的样式,可以快速更改图表的样式,如图9-34所示。

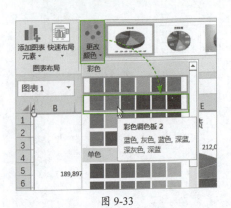

图 9-33

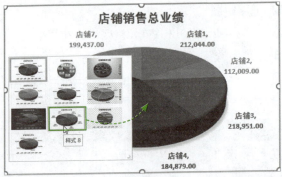

图 9-34

动手练 制作借款审批单

借款审批单是经办人提交相关流程审批的单据，一般由部门、岗位、借款人、借款事由、借款金额等组成，如图9-35所示。

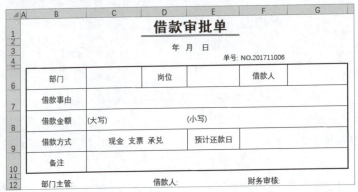

图 9-35

Step 01 新建一张"借款审批单"工作表，在其中输入基本信息，如图9-36所示。

图 9-36

Step 02 选择D1:E1单元格区域，在"开始"选项卡中单击"合并后居中"下拉按钮，从弹出的列表中选择"合并后居中"选项，如图9-37所示。按照同样的方法合并其他单元格，如图9-38所示。

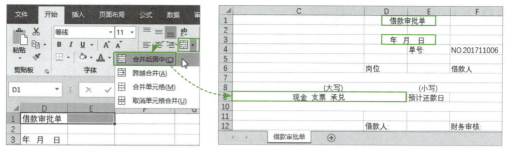

图 9-37　　　　　　　　　　　图 9-38

Step 03 选择B6:G10单元格区域，为表格添加边框并适当调整表格的行高和列宽，如图9-39所示。

Step 04 设置数据的对齐方式和字体格式，然后选择D1单元格，在"开始"选项卡中单击"边框"下拉按钮，从弹出的列表中选择"双底框线"选项，如图9-40所示。

图 9-39　　　　　　　　　　　图 9-40

Step 05 最后打开"视图"选项卡，在"显示"选项组中取消勾选"网格线"复选框即可。

9.3 销售预算表

销售预算是通过对企业未来产品销售情况所作的预测，推测出下一预算期的产品销量和销售单价，这样就可以求出预计的销售收入，如图9-41所示。

A	B	C	D	E	F
1	季度	月份	预计销量	预计售价	销售收入
2	第1季度	1月	120	¥2,000	¥240,000
3	第1季度	2月	150	¥2,000	¥300,000
4	第1季度	3月	250	¥2,000	¥500,000
5	第2季度	4月	240	¥2,500	¥600,000
6	第2季度	5月	350	¥2,500	¥875,000
7	第2季度	6月	123	¥2,500	¥307,500
8	第3季度	7月	160	¥2,000	¥320,000

图 9-41

9.3.1 创建销售预算表

销售预算表一般由预计销量、预计售价和销售收入等组成。首先新建一张"销售预算表"工作表,在其中输入列标题并设置格式,构建表格框架,如图9-42所示。

图 9-42

输入季度、月份、预计销量和预计售价,然后选择F2单元格,输入公式"=D2*E2",如图9-43所示。按回车键计算出销售收入,将公式向下填充,如图9-44所示。

图 9-43

图 9-44

9.3.2 分析销售预算表

用户可以对销售预算表进行分类汇总,或者创建数据透视表分析相关数据。

1. 创建分类汇总

打开"销售预算表"工作表,选择数据区域中的任意单元格,在"数据"选项卡中单击"分级显示"选项组中的"分类汇总"按钮,如图9-45所示。打开"分类汇总"对话框,将"分类字段"设置为"季度",将"汇总方式"设置为"求和",在"选定汇总项"列表框中勾选"预计销量"和"销售收入"复选框,单击"确定"按钮,如图9-46所示。

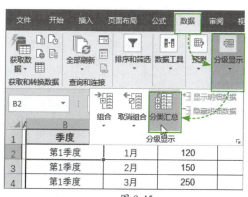
图 9-45

图 9-46

此时，系统已经按照"季度"字段对"预计销量"和"销售收入"进行了分类汇总，如图9-47所示。单击工作表左上角的"2"按钮，只显示汇总数据，然后选择汇总数据，在"开始"选项卡中单击"编辑"选项组的"查找和选择"下拉按钮，从弹出的列表中选择"定位条件"选项，如图9-48所示。

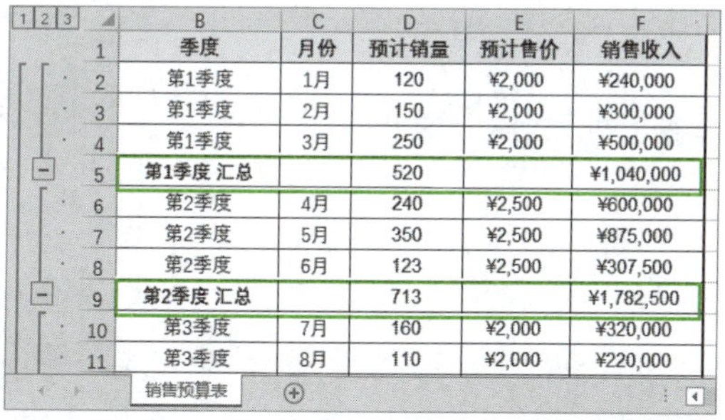

图 9-47

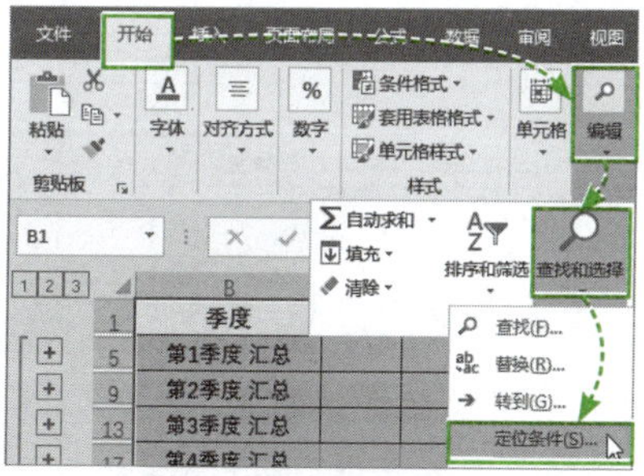

图 9-48

打开"定位条件"对话框，选中"可见单元格"单选按钮，单击"确定"按钮，如图9-49所示，即可选中汇总数据中的可见单元格，接着按Ctrl+C组合键复制数据，按Ctrl+V组合键将汇总数据粘贴到新工作表中，如图9-50所示。

图 9-49

图 9-50

2. 创建数据透视表

打开"销售预算表"工作表，选择表格中的任意单元格，在"插入"选项卡中单击"表格"选项组的"数据透视表"按钮，如图9-51所示。打开"创建数据透视表"对话框，保持"表/区域"文本框中的数据为默认状态，选中"新工作表"单选按钮，单击"确定"按钮，如图9-52所示。

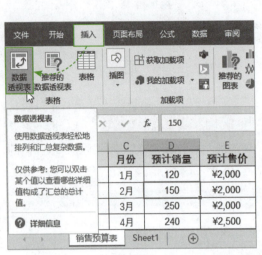

图 9-51　　　　　　　　　　图 9-52

在新的工作表中创建一个空白数据透视表，在"数据透视表字段"窗格中勾选需要的字段，在左侧即可创建一个数据透视表，如图9-53所示。选择"行标签"单元格，在"编辑栏"中输入"季度"文本，然后按回车键确认输入即可，如图9-54所示。

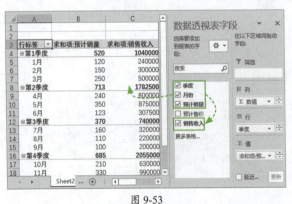

图 9-53　　　　　　　　　　图 9-54

选择"求和项:销售收入"列的任意单元格，右击，从弹出的快捷菜单中选择"数字格式"命令，如图9-55所示。打开"设置单元格格式"对话框，在"数字"选项卡中选择"货币"分类并将"小数位数"设置为"0"，如图9-56所示，单击"确定"按钮。

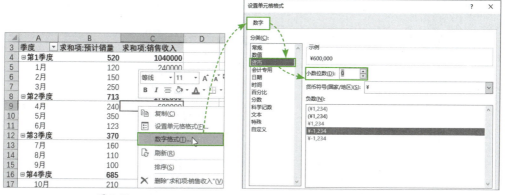

图 9-55　　　　　　　　　图 9-56

单击"季度"右侧的下拉按钮，从弹出的列表中取消勾选"全选"复选框，并勾选"第3季度"复选框，如图9-57所示。单击"确定"按钮，即可将"第3季度"的相关数据筛选出来，如图9-58所示。

图 9-57　　　　　　　　　图 9-58

9.4　生产成本表

通过生产成本表对成本进行分析，控制实际成本的支出并查明成本升降的原因，以便找到降低成本的途径和方法。

9.4.1　创建生产成本月度汇总表

生产成本月度汇总表用来统计一个月内成本的发生额，各类成本所占的比重情况和单位成本情况如图9-59所示。

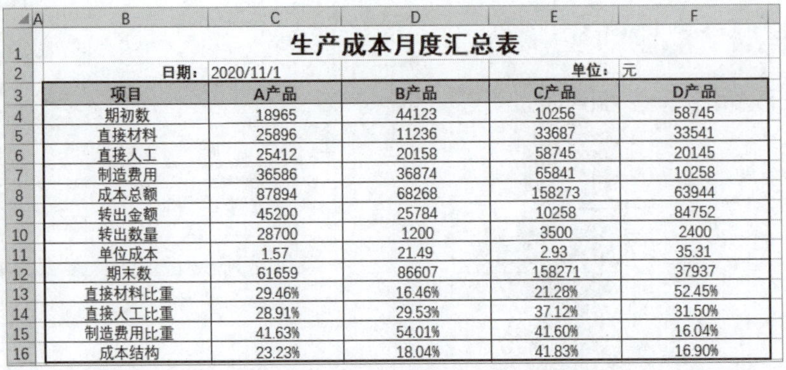

	A	B	C	D	E	F
1			生产成本月度汇总表			
2		日期:	2020/11/1		单位:	元
3		项目	A产品	B产品	C产品	D产品
4		期初数	18965	44123	10256	58745
5		直接材料	25896	11236	33687	33541
6		直接人工	25412	20158	58745	20145
7		制造费用	36586	36874	65841	10258
8		成本总额	87894	68268	158273	63944
9		转出金额	45200	25784	10258	84752
10		转出数量	28700	1200	3500	2400
11		单位成本	1.57	21.49	2.93	35.31
12		期末数	61659	86607	158271	37937
13		直接材料比重	29.46%	16.46%	21.28%	52.45%
14		直接人工比重	28.91%	29.53%	37.12%	31.50%
15		制造费用比重	41.63%	54.01%	41.60%	16.04%
16		成本结构	23.23%	18.04%	41.83%	16.90%

图 9-59

首先新建一张"生产成本月度汇总表"工作表，在其中输入标题、行标题、列标题和基本数据，构建基本框架，如图9-60所示。

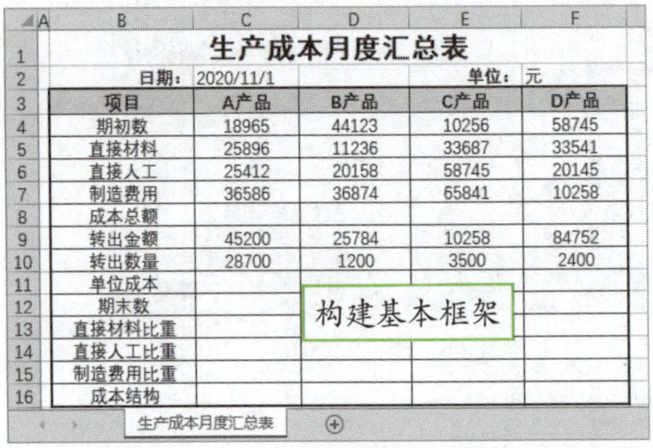

图 9-60

选择C8单元格，输入公式"=SUM(C5:C7)"，按回车键计算出"成本总额"，将公式向右填充，如图9-61所示。

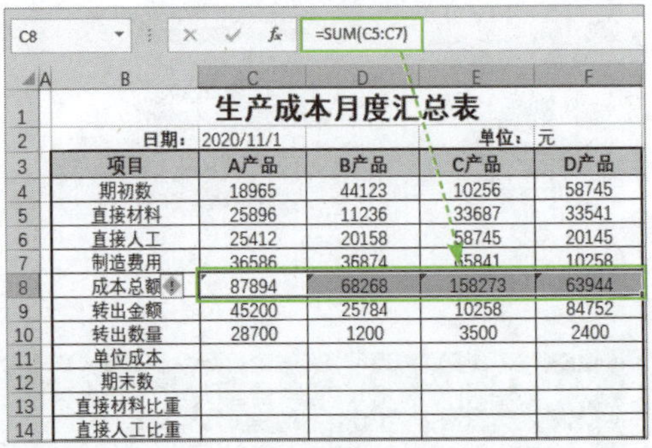

图 9-61

选择C11单元格，输入公式"=IF(C10=0,"",C9/C10)"，如图9-62所示。

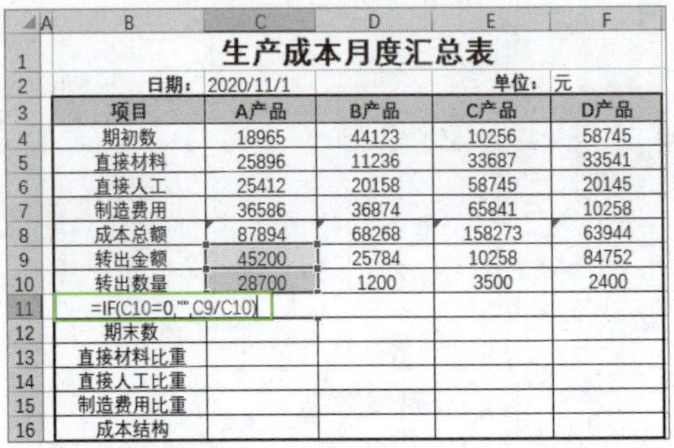

图 9-62

按回车键计算出"单位成本",将公式向右填充,如图9-63所示。

图 9-63

选择C12单元格,输入公式"=C4+C8-C9",如图9-64所示。按回车键计算出"期末数",将公式向右填充,如图9-65所示。

图 9-64

图 9-65

选择C13单元格,输入公式"=IF(C8=0,0,C5/C8)",如图9-66所示。按回车键计算出"直接材料比重",然后将公式向右填充,如图9-67所示。

图 9-66

图 9-67

知识点拨

生产成本是生产单位为生产产品或提供劳务而发生的各项生产费用,包括各项直接支出和制造费用。

选择C14单元格,输入公式"=IF(C8=0,0,C6/C8)",如图9-68所示。按回车键计算出"直接人工比重",将公式向右填充,如图9-69所示。

图 9-68　　　　　　　　　　　　图 9-69

选择C15单元格,输入公式"=IF(C8=0,0,C7/C8)",如图9-70所示。按回车键计算出"制造费用比重",将公式向右填充,如图9-71所示。

图 9-70　　　　　　　　　　　　图 9-71

选择C16单元格,输入公式"=C8/SUM($C$8:$F$8)",如图9-72所示。按回车键计算出成本结构,向右填充公式,如图9-73所示。

图 9-72　　　　　　　　　　　　图 9-73

9.4.2 创建生产成本年度汇总表

在一个自然年度内，企业通常会对整年的生产成本进行汇总，以便进行总体分析，如图9-74所示。

生产成本年度汇总表

日期：2020/12/31　　单位：元

项目	1月	2月	3月	4月	5月	6月	7月	8月	9月	10月	11月	12月
期初数	14785	25874	36987	84521	20156	45213	32058	10258	36987	47820	58412	36584
直接材料	42103	74521	23587	78521	52103	52198	74352	20145	32589	10258	32587	98452
直接人工	17569	16898	20830	18650	22820	25650	24365	30562	16960	31265	24680	17560
制造费用	72550	12560	65320	15650	20100	15620	25200	11265	12650	20200	15620	30020
成本总额	132222	103979	109737	112821	95023	93468	123917	61972	62199	61723	72887	146032
转出金额	84500	75590	12540	14680	18960	10230	21265	30200	18960	15460	76580	56980
转出数量	6000	4500	2500	6500	7800	5800	4700	6900	4100	2800	1400	7900
单位成本	14.08	16.80	5.02	2.26	2.43	1.76	4.52	4.38	4.62	5.52	54.70	7.21
期末数	62507	54263	134184	182662	96219	128451	134710	42030	80226	94083	54719	125636
直接材料比重	31.84%	71.67%	21.49%	69.60%	54.83%	55.85%	60.00%	32.51%	52.39%	16.62%	44.71%	67.42%
直接人工比重	13.29%	16.25%	18.98%	16.53%	24.02%	27.44%	19.66%	49.32%	27.27%	50.65%	33.86%	12.02%
制造费用比重	54.87%	12.08%	59.52%	13.87%	21.15%	16.71%	20.34%	18.18%	20.34%	32.73%	21.43%	20.56%
成本结构	直接材料	50.29%	直接人工	22.77%	制造费用	26.94%						

生产成本月度汇总表　生产成本年度汇总表

图 9-74

首先新建一张"生产成本年度汇总表"工作表，在其中输入基本数据，构建基本框架，如图9-75所示。

生产成本年度汇总表

日期：2020/12/31　　单位：元

项目	1月	2月	3月	4月	5月	6月	7月	8月	9月	10月	11月	12月
期初数	14785	25874	36987	84521	20156	45213	32058	10258	36987	47820	58412	36584
直接材料	42103	74521	23587	78521	52103	52198	74352	20145	32589	10258	32587	98452
直接人工	17569	16898	20830	18650	22820	25650	24365	30562	16960	31265	24680	17560
制造费用	72550	12560	65320	15650	20100	15620	25200	11265	12650	20200	15620	30020
成本总额												
转出金额	84500	75590	12540	14680	18960	10230	21265	30200	18960	15460	76580	56980
转出数量	6000	4500	2500	6500	7800	5800	4700	6900	4100	2800	1400	7900
单位成本												
期末数												
直接材料比重												
直接人工比重												
制造费用比重												
成本结构	直接材料		直接人工		制造费用							

构建基本框架

生产成本月度汇总表　生产成本年度汇总表

图 9-75

选择C8单元格，输入公式"=SUM(C5:C7)"，按回车键计算出成本总额，如图9-76所示。

C8　=SUM(C5:C7)

项目	1月	2月	3月	4月
期初数	14785	25874	36987	84521
直接材料	42103	74521	23587	78521
直接人工	17569	16898	20830	18650
制造费用	72550	12560	65320	15650
成本总额	132222	103979	109737	112821
转出金额	84500	75590	12540	14680
转出数量	6000	4500	2500	6500
单位成本				
期末数				
直接材料比重				
直接人工比重				

图 9-76

选择C11单元格，输入公式“=C9/C10”，按回车键计算出单位成本，如图9-77所示。

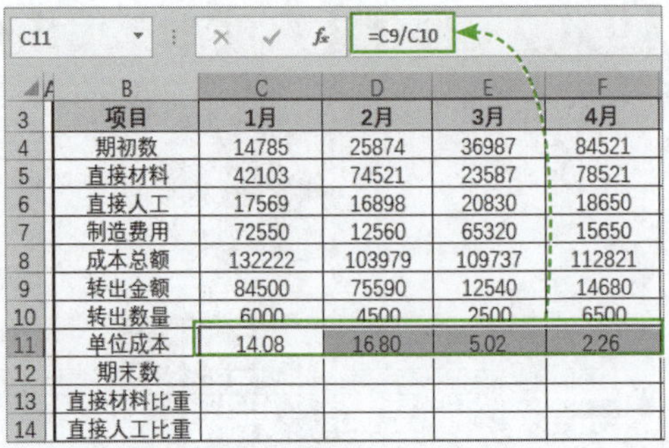
C11 =C9/C10

	B	C	D	E	F
3	项目	1月	2月	3月	4月
4	期初数	14785	25874	36987	84521
5	直接材料	42103	74521	23587	78521
6	直接人工	17569	16898	20830	18650
7	制造费用	72550	12560	65320	15650
8	成本总额	132222	103979	109737	112821
9	转出金额	84500	75590	12540	14680
10	转出数量	6000	4500	2500	6500
11	单位成本	14.08	16.80	5.02	2.26
12	期末数				
13	直接材料比重				
14	直接人工比重				

图 9-77

选择C12单元格，输入公式“=C4+C8-C9”，按回车键计算出期末数，如图9-78所示。

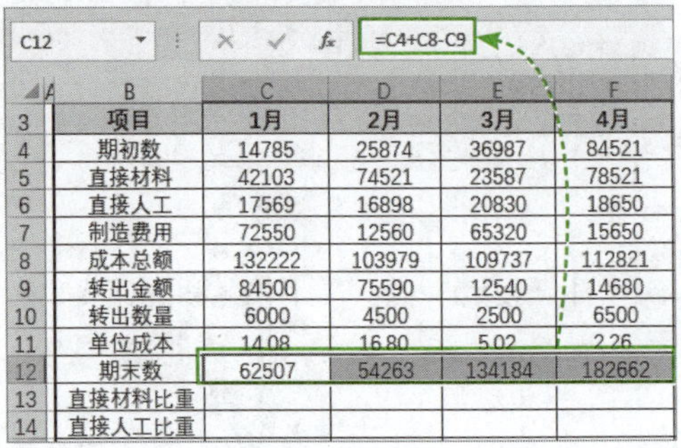
C12 =C4+C8-C9

	B	C	D	E	F
3	项目	1月	2月	3月	4月
4	期初数	14785	25874	36987	84521
5	直接材料	42103	74521	23587	78521
6	直接人工	17569	16898	20830	18650
7	制造费用	72550	12560	65320	15650
8	成本总额	132222	103979	109737	112821
9	转出金额	84500	75590	12540	14680
10	转出数量	6000	4500	2500	6500
11	单位成本	14.08	16.80	5.02	2.26
12	期末数	62507	54263	134184	182662
13	直接材料比重				
14	直接人工比重				

图 9-78

选择C13单元格，输入公式“=C5/C8”，按回车键计算出直接材料比重，如图9-79所示。

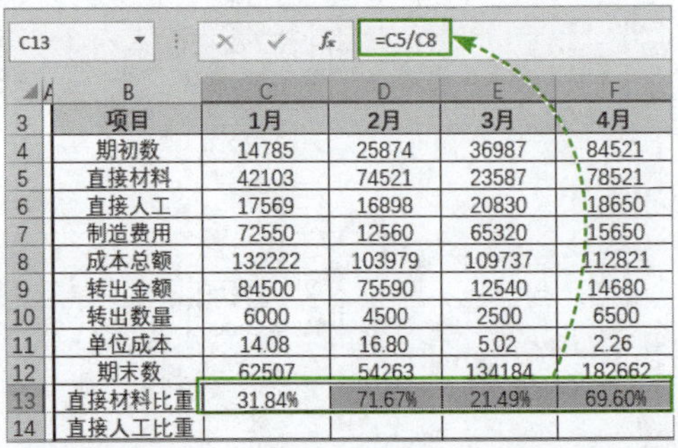
C13 =C5/C8

	B	C	D	E	F
3	项目	1月	2月	3月	4月
4	期初数	14785	25874	36987	84521
5	直接材料	42103	74521	23587	78521
6	直接人工	17569	16898	20830	18650
7	制造费用	72550	12560	65320	15650
8	成本总额	132222	103979	109737	112821
9	转出金额	84500	75590	12540	14680
10	转出数量	6000	4500	2500	6500
11	单位成本	14.08	16.80	5.02	2.26
12	期末数	62507	54263	134184	182662
13	直接材料比重	31.84%	71.67%	21.49%	69.60%
14	直接人工比重				

图 9-79

选择C14单元格，输入公式“=C6/C8”，按回车键计算出直接人工比重，如图9-80所示。

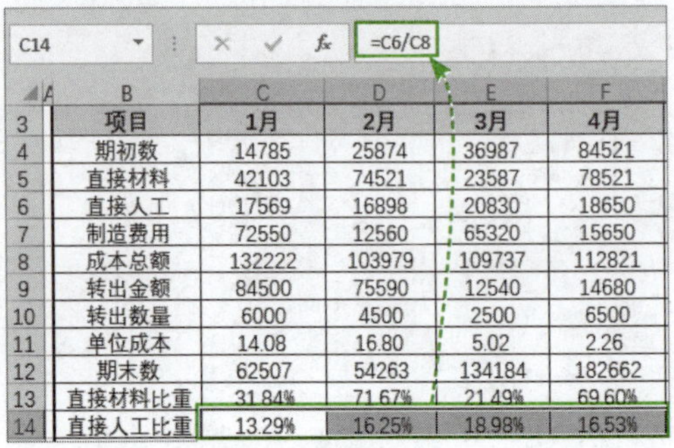
C14 =C6/C8

	B	C	D	E	F
3	项目	1月	2月	3月	4月
4	期初数	14785	25874	36987	84521
5	直接材料	42103	74521	23587	78521
6	直接人工	17569	16898	20830	18650
7	制造费用	72550	12560	65320	15650
8	成本总额	132222	103979	109737	112821
9	转出金额	84500	75590	12540	14680
10	转出数量	6000	4500	2500	6500
11	单位成本	14.08	16.80	5.02	2.26
12	期末数	62507	54263	134184	182662
13	直接材料比重	31.84%	71.67%	21.49%	69.60%
14	直接人工比重	13.29%	16.25%	18.98%	16.53%

图 9-80

选择C15单元格,输入公式"=C7/C8",按回车键计算出制造费用比重,如图9-81所示。

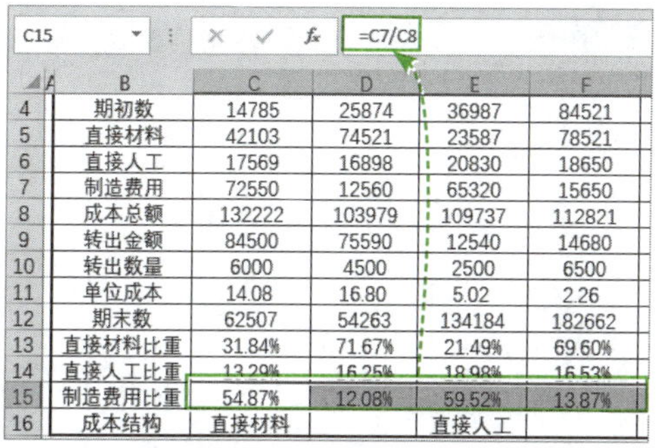

图 9-81

选择D16单元格,输入公式"=SUM($C$5:$N$5)/SUM($C$8:$N$8)",按回车键计算出直接材料的成本结构,如图9-82所示。选择F16单元格,输入公式"=SUM($C$6:$N$6)/SUM($C$8:$N$8)",按回车键计算出直接人工的成本结构,如图9-83所示。

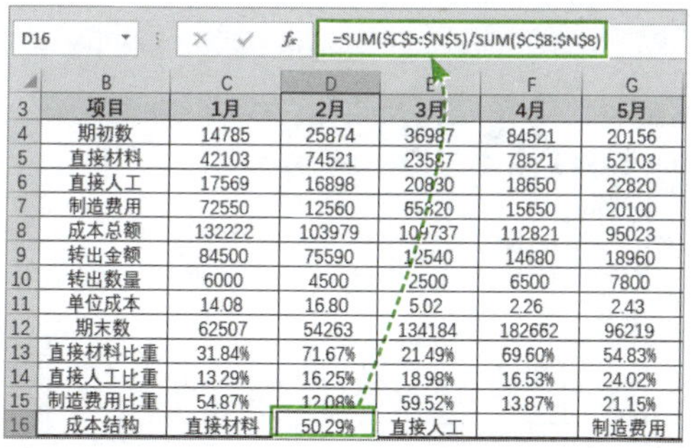

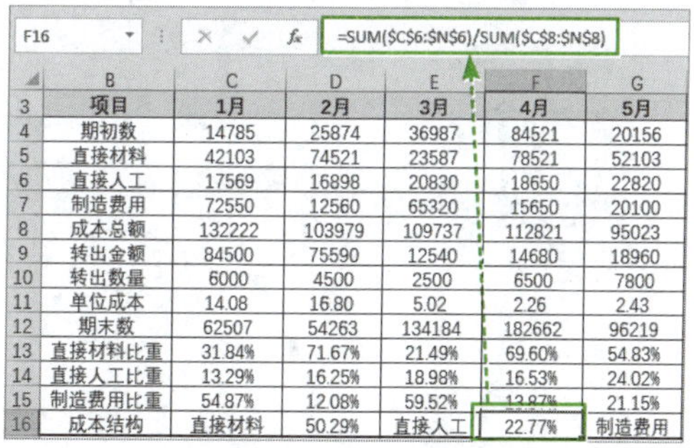

图 9-82   图 9-83

选择H16单元格,输入公式"=SUM($C$7:$N$7)/SUM($C$8:$N$8)",按回车键计算出制造费用的成本结构,如图9-84所示。

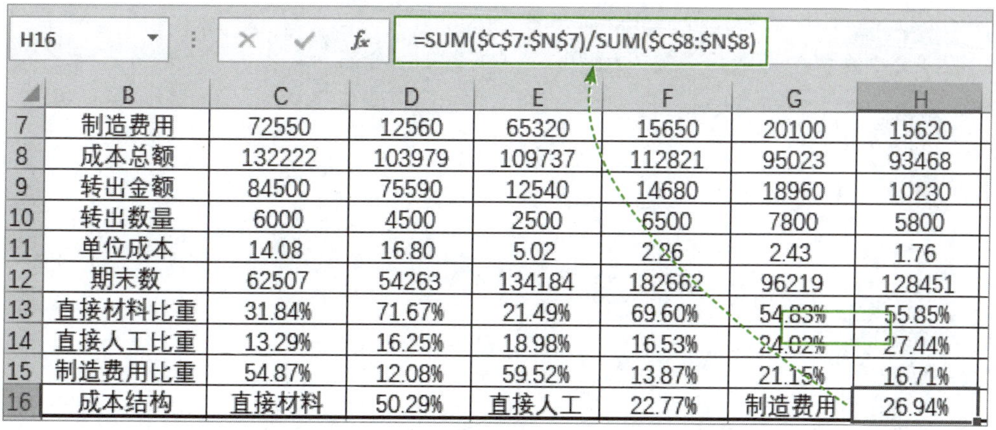

图 9-84

案例实战：制作应收账款催款单

在应收账款到期前，企业一般会发送电子传真和邮件进行催款，此时就需要制作应收账款催款单，如图9-85所示。

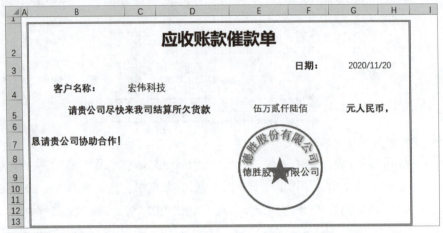

图 9-85

Step 01 新建一张"应收账款催款单"工作表，在其中输入相关数据并设置格式，为其添加边框，如图9-86所示。

图 9-86

Step 02 打开"插入"选项卡，单击"插图"选项组的"形状"下拉按钮，从弹出的列表中选择"椭圆"选项，如图9-87所示。

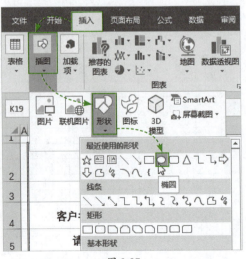

图 9-87

Step 03 按住Shift键不放，拖动光标，绘制一个合适大小的圆形并将其移至"德胜股份有限公司"文本上方，如图9-88所示。

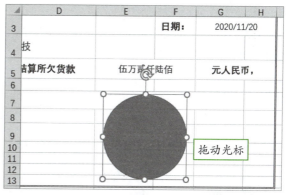

图 9-88

Step 04 选择圆形，打开"绘图工具-格式"选项卡，在"形状样式"选项组中单击"形状填充"下拉按钮，从弹出的列表中选择"无填充"选项，单击"形状轮廓"下拉按钮，从弹出的列表中选择"红色"选项，再次单击"形状轮廓"下拉按钮，从弹出的列表中选择"粗细"选项，从其级联菜单中选择"2.25磅"选项，如图9-89所示。

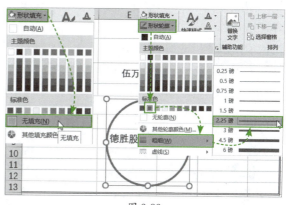

图 9-89

> **注意事项** 通过在"形状"列表中选择"椭圆"选项绘制的圆形一般都不是正圆，要想绘制一个正圆，需要按住Shift键不放，然后拖动光标进行绘制。

Step 05 打开"插入"选项卡，单击"文本"选项组的"艺术字"下拉按钮，从弹出的列表中选择"填充：黑色，文本色1；阴影"效果，即可插入一个"请在此放置您的文字"文本框，如图9-90所示。

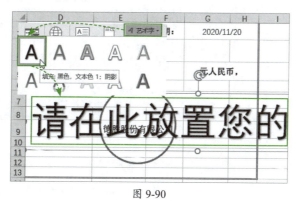

图 9-90

Step 06 选择文本框中的文字，然后将其修改为"德胜股份有限公司"，如图9-91所示。

图 9-91

Step 07 选择"绘图工具-格式"选项卡，将"文本填充"设置为"红色"，单击"文本效果"下拉按钮，从弹出的列表中选择"转换"选项，从其级联菜单中选择"拱形"选项，如图9-92所示。

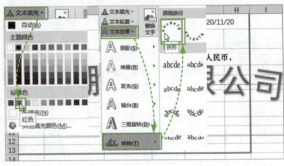

图 9-92

Step 08 选择艺术字文本框，拖动文本框的上下或左右控制点，调整艺术字的弧度并将其移至合适的位置，如图9-93所示。

图 9-93

Step 09 在"插入"选项卡中单击"插图"选项组的"形状"下拉按钮，从弹出的列表中选择"星形：五角"选项，如图9-94所示。

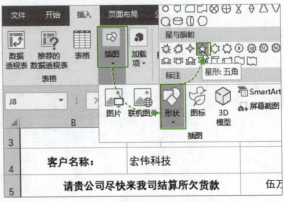

图 9-94

214

Step 10 拖动光标，绘制一个合适大小的五角星，如图9-95所示。

图 9-95

Step 11 选择五角星，打开"绘图工具-格式"选项卡，单击"形状填充"下拉按钮，从弹出的列表中选择"红色"选项，单击"形状轮廓"下拉按钮，从弹出的列表中选择"无轮廓"选项，如图9-96所示。

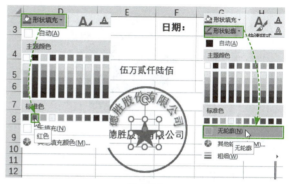

图 9-96

Step 12 选择圆形、艺术字和五角星，右击，从弹出的快捷菜单中选择"组合"选项，从其级联菜单中选择"组合"命令，如图9-97所示。

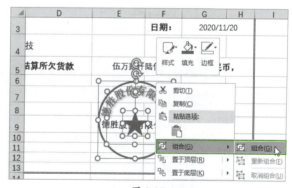

图 9-97

Step 13 组合图形后，选择"视图"选项卡，在"显示"选项组中取消勾选"网格线"复选框，如图9-98所示。

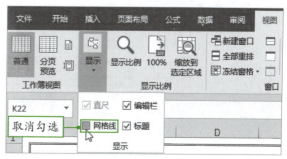

图 9-98

 **新手答疑**

1. Q：如何分离饼图？

A：在饼图中两次单击某个扇区，选中该扇区后，按住左键不放，向外拖动光标即可，如图9-99所示。

2. Q：如何快速更改迷你图的类型？

A：选择迷你图，选择"迷你图工具-设计"选项卡，在"类型"选项组中单击"柱形"按钮，如图9-100所示，即可将折线迷你图更改为柱形迷你图。

图 9-99

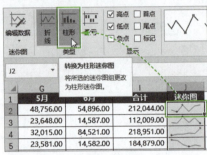

图 9-100

3. Q：如何直接输入 1/2？

A：在单元格中输入1/2后，系统会将其变为1月2日，用户可以先输入0，然后输入空格，再输入分数1/2即可。

4. Q：如何修改系统的默认字体？

A：单击"文件"按钮，选择"选项"选项，打开"Excel选项"对话框，选择"常规"选项，在"新建工作簿时"选项中可以设置默认的字体和字号，如图9-101所示。

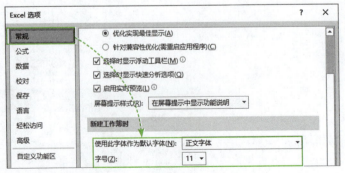

图 9-101

第10章 财务分析管理

　　财务分析是根据企业财务报表等信息资料,采用一系列专门的分析技术和方法,系统分析和评价企业财务状况、经营成果以及未来发展趋势的过程。通过财务分析,可以判断企业的财务状况,评价企业的发展趋势。

10.1 必须掌握的财务比率

财务比率是为反映在同一张财务报表的不同项目之间,或在两张不同财务报表,例如资产负债表和利润表的有关项目之间相互关系所采用的比率,通过财务比率分析,可以评价企业的财务状况和发现经营中存在的问题,如图10-1所示。

A	B	C
	财务比率分析表	
	指标名称	比率
	一、变现能力分析(短期偿债能力比率)	
	流动比率	1.61
	速动比率	1.04
	二、资产管理比率(营运效率比率)	
	存货周转率	1.16
	存货周转天数	309.79
	应收账款周转率	1.62
	应收账款周转天数	222.79
	营业周期	532.57
	流动资产周转率	0.66
	固定资产周转率	8.67
	总资产周转率	0.62
	三、负债比率(长期偿债能力比率)	
	资产负债率	0.58
	产权比率	1.40
	有形净值债务率	1.40
	已获利息倍数	32.63
	四、盈利能力比率	
	销售毛利率	0.21
	销售净利率	0.03
	资产报酬率	0.02
	股东权益报酬率	0.04

图 10-1

10.1.1 常用财务比率

常用的财务比率可分为变现能力比率、资产管理比率、负债比率和盈利能力比率四类。

1. 变现能力比率

变现能力比率是企业产生现金的能力,对企业的稳定性有很大影响,反映企业变现能力的主要指标有流动比率和速动比率。

(1)流动比率。

流动比率是企业流动资产与流动负债的比率。该指标反映企业流动资产偿还短期内到期债务的能力。一般来说,流动比率越高,说明资产的流动性越强,短期偿债能力越强;流动比率越低,说明资产的流动性越差,短期偿债能力越弱。通常认为流动比率应在2:1比较合适。该比率的计算公式为:

流动比率=流动资产/流动负债

(2)速动比率。

速动比率,又称酸性测验比率,是指速动资产对流动负债的比率。该指标反映企业短期内可变现资产偿还短期内到期债务的能力。速动资产包括货币资金、短期投资、应收票据、应收账款、其他应收款等,可以在短时间内变现。一般而言,速动比率越高,说明资产的流动性越强,短期偿债能力越强;速动比率越低,说明资产的流动性越差，短期偿债能力越弱。通常情况下，速动比率保持在1∶1比较合适。该比率的公式一般表示为：

速动比率=（流动资产−存货）/流动负债

2. 资产管理比率

资产管理比率又称营运效率比率，是用于衡量公司资产管理效率的指标。常用的指标包括总资产周转率，流动资产周转率，存货周转率，应收账款周转率等。

（1）存货周转率。

存货周转率是反映存货周转速度的比率，也有两种表示方法，即存货周转次数和存货周转天数。一般情况下，存货周转次数越多，说明存货周转快，企业实现的利润会相应增加，企业的存货管理水平越高；存货周转次数越少，说明企业占用在存货上的资金越多，存货管理水平越低。该比率的计算公式为：

存货周转率=销售成本/平均存货

平均存货=（期初存货余额+期末存货余额）/2

（2）存货周转天数。

存货周转天数反映年度内存货平均周转一次所需要的天数。存货周转天数越少，周转次数越多，说明存货周转快，企业实现的利润会相应增加；存货周转天数越多，周转次数越少，说明企业占用在存货上的资金越多，存货管理水平越低。该比率的计算公式为：

存货周转天数=360/存货周转率=360×平均存货/销售成本

（3）应收账款周转率。

应收账款周转率是反映应收账款周转速度的比率，有两种表示方法，即应收账款周转次数和应收账款周转天数。一般情况下，应收账款周转率越高越好，周转率越高，表明收账迅速，账龄较短，资产流动性强，短期偿债能力强，可以减少坏账损失。该比率的公式为：

应收账款周转率=销售收入/平均应收账款

平均应收账款=（期初应收账款净额+期末应收账款净额）/2

（4）应收账款周转天数。

应收账款周转天数用来反映年度内应收账款平均变现一次所需要的天数。应收账款周转天数是一个反指标，周转天数越少，周转次数越多，说明应收账款的变现能力越强；周转天数越多，周转次数越少，说明应收账款的变现能力越弱。该比率的公式为：

应收账款周转天数=360/应收账款周转率=360×平均应收账款/销售收入

（5）营业周期。

营业周期是指从取得存货开始到销售存货并收回资金为止的这段时间，其长短取决于存货周转天数和应收账款周转天数。一般情况下，营业周期短，说明资金周转速度快；营业周期长，说明资金周转速度慢。计算公式为：

营业周期=存货周转天数+应收账款周转天数

（6）流动资产周转率。

流动资产周转率指企业一定时期内主营业务收入净额同平均流动资产总额的比率，流动资产周转率是评价企业资产利用率的一个重要指标。计算公式为：

流动资产周转率=销售收入/平均流动资产

平均流动资产=（流动资产期初余额+流动资产期末余额）/2

（7）固定资产周转率。

固定资产周转率，也称固定资产利用率，是企业销售收入与固定资产净值的比率。计算公式为：

固定资产周转率=销售收入/固定资产平均净值

固定资产平均净值=（固定资产期初净值+固定资产期末净值）/2

（8）总资产周转率。

总资产周转率是指企业在一定时期业务收入净额同平均资产总额的比率。总资产周转率是考察企业资产运营效率的一项重要指标，体现了企业经营期间全部资产从投入到产出的流转速度，反映了企业全部资产的管理质量和利用效果。计算公式为：

总资产周转率=销售收入/平均资产总额

平均资产总额=（期初资产总额+期末资产总额）/2

3. 负债比率

负债比率是企业全部负债与全部资金来源的比率，用以表明企业负债占全部资金的比重。负债比率是指债务和资产、净资产的关系，反映企业偿付债务本金和支付债务利息的能力。

（1）资产负债率。

资产负债率也称负债比率、举债经营比率，是指负债总额对全部资产总额之比。该指标用来衡量企业利用债权人提供资金进行经营活动的能力，反映债权人发放贷款的安全程度，资产负债率越高，表明企业偿还能力越差。计算公式为：

资产负债率=负债总额/资产总额

（2）产权比率。

产权比率也称负债对所有者权益的比率，是负债总额与所有者权益总额的比率。该指标表明由债权人提供的和由投资者提供的资金来源的相对关系，反映企业基本财务结构是否稳定。产权比率越低，说明企业的长期财务状况越好，企业的财务风险越小。计算公式为：

产权比率=负债总额/所有者权益=负债总额/（资产–负债）

（3）有形净值债务率。

有形净值债务率是企业负债总额与有形资产净值的比率。有形净值债务率越低，企业的财务风险越小。计算公式为：

有形净值债务率=负债总额/（股东权益−无形资产净值）

（4）已获利息倍数。

已获利息倍数是企业息税前利润与利息费用的比率。已获利息倍数反映企业用经营所得支付债务利息的能力。一般来说，已获利息倍数至少应等于1。该项指标越大，说明支付债务利息的能力越强；指标越小，说明支付债务利息的能力越弱。计算公式为：

已获利息倍数=息税前利润/利息费用

4. 盈利能力比率

盈利能力比率是指企业正常经营赚取利润的能力，是企业生存发展的基础，是各方面都非常关注的指标，无论是投资人、债权人还是企业经理人员，都会日益重视和关心企业的盈利能力。

（1）销售毛利率。

销售毛利率是毛利占销售净值的百分比，通常称为毛利率，其中毛利是销售收入与产品成本的差。销售毛利率越大，说明企业获取利润的能力越强。计算公式为：

销售毛利率=销售毛利/销售收入净额

销售毛利=销售收入−销售成本

（2）销售净利率。

销售净利率是指企业实现净利润与销售收入的对比关系，用以衡量企业在一定时期的销售收入获取利润的能力。计算公式为：

销售净利率=净利润/销售收入净额

（3）资产报酬率。

资产报酬率是指税前净利润与平均资产总额的比值，代表资产的获利能力。资产报酬率是评价企业资产运营效益的重要指标。

资产报酬率=净利润/平均资产总额

（4）股东权益报酬率。

股东权益报酬率又称净值报酬率，或者净资产收益率，是一定时期内企业的净利润与股东权益平均总额的比率，是普通股持股者获得的投资报酬率。股东权益报酬率越大，说明企业的获利能力越强。计算公式为：

股东权益报酬率=净利润/股东权益平均总额

股东权益平均总额=（期初股东权益+期末股东权益）/2

10.1.2 构建财务比率分析表

用户可制作财务比率分析表,将四种指标汇总到一张表格中,综合反映财务比率情况。

首先新建一张"财务比率分析表"工作表,在其中输入标题、指标名称并设置其格式,为表格添加边框,构建表格框架,如图10-2所示。选择B2:C24单元格区域,在"开始"选项卡中单击"条件格式"下拉按钮,从弹出的列表中选择"新建规则"选项,如图10-3所示。

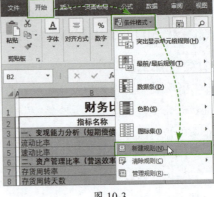

图 10-2

图 10-3

打开"新建格式规则"对话框,在"选择规则类型"列表框中选择"使用公式确定要设置格式的单元格"选项,在"为符合此公式的值设置格式"文本框中输入公式"=MOD(ROW(),2)=0",单击"格式"按钮,如图10-4所示。弹出"设置单元格格式"对话框,在"填充"选项卡中单击"填充效果"按钮,打开"填充效果"对话框,在"颜色"选项中选中"双色"单选按钮,设置"颜色1"和"颜色2"的颜色,在"底纹样式"选项中选中"水平"单选按钮,然后选择合适的变形样式,单击"确定"按钮,如图10-5所示。

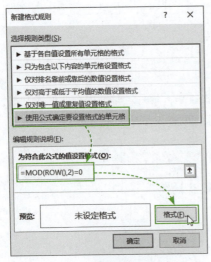

图 10-4

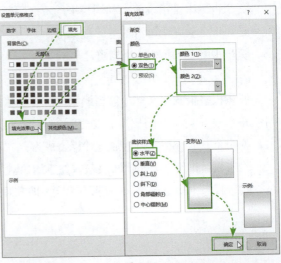

图 10-5

此时，选中的单元格区域中的偶数行被设置了底纹，如图10-6所示。

图 10-6

> **知识点拨**
>
> 如果在"为符合此公式的值设置格式"文本框中输入公式"=MOD(ROW(), 2)=1"，则可以为奇数行设置底纹颜色。

动手练 计算各种财务比率

用户可以根据资产负债表和利润表中的相关数据来分别计算变现能力比率、资产管理比率、负债比率和盈利能力比率等指标项目。

Step 01 打开"财务比率分析表"工作表，根据公式"流动比率=流动资产/流动负债"计算流动比率。选择C4单元格，输入公式"=ABS(资产负债表!E12/资产负债表!I10)"，按回车键确认，如图10-7所示。

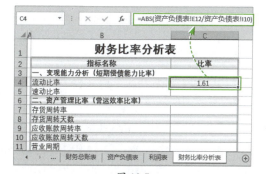

图 10-7

Step 02 根据公式"速动比率=（流动资产-存货）/流动负债"，计算速动比率。选择C5单元格，输入公式"=ABS((资产负债表!E12-资产负债表!E11)/资产负债表!I10)"，按回车键确认，如图10-8所示。

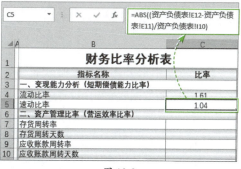

图 10-8

> **知识点拨**
>
> 由于资产负债表中负债和所有者权益记在贷方，以负数显示，所以公式中使用ABS函数取绝对值。

Step 03 根据公式"存货周转率=销售成本/((期初存货余额+期末存货余额)/2)",计算存货周转率。选择C7单元格,输入公式"=ABS(利润表!D5/((资产负债表!D11+资产负债表!E11)/2))",按回车键确认,如图10-9所示。

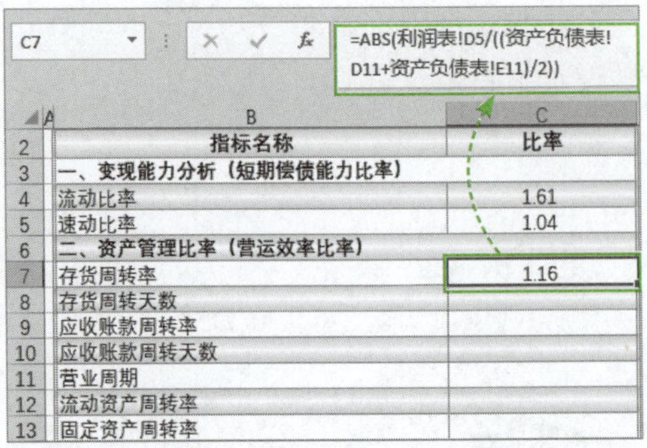

图 10-9

Step 04 根据公式"存货周转天数=360/存货周转率",计算存货周转天数。选择C8单元格,输入公式"=360/C7",按回车键确认,如图10-10所示。

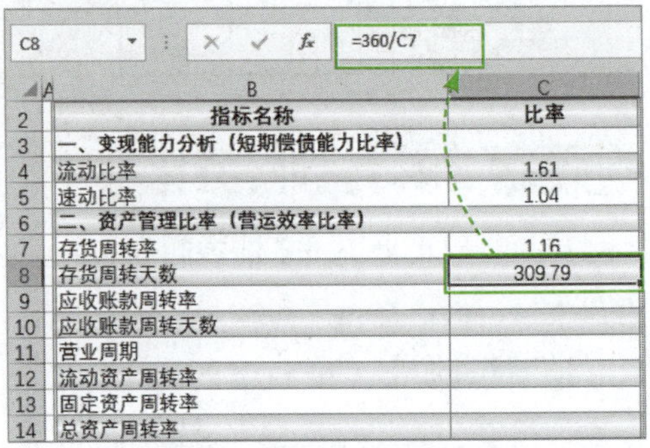

图 10-10

Step 05 根据公式"应收账款周转率=销售收入/((期初应收账款净额+期末应收账款净额)/2)",计算应收账款周转率。选择C9单元格,输入公式"=ABS(利润表!D4/((资产负债表!D9+资产负债表!E9)/2))",按回车键确认,如图10-11所示。

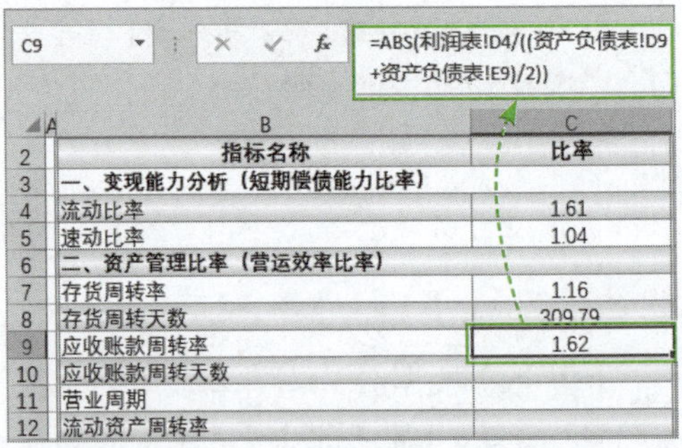

图 10-11

Step 06 根据公式"应收账款周转天数=360/应收账款周转率",计算应收账款周转天数。选择C10单元格,输入公式"=360/C9",按回车键确认,如图10-12所示。

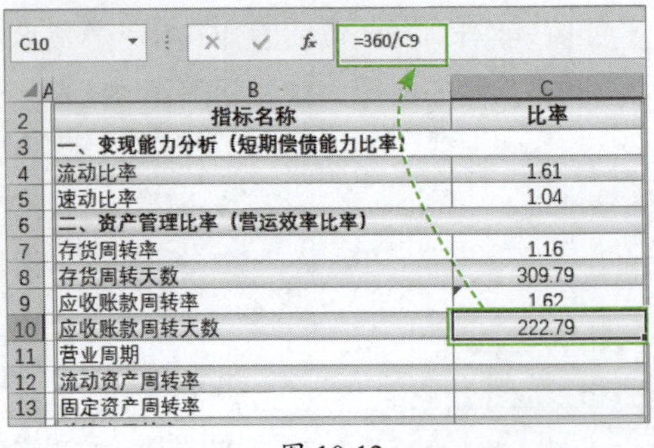

图 10-12

Step 07 根据公式“营业周期=存货周转天数+应收账款周转天数”，计算营业周期。选择C11单元格，输入公式“=C8+C10”，按回车键确认，如图10-13所示。

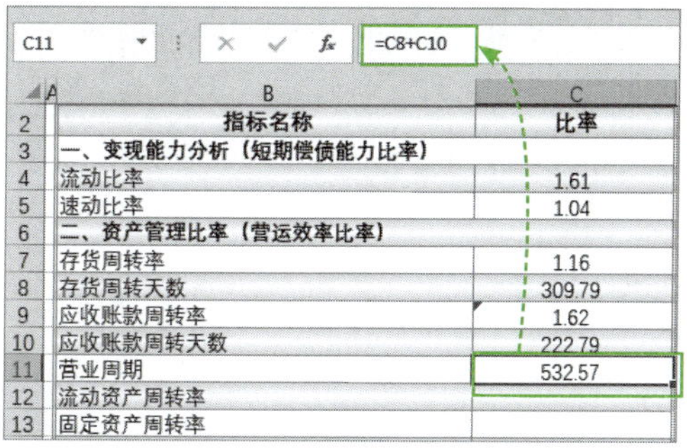
C11 =C8+C10

	B	C
2	指标名称	比率
3	一、变现能力分析（短期偿债能力比率）	
4	流动比率	1.61
5	速动比率	1.04
6	二、资产管理比率（营运效率比率）	
7	存货周转率	1.16
8	存货周转天数	309.79
9	应收账款周转率	1.62
10	应收账款周转天数	222.79
11	营业周期	532.57
12	流动资产周转率	
13	固定资产周转率	

图 10-13

Step 08 根据公式“流动资产周转率=销售收入/((流动资产期初余额+流动资产期末余额)/2)”，计算流动资产周转率。选择C12单元格，输入公式“=利润表!D4/((资产负债表!D12+资产负债表!E12)/2)”，按回车键确认，如图10-14所示。

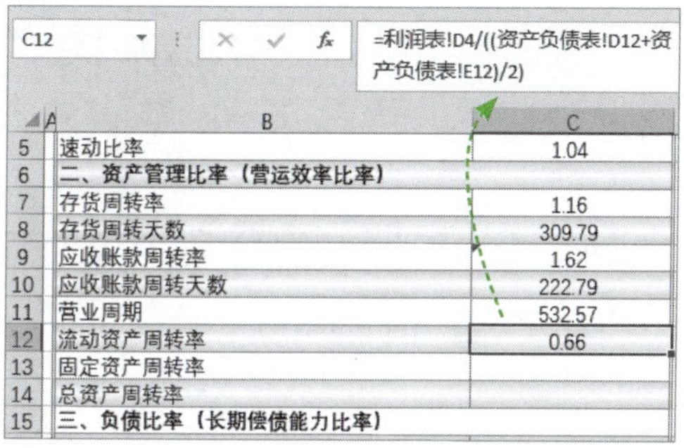
C12 =利润表!D4/((资产负债表!D12+资产负债表!E12)/2)

	B	C
5	速动比率	1.04
6	二、资产管理比率（营运效率比率）	
7	存货周转率	1.16
8	存货周转天数	309.79
9	应收账款周转率	1.62
10	应收账款周转天数	222.79
11	营业周期	532.57
12	流动资产周转率	0.66
13	固定资产周转率	
14	总资产周转率	
15	三、负债比率（长期偿债能力比率）	

图 10-14

Step 09 根据公式“固定资产周转率=销售收入/((固定资产期初净值+固定资产期末净值)/2)”，计算固定资产周转率。选择C13单元格，输入公式“=利润表!D4/((资产负债表!D17+资产负债表!E17)/2)”，按回车键确认，如图10-15所示。

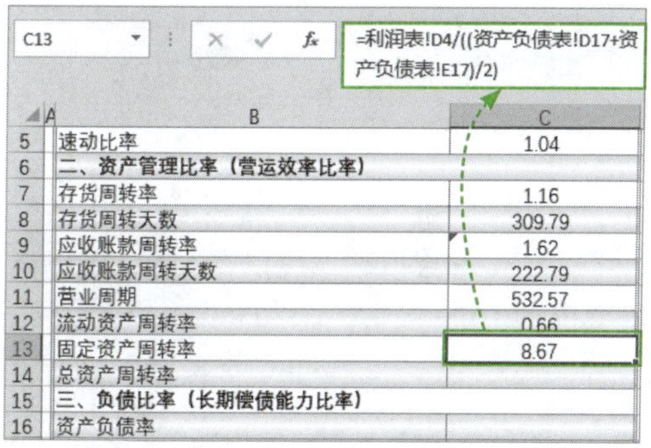
C13 =利润表!D4/((资产负债表!D17+资产负债表!E17)/2)

	B	C
5	速动比率	1.04
6	二、资产管理比率（营运效率比率）	
7	存货周转率	1.16
8	存货周转天数	309.79
9	应收账款周转率	1.62
10	应收账款周转天数	222.79
11	营业周期	532.57
12	流动资产周转率	0.66
13	固定资产周转率	8.67
14	总资产周转率	
15	三、负债比率（长期偿债能力比率）	
16	资产负债率	

图 10-15

Step 10 根据公式“总资产周转率=销售收入/((期初资产总额+期末资产总额)/2)”，计算总资产周转率。选择C14单元格，输入公式“=利润表!D4/((资产负债表!D20+资产负债表!E20)/2)”，按回车键确认，如图10-16所示。

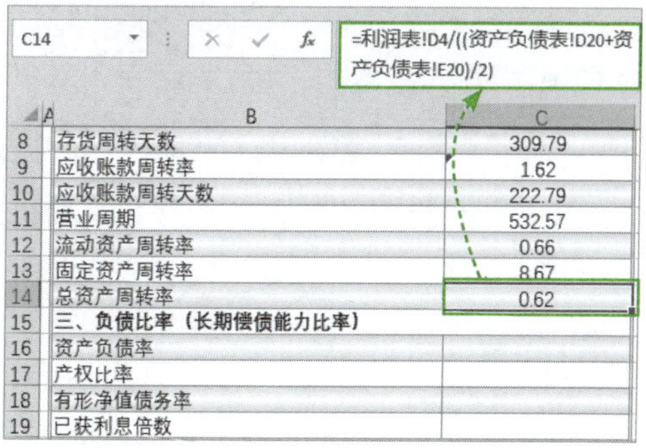
C14 =利润表!D4/((资产负债表!D20+资产负债表!E20)/2)

	B	C
8	存货周转天数	309.79
9	应收账款周转率	1.62
10	应收账款周转天数	222.79
11	营业周期	532.57
12	流动资产周转率	0.66
13	固定资产周转率	8.67
14	总资产周转率	0.62
15	三、负债比率（长期偿债能力比率）	
16	资产负债率	
17	产权比率	
18	有形净值债务率	
19	已获利息倍数	

图 10-16

Step 11 根据公式"资产负债率=负债总额/资产总额"计算资产负债率。选择C16单元格,输入公式"=ABS(资产负债表!I14/资产负债表!E20)",按回车键确认,如图10-17所示。

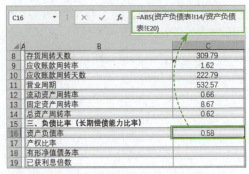

图 10-17

Step 12 根据公式"产权比率=负债总额/股东权益",计算产权比率。选择C17单元格,输入公式"=ABS(资产负债表!I14/资产负债表!I19)",按回车键确认,如图10-18所示。

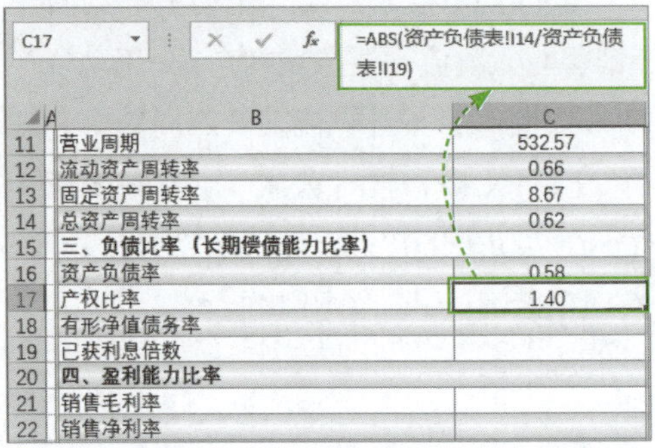

图 10-18

Step 13 根据公式"有形净值负债率=负债总额/(股东权益-无形资产净值)",计算有形净值债务率。选择C18单元格,输入公式"=ABS(资产负债表!I14/(资产负债表!I19-0))",按回车键确认,如图10-19所示。

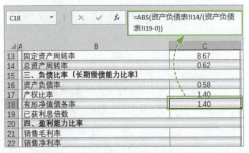

图 10-19

Step 14 根据公式"已获利息倍数=息税前利润/利息费用",计算已获利息倍数。选择C19单元格,输入公式"=(利润表!D17+利润表!D11)/利润表!D11",按回车键确认,如图10-20所示。

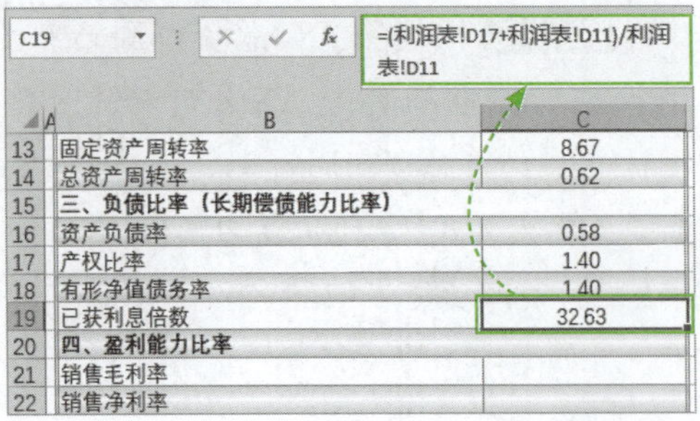

图 10-20

Step 15 根据公式"销售毛利率=(销售收入-销售成本)/销售收入净额",计算销售毛利率。选择C21单元格,输入公式"=(利润表!D4-利润表!D5)/利润表!D4",按回车键确认,如图10-21所示。

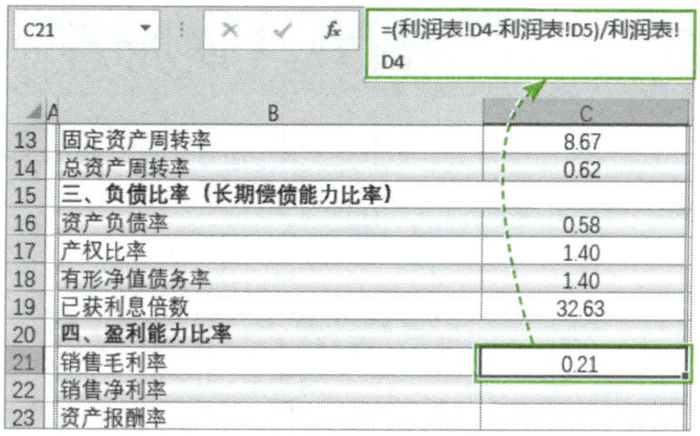

图 10-21

Step 16 根据公式"销售净利率=净利润/销售收入净额",计算销售净利率。选择C22单元格,输入公式"=利润表!D19/利润表!D4",按回车键确认,如图10-22所示。

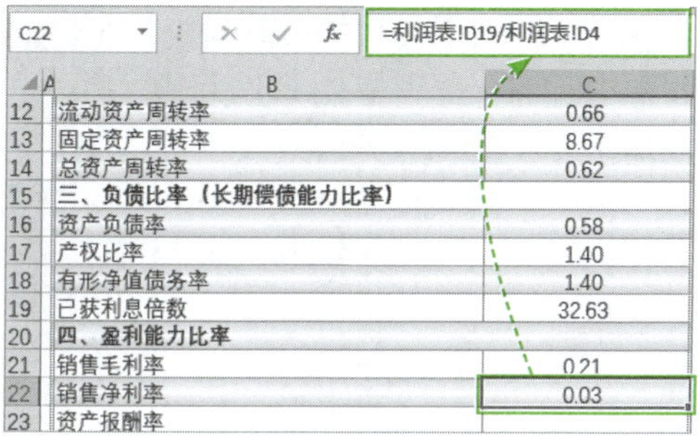

图 10-22

Step 17 根据公式"资产报酬率=净利润/平均资产总额",计算资产报酬率。选择C23单元格,输入公式"=利润表!D19/((资产负债表!D20+资产负债表!E20)/2)",按回车键确认,如图10-23所示。

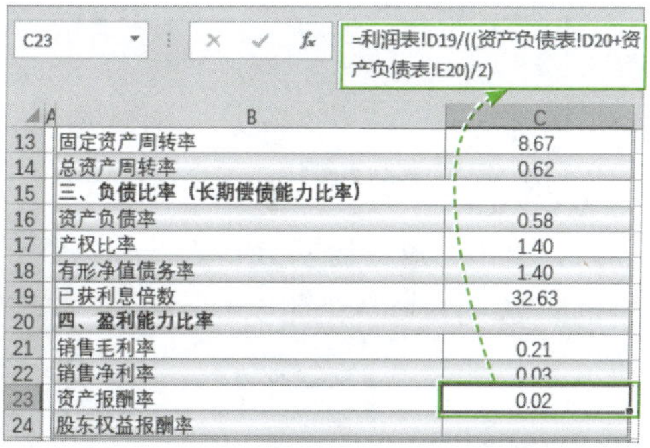

图 10-23

Step 18 根据公式"股东权益报酬率=净利润/((期初股东权益+期末股东权益)/2)",计算股东权益报酬率。选择C24单元格,输入公式"=ABS(利润表!D19/((资产负债表!H19+资产负债表!I19)/2))",按回车键确认,如图10-24所示。

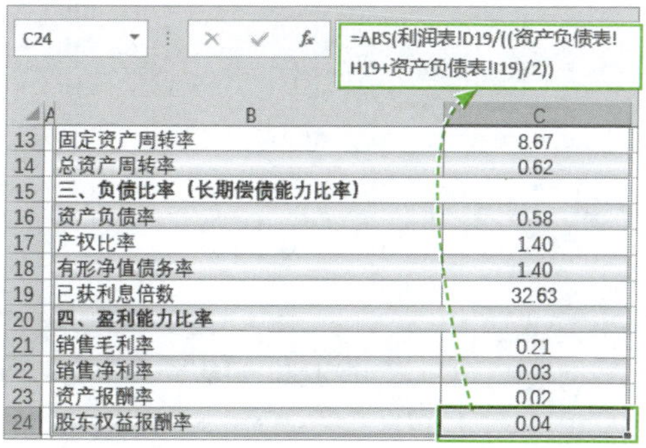

图 10-24

10.2 直观地财务对比分析

财务对比分析是通过将该企业的财务比率与标准财务比率进行对比，从中发现差距，从而为查找差距提供线索。

10.2.1 使用图表对比分析

通过创建折线图，可以直观地对比分析标准财务比率和企业财务比率。

首先新建一张“财务对比分析”工作表，在其中输入标题、指标名称和标准财务比率并为其添加边框，如图10-25所示。

	B	C	D
1	财务对比分析		
2	指标名称	标准财务比率	企业财务比率
3	流动比率	2	
4	速动比率	1.3	
5	存货周转率	3	
6	应收账款周转率	3	
7	流动资产周转率	1	
8	总资产周转率	0.8	
9	资产负债率	0.7	
10	产权比率	1.2	
11	有形净值债务率	1.5	
12	销售毛利率	0.15	
13	销售净利率	0.1	

输入基本数据

… 利润表 | 财务比率分析表 | 财务对比分析

图 10-25

选择D3单元格，输入公式“=财务比率分析表!C4”，按回车键确认，引用“财务比率分析表”中的“流动比率”，如图10-26所示。

D3 =财务比率分析表!C4

	B	C	D
1	财务对比分析		
2	指标名称	标准财务比率	企业财务比率
3	流动比率	2	1.61
4	速动比率	1.3	
5	存货周转率	3	
6	应收账款周转率	3	
7	流动资产周转率	1	
8	总资产周转率	0.8	
9	资产负债率	0.7	
10	产权比率	1.2	
11	有形净值债务率	1.5	

图 10-26

注意事项 目前只有一些发达国家的某些机构或者金融企业定期公布各个行业的财务统计指标，在我国尚未有专门的刊物或机构从事该项工作。用户可以参考各种统计年鉴或类似《中国证券报》等相关报刊所提供的某些有代表性的上市公司的财务比率，将其作为财务比较分析中的标准财务比率。

按照同样的方法，引用"财务比率分析表"中的其他项目。然后选择B2:D15单元格区域，在"插入"选项卡中单击"插入折线图或面积图"下拉按钮，从弹出的列表中选择"折线图"选项，如图10-27所示。

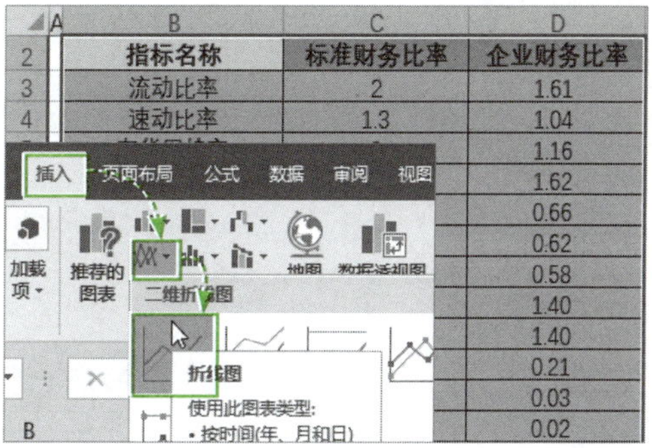

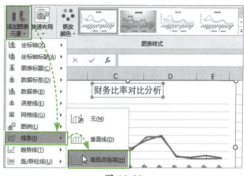

图 10-27

插入折线图后，将图表标题更改为"财务比率对比分析"，然后打开"图表工具-设计"选项卡，单击"添加图表元素"下拉按钮，从弹出的列表中选择"线条"选项，从其级联菜单中选择"高低点连线"选项，如图10-28所示。

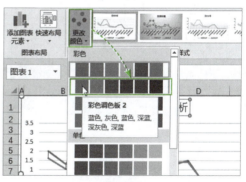

图 10-28

在"图表样式"选项组中单击"更改颜色"下拉按钮，从弹出的列表中选择"彩色调色板2"选项，如图10-29所示。

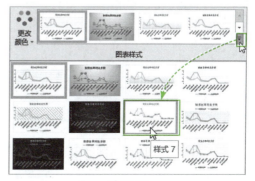

图 10-29

单击"图表样式"选项组的"其他"按钮，从列表中选择"样式7"选项，如图10-30所示。

图 10-30

最后调整图表的大小并设置图表标题的字体格式即可，如图10-31所示。

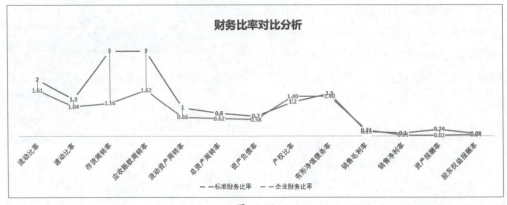

图 10-31

10.2.2 使用条件格式对比分析

用户可通过条件格式对标准财务比率和企业财务比率的差异数据进行对比分析。

首先在财务对比分析表格中输入"差异"列标题并重新设置表格边框，然后选择E3单元格，输入公式"=D3-C3"，如图10-32所示。

	A	B	C	D	E
1		财务对比分析			
2		指标名称	标准财务比率	企业财务比率	差异
3		流动比率	2	1.61	=D3-C3
4		速动比率	1.3	1.04	
5		存货周转率	3	1.16	
6		应收账款周转率	3	1.62	
7		流动资产周转率	1	0.66	
8		总资产周转率	0.8	0.62	
9		资产负债率	0.7	0.58	
10		产权比率	1.2	1.40	
11		有形净值债务率	1.5	1.40	
12		销售毛利率	0.15	0.21	
13		销售净利率	0.1	0.03	
14		资产报酬率	0.24	0.02	
15		股东权益报酬率	0.08	0.04	

图 10-32

按回车键计算出"企业财务比率"与"标准财务比率"的差异，将公式向下填充，如图10-33所示。

	A	B	C	D	E
1		财务对比分析			
2		指标名称	标准财务比率	企业财务比率	差异
3		流动比率	2	1.61	-0.39
4		速动比率	1.3	1.04	-0.26
5		存货周转率	3	1.16	-1.84
6		应收账款周转率	3	1.62	-1.38
7		流动资产周转率	1	0.66	-0.34
8		总资产周转率	0.8	0.62	-0.18
9		资产负债率	0.7	0.58	-0.12
10		产权比率	1.2	1.40	0.20
11		有形净值债务率	1.5	1.40	-0.10
12		销售毛利率	0.15	0.21	0.06
13		销售净利率	0.1	0.03	-0.07
14		资产报酬率	0.24	0.02	-0.22
15		股东权益报酬率	0.08	0.04	-0.04

图 10-33

选择E3:E15单元格区域，在"开始"选项卡中单击"条件格式"下拉按钮，从弹出的列表中选择"突出显示单元格规则"选项，从其级联菜单中选择"介于"选项，如图10-34所示。

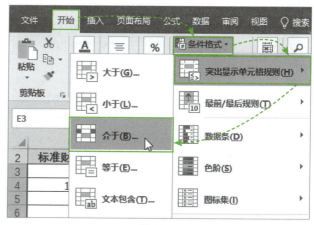

图 10-34

打开"介于"对话框，在"为介于以下值之间的单元格设置格式"文本框中输入"0""1"，在"设置为"列表中选择"绿填充色深绿色文本"选项，单击"确定"按钮，如图10-35所示。

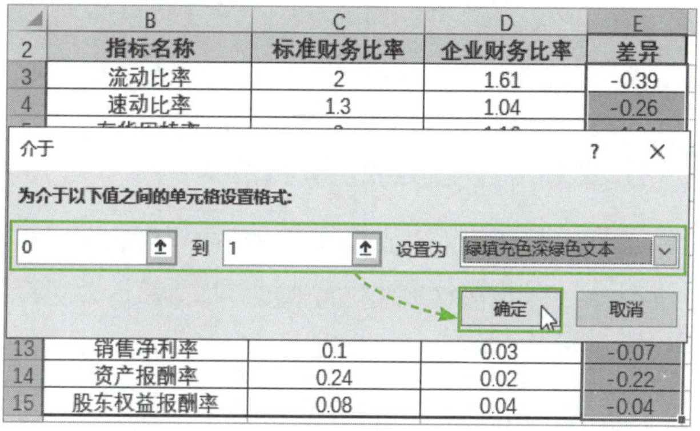

图 10-35

此时，财务对比分析表中所有0~1的差异数据所在的单元格被突出显示出来，如图10-36所示。

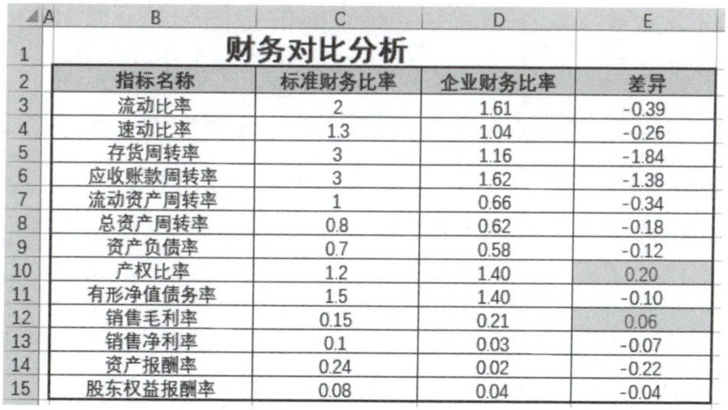

图 10-36

知识点拨

运用比较分析法时，为了检查计划或定额的完成情况，可将本企业本期实际指标与计划或定额指标相比较。

10.3 经典的杜邦分析法

杜邦分析法是一种用来评价企业盈利能力和股东权益回报水平的方法，利用主要的财务比率之间的关系来综合评价企业的财务状况，如图10-37所示。

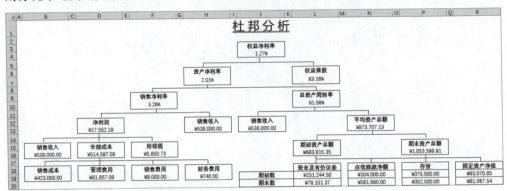

图 10-37

10.3.1 什么是杜邦分析法

杜邦分析法的基本思想是将企业净资产收益率逐级分解为多项财务比率乘积，从而有助于深入分析比较企业经营业绩。由于这一分析方法最早由美国杜邦公司使用，因此称为杜邦分析法。

1. 分析的基本思路

净资产收益率是一个综合性最强的财务分析指标，是杜邦分析系统的核心。资产净利率是影响权益净利率的最重要的指标，具有很强的综合性，而资产净利率取决于销售净利率和总资产周转率的高低。总资产周转率是反映总资产的周转速度。对于资产周转率的分析，需要对影响资产周转的各因素进行分析，以判明影响公司资产周转的主要问题在哪里。销售净利率反映销售收入的收益水平。扩大销售收入，降低成本费用是提高企业销售利润率的根本途径，而扩大销售，同时也是提高资产周转率的必要条件和途径。

权益乘数表示企业的负债程度，反映了公司利用财务杠杆进行经营活动的程度。资产负债率高，权益乘数就大，这说明公司负债程度高，公司会有较多的杠杆收益，但风险也高，反之，资产负债率低，权益乘数就小，这说明公司负债程度低，公司会有较少的杠杆利益，但相应所承担的风险也低。

2. 涉及的财务指标

- 净资产收益率=资产净利率×权益乘数=销售净利率×资产周转率×权益乘数
- 资产净利率=销售净利率×总资产周转率
- 权益乘数=1/(1−资产负债率)

- 净资产收益率=(利润总额/销售收入)×(销售收入/总资产)×(总资产/总权益)

3. 分析步骤

Step 01 从权益报酬率开始，根据会计资料，主要是资产负债表和利润表，逐步分解计算各指标。

Step 02 将计算出的指标填入杜邦分析图。

Step 03 逐步进行前后期比较分析，也可以进一步进行企业间的横向比较分析。

10.3.2 创建杜邦分析模型

杜邦分析模型最显著的特点是将若干个用以评价企业经营效率和财务状况的比率按其内在联系有机地结合起来，形成一个完整的指标体系。

新建一张"杜邦分析"工作表，在其中构建杜邦分析模型的基本框架，设置字体格式和边框，如图10-38所示。

图 10-38

打开"插入"选项卡，单击"形状"下拉按钮，从弹出的列表中选择"直线"选项，如图10-39所示。此时，光标变为+形，然后按住Shift键不放，拖动光标在合适的位置绘制一条直线，如图10-40所示。

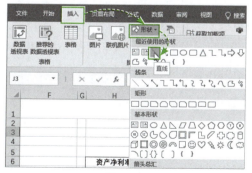

图 10-39

图 10-40

按照同样的方法，在工作表中绘制三条竖直线，然后将其移至合适的位置，如图10-41所示。复制直线并调整直线的长短，移至合适的位置，建立各指标之间的关系图，如图10-42所示。

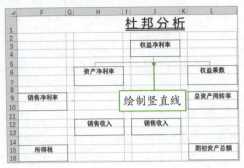

图 10-41　　　　　　　　　　图 10-42

按住Ctrl键不放，选择所有直线，然后右击，从弹出的快捷菜单中选择"组合"选项，从其级联菜单中选择"组合"命令，如图10-43所示。选择组合后的直线，打开"绘图工具-格式"选项卡，在"形状样式"选项组中选择"细线-深色1"选项，如图10-44所示，为所选直线设置合适的样式。

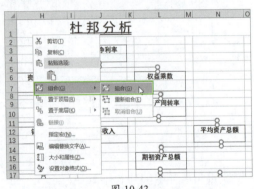
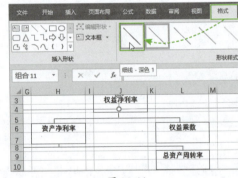

图 10-43　　　　　　　　　　图 10-44

10.3.3 计算各项财务指标

创建杜邦分析模型框架后，用户需要计算该模型中各项财务指标。

选择B16单元格，输入公式"=利润表!D4"，按回车键确认，引用"利润表"中的销售收入，如图10-45所示。按照同样的方法，引入利润表和资产负债表中的数据，如图10-46所示。

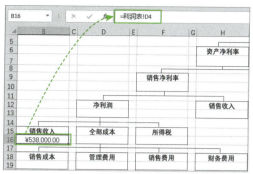

图 10-45

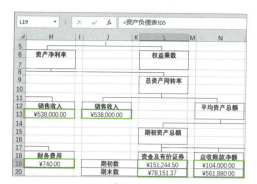

图 10-46

根据公式"全部成本=销售成本+销售费用+管理费用+财务费用"计算"全部成本"。选择D16单元格,输入公式"=B19+D19+F19+H19",按回车键确认,如图10-47所示。根据公式"净利润=销售收入-全部成本-所得税"计算"净利润"。选择D13单元格,输入公式"=B16-D16-F16",按回车键确认,如图10-48所示。

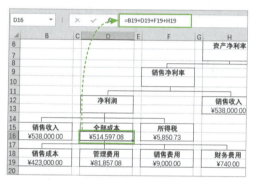

图 10-47

图 10-48

根据公式"销售净利率=净利润/销售收入净额"计算"销售净利率"。选择F10单元格,输入公式"=D13/H13",按回车键确认,如图10-49所示。根据公式"期初资产总额=资金及有价证券的期初数+应收账款净额的期初数+存货的期初数+固定资产净值的期初数"计算"期初资产总额"。选择L16单元格,输入公式"=L19+N19+P19+R19",按回车键确认,如图10-50所示。

图 10-49

图 10-50

根据公式"期末资产总额=资金及有价证券的期末数+应收账款净额的期末数+存货的期末数+固定资产净值的期末数"计算"期末资产总额"。选择P16单元格，输入公式"=L20+N20+P20+R20"，按回车键确认，如图10-51所示。

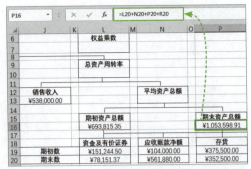

图 10-51

根据公式"平均资产总额=(期初资产总额+期末资产总额)/2"计算"平均资产总额"。选择N13单元格，输入公式"=(L16+P16)/2"，按回车键确认，如图10-52所示。

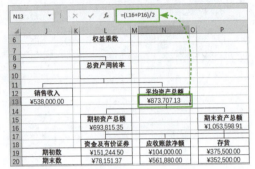

图 10-52

根据公式"总资产周转率=销售收入/平均资产总额"计算"总资产周转率"。选择L10单元格，输入公式"=J13/N13"，按回车键确认，如图10-53所示。根据公式"资产净利率=销售净利率×总资产周转率"计算"资产净利率"。选择H7单元格，输入公式"=F10*L10"，按回车键确认，如图10-54所示。

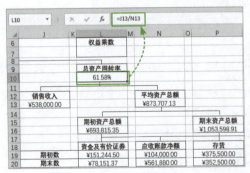

图 10-53

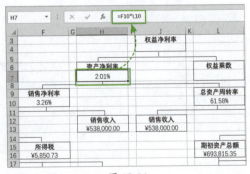

图 10-54

根据公式"权益乘数=1/(1-资产负债率)"计算"权益乘数"。选择L7单元格，输入公式"=1/(1-资产负债表!I14/资产负债表!E20)"，按回车键确认，如图10-55所示。根据公式"权益净利率=资产净利率×权益乘数"计算"权益净利率"。选择J4单元格，输入公式"=H7*L7"，按回车键确认，如图10-56所示。

图 10-55

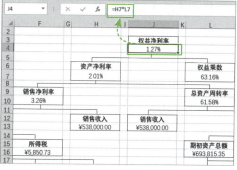
图 10-56

最后打开"视图"选项卡,在"显示"选项组中取消勾选"网格线"复选框,将网格线隐藏即可。

动手练 创建汇总记账凭证账务处理流程图

通过制作账务处理流程图,可以更直观地了解汇总记账凭证账务处理的流程,如图10-57所示。

扫码看视频

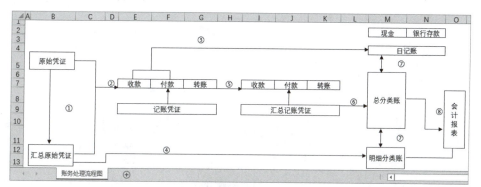
图 10-57

Step 01 新建一张"账务处理流程图"工作表,在其中输入相关数据并添加边框,构建基本框架,如图10-58所示。

图 10-58

Step 02 选择"插入"选项卡,单击"插图"选项组中的"形状"下拉按钮,从弹出的列表中选择"直线箭头"选项,如图10-59所示。

Step 03 按住Shift键不放,拖动光标,在合适的位置绘制一个直线箭头,如图10-60所示。

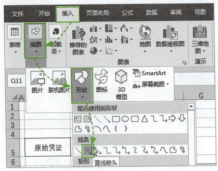

图 10-59

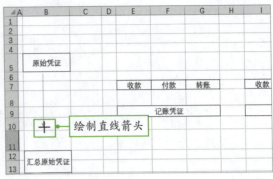

图 10-60

Step 04 按照同样的方法,绘制直线、直线箭头和双箭头直线,构建流程关系,如图10-61所示。

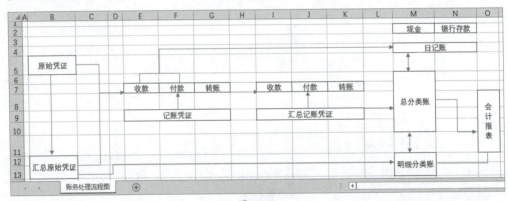

图 10-61

Step 05 选择所有的直线、直线箭头和双箭头直线,右击,从弹出的快捷菜单中选择"组合"选项,从其级联菜单中选择"组合"命令,如图10-62所示。

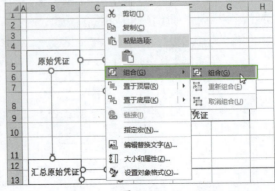

图 10-62

Step 06 选择组合后的图形，打开"绘图工具-格式"选项卡，在"形状样式"选项组中选择"细线-深色1"样式，如图10-63所示。

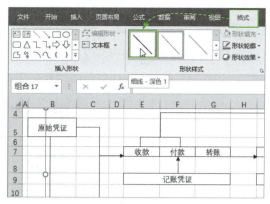

图 10-63

Step 07 选择B9单元格，在"插入"选项卡中单击"符号"选项组的"符号"按钮，打开"符号"对话框，在"子集"列表中选择"带括号的数字"选项，然后在下面的列表框中选择需要的符号，单击"插入"按钮，如图10-64所示。

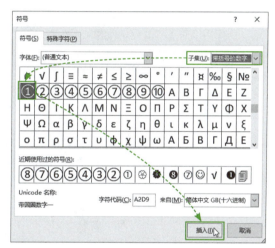

图 10-64

Step 08 将符号插入到B9单元格中后，将其设置为合适的大小，然后按照同样的方法，在合适的位置，插入其他符号，如图10-65所示。

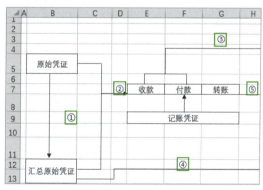

图 10-65

Step 09 在"视图"选项卡中取消勾选"网格线"复选框即可。

案例实战：创建财务分析导航页面

扫码看视频

如果一个工作簿中包含多张工作表，为了尽快找到指定的工作表，用户可以设置导航页面，通过超链接来进行定位，如图10-66所示。

图 10-66

Step 01 新建一张"财务分析导航"工作表，打开"插入"选项卡，单击"插图"选项组的"SmartArt"按钮，如图10-67所示。

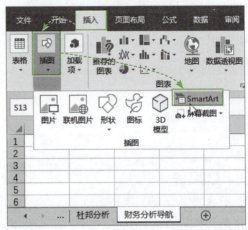
图 10-67

Step 02 打开"选择SmartArt图形"对话框，选择"图片"选项，在右侧选择"圆形图片标注"选项，单击"确定"按钮，如图10-68所示。

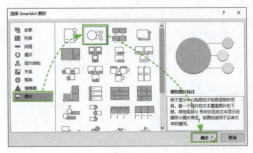
图 10-68

Step 03 选择SmartArt图形，在"SmartArt工具-设计"选项卡中单击"文本窗格"按钮，如图10-69所示。

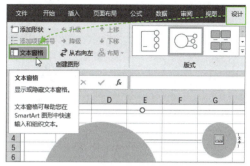

图 10-69

Step 04 弹出"在此处键入文字"窗格，将光标插入到文本框中，输入相关内容即可，如图10-70所示。

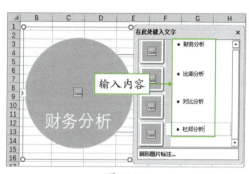

图 10-70

Step 05 选择SmartArt图形，在"SmartArt工具-设计"选项卡中单击"更改颜色"下拉按钮，从弹出的列表中选择"彩色范围-个性色3至4"选项，如图10-71所示。

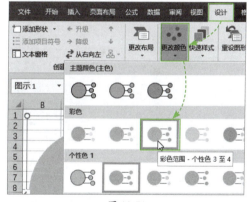

图 10-71

Step 06 在"SmartArt样式"选项组中单击"其他"下拉按钮，从弹出的列表中选择"优雅"选项，如图10-72所示。

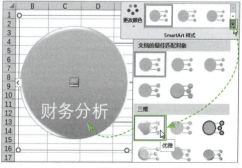

图 10-72

Step 07 单击SmartArt图形中的"图片"按钮,打开"插入图片"窗格,单击"来自文件"选项,弹出"插入图片"对话框,从中选择合适的图片,单击"插入"按钮,如图10-73所示,即可将所选图片插入到形状中。

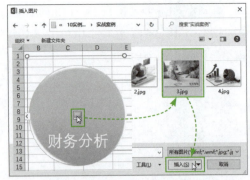

图 10-73

Step 08 按照同样的方法,为其他形状添加图片并设置文本的字体格式,如图10-74所示。

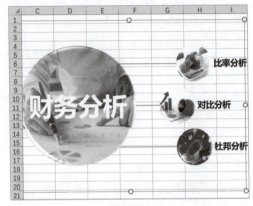

图 10-74

Step 09 选择SmartArt图形,在"SmartArt工具-格式"选项卡中单击"形状填充"下拉按钮,从弹出的列表中选择合适的颜色,如图10-75所示。

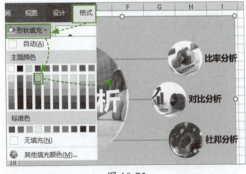

图 10-75

Step 10 选择形状,右击,从弹出的快捷菜单中选择"链接"命令,如图10-76所示。

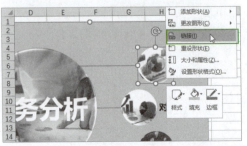

图 10-76

Step 11 打开"插入超链接"对话框，在"链接到"选项中选择"本文档中的位置"选项，然后在"或在此文档中选择一个位置"列表框中选择"财务比率分析表"选项，单击"确定"按钮，如图10-77所示。按照同样的方法，为其他形状添加超链接。

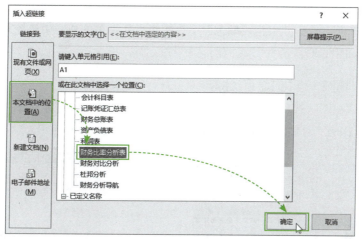

图 10-77

Step 12 选择SmartArt图形，适当调整其大小，然后在"SmartArt工具-设计"选项卡中单击"转换为形状"按钮，如图10-78所示。

图 10-78

Step 13 此时，单击SmartArt图形中的形状，如图10-79所示，即可链接到相关工作表，如图10-80所示。最后取消勾选"网格线"复选框即可。

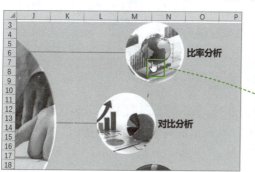

图 10-79

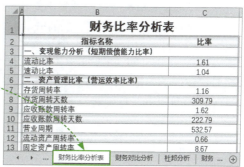

图 10-80

新手答疑

1. Q: 如何修改网格线的颜色？

A: 单击"文件"按钮，选择"选项"选项，打开"Excel选项"对话框，选择"高级"选项，单击"网格线颜色"下拉按钮，从弹出的列表中选择需要的颜色即可，如图10-81所示。

2. Q: 如何调整Excel的显示比例？

A: 选择"视图"选项卡，单击"显示比例"选项组中的"显示比例"按钮，打开"显示比例"对话框，从中设置缩放比例即可，如图10-82所示。

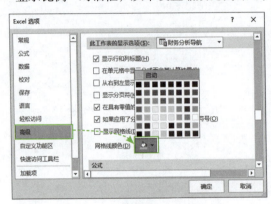

图 10-81

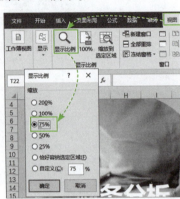

图 10-82

3. Q: 如何更改SmartArt图形的版式？

A: 选择SmartArt图形，在"SmartArt工具-设计"选项卡中单击"版式"选项组的"其他"按钮，从列表中选择合适的版式即可，如图10-83所示。

4. Q: 使用嵌套函数时有哪些注意事项？

A: 嵌套函数一般以逻辑函数中的IF和AND为前提条件并与其他函数组合使用。利用"插入函数"对话框，以通常参数指定的顺序嵌套函数，一个函数中最多可包含7级嵌套函数，从嵌套的函数返回原来的函数时，可以直接使用编辑栏。

5. Q: 如何删除图表中的图例？

A: 在图表中选择图例，直接按Delete键即可，或者打开"图表工具-设计"选项卡，单击"添加图表元素"下拉按钮，从弹出的列表中选择"图例"选项，从其级联菜单中选择"无"选项。

图 10-83